JORNADA NO GELO

TRONOS & OSSOS
JORNADA NO GELO

LOU ANDERS

Tradução
Jacqueline Damásio Valpassos

JANGADA

iginal: *Frostborn (Thrones & Bones).*
2014 Lou Anders.
a edição brasileira © 2016 Editora Pensamento-Cultrix Ltda.

ediante acordo com o autor através da Baror International, Inc. Armonk, New York, U.S.A.

rdo com as novas regras ortográficas da língua portuguesa.

6.

eitos reservados. Nenhuma parte desta obra pode ser reproduzida ou usada de qualquer r qualquer meio, eletrônico ou mecânico, inclusive fotocópias, gravações ou sistema de nto em banco de dados, sem permissão por escrito, exceto nos casos de trechos curtos esenhas críticas ou artigos de revistas.

ngada não se responsabiliza por eventuais mudanças ocorridas nos endereços conven-etrônicos citados neste livro.

bra de ficção. Todos os personagens, organizações e acontecimentos retratados neste produtos da imaginação do autor e usados de modo fictício.

son Silva Ramachandra
exto: Denise de Carvalho Rocha
orial: Roseli de S. Ferraz
itorial: Indiara Faria Kayo
letrônica: Join Bureau
ian Miwa Matsushita

Dados Internacionais de Catalogação na Publicação (CIP)
(Câmara Brasileira do Livro, SP, Brasil)

no gelo / Lou Anders ; tradução Jacqueline Damásio Valpassos. – São Paulo : Jangada, nos & ossos)

riginal: Thrones & bones.
78-85-5539-068-5

– Literatura juvenil I. Título. II. Série.

CDD-028.5

Índices para catálogo sistemático:
1. Ficção : Literatura juvenil   028.5

 selo editorial da Pensamento-Cultrix Ltda.

radução para o Brasil adquiridos com exclusividade pela
PENSAMENTO-CULTRIX LTDA., que se reserva a
literária desta tradução.

Para Arthur e Alex

Norrøngard

Wendholm

Korjengard

Mar Gelado

Milhas

YMIRIA

Trollheim

Platô de Gunnlod

Ruínas de Sardeth

Baile dos Dragões

Monte Sepucral de Helltoppr

Fazenda de Korlundr

Bense

Planície dos
Mastodontes

GOLFO DA
SERPENTE

Montanhas de
Dvergrian

ARALAND

SUMÁRIO

PRÓLOGO: A garota que caiu do céu 13

CAPÍTULO UM: Treze anos depois 19

CAPÍTULO DOIS: O chamado 39

CAPÍTULO TRÊS: A mulher em bronze e negro 51

CAPÍTULO QUATRO: O intruso indesejado 69

CAPÍTULO CINCO: O Baile dos Dragões 85

CAPÍTULO SEIS: Os montes sepulcrais 101

CAPÍTULO SETE: Festival de Inverno 113

CAPÍTULO OITO: As pedras rúnicas 127

CAPÍTULO NOVE: A caçadora 141

CAPÍTULO DEZ: A fuga 151

CAPÍTULO ONZE: A vastidão desolada 167

CAPÍTULO DOZE: A avalanche 183

CAPÍTULO TREZE: O despenhadeiro 205

CAPÍTULO CATORZE: A Cidade Arrasada 215

CAPÍTULO QUINZE: O Dragão 235

CAPÍTULO DEZESSEIS: O retorno 257

CAPÍTULO DEZESSETE: O jogo 273

CAPÍTULO DEZOITO: A batalha 293

CAPÍTULO DEZENOVE: Xeque-mate 305

CAPÍTULO VINTE: Caminhos separados 315

Glossário 323

A Canção de Helltoppr 331

Regras do jogo Tronos & Ossos 333

JORNADA NO GELO

PRÓLOGO
A garota que caiu do céu

Escapar era tudo que importava. Escapar a qualquer custo.

Nos céus, entre um lugar e outro, Talária agarrou com tanta força as rédeas de uma besta estranha que os nós dos seus dedos ficaram brancos. Ela fincou com vigor os calcanhares naqueles flancos escamosos enquanto a criatura inclinava-se e fazia uma curva fechada no ar frio da noite.

Estava longe, muito longe de casa. Talária voava já havia quase uma semana. Todas as vezes que pousava, para descansar ou coletar alimentos, elas a encontravam. E então a perseguição era retomada.

Elas a haviam encontrado de novo naquela manhã. Por isso voltara a levantar voo e seguira na direção nordeste, para o canto mais remoto do mundo. Ali, onde a respiração congelava no ar e a terra era coberta por uma desconhecida brancura que os habitantes do lugar chamavam de "neve", só o povo mais valente entre os valentes resistia. Ela jamais pretendeu estar naquele lugar.

Um raio de calor abrasador por pouco não a atingiu. Passou ao lado de sua cabeça como uma lança de chama branca. Talária puxou forte as rédeas. Sua montaria desviou bruscamente para a esquerda, rosnando para ela com raiva. O animal era mal-humorado e temperamental, e muito difícil de controlar, mas sabia que estavam em perigo. Ele tinha voado a toda velocidade por dias e dias e prosseguia nesse ritmo. Talária nem queria pensar em quanto mais ele aguentaria voar.

Assim você vai me matar, sua montaria falou em sua mente, telepaticamente.

— Sinto muito — ela respondeu. Foi uma resposta fraca, mas sincera.

Outro raio incandescente. Desta vez, ela sentiu chamuscadas as pontas do seu cabelo preto e comprido.

— Poderíamos despistá-las nessas florestas — disse ela, olhando para o mar de árvores lá embaixo.

Não com elas bem atrás de mim. Nunca conseguiríamos despistá-las estando tão perto.

Sua montaria estava certa. Ela era um réptil. Não fingiria que tudo ficaria bem se isso não fosse possível. Não mentia nem suavizava as palavras para não ferir sentimentos. Ela tinha uma visão fria das coisas.

Uma visão fria. Talária sentiu uma ideia se formando.

Mais adiante, viu os picos irregulares da cordilheira de Ymir: as montanhas do topo do mundo, ou quase isso. Havia nuvens pesadas em meio aos picos brancos.

- - Vamos para lá! - - exclamou, batendo os calcanhares nas laterais da montaria.

A wyvern* rosnou, mas bateu as asas numa poderosa explosão muscular. Elas se projetaram para a frente, bem no instante em que o instinto fez Talária se abaixar. Outro raio passou por cima da sua cabeça.

Talária arriscou um olhar para trás. Havia três delas. Todas montavam wyverns, assim como ela. Bestas negras escamosas com grandes asas de morcego e cara malvada de serpente na extremidade do longo pescoço. As amazonas usavam reluzentes armaduras de bronze e couro preto. Portavam as tradicionais lanças de fogo de sua ordem. Talária usava apenas suas roupas de viagem e uma capa. E estava armada apenas com sua determinação. Mas ela carregava outra coisa.

Era atrás dessa outra coisa que suas perseguidoras estavam. Não lhe seria de muita utilidade ali, mas na sua terra natal poderia mudar o seu mundo. Para o bem ou para o mal. Principalmente para o mal, e foi por isso que ela tinha trazido o objeto, e era por isso que estava sendo caçada.

Agora, era só um voo em linha reta até as montanhas. Sem armadura, ela pesava menos que suas perseguidoras. Isso fazia sua montaria muito mais rápida. Abaixo dela, as florestas de árvores alpinas estavam escasseando e dando lugar a arbustos e tundra congelada. O chão era agora a encosta de uma montanha, quando ela e sua montaria cruzaram a fronteira para Ymiria.

---

* Ou "serpe", é um réptil alado muito presente na heráldica medieval, semelhante a um dragão, só que menor e com apenas duas patas, como as aves. (N. T.)

Suas perseguidoras pararam de disparar as lanças. Não desperdiçariam munição agora que ela pairava no limite do alcance de suas armas. Elas se curvaram sobre o pescoço de suas wyverns para reduzir a resistência ao vento. Talária fez o mesmo. Por mais congelada que ela própria estivesse, mesmo assim pôde sentir o ar esfriar ainda mais.

Ela olhou para trás novamente. Tinha aberto uma certa distância das três. As nuvens estavam bem à frente. Ela tinha uma pequena chance de conseguir se safar. Mas o que a perseguidora que ia no meio — a líder — estava fazendo? Talária viu o cabelo da mulher chicotear ao vento enquanto ela erguia o pesado elmo de bronze. Ela arremessou o elmo e ele foi arrancado da sua mão pelo vento, girando e desaparecendo no céu. Em seguida ela começou a desafivelar seu peitoral de bronze. Ele também foi atirado ao vento. Com um sentimento de desânimo, Talária percebeu que a mulher estava aliviando sua carga. Os alforjes foram os próximos apetrechos que ela jogou. Livre do peso extra, sua wyvern começou a avançar à frente das outras.

Assim que alcançaram a barreira de nuvens, a mulher aproximou-se o suficiente para que suas armas pudessem atingir o alvo.

A montaria de Talária guinchou quando o fogo atingiu de raspão a sua asa esquerda. Em seguida, as duas estavam mergulhando e rodopiando no ar. Tudo que Talária podia fazer era lutar para se segurar.

Sua wyvern conseguiu acertar o voo. Mas haviam perdido altitude. Suas perseguidoras estavam mais acima, e era difícil avistá-las por entre as nuvens densas. A montaria estremeceu. Sua asa ainda batia contra o ar, mas Talária percebeu que o animal estava gravemente ferido. O vento assobiava através dos furos irregulares queimados em sua membrana de couro.

Estamos caindo!, avisou a montaria. E, bastante fora do esperado, acrescentou: *Sinto muito*.

- - Você não consegue mais aguentar o meu peso - - disse Talária. Era uma afirmação, não uma pergunta. - - Sem mim, você pode ter uma chance. - - A montaria não respondeu. Não tinha o que responder. Talária estendeu a mão para sentir o objeto roubado enfiado dentro de sua camisa. Que bom. Ele ainda estava lá.

- - Não há sentido em nós duas morrermos. - - Talária levantou-se na sela. A cobertura de nuvens poderia esconder seu movimento seguinte.

O que você está fazendo?!, perguntou a wyvern.

- - Leve-as para longe das montanhas. Com sorte, a neve vai me cobrir antes que percebam o engano e venham à procura do meu corpo.

Você não pode estar falando sério...

- - Não posso deixar que elas encontrem isto aqui. Você sabe. - - Talária puxou as rédeas com força, fazendo a montaria adernar bruscamente para um lado, protegendo-a momentaneamente da linha de visão de suas perseguidoras. Soltando-se, ela se deixou escorregar da sela. Enquanto caía, ouviu as palavras finais da montaria em sua mente. Elas carregavam uma nota de fria aprovação.

Tenha uma boa morte.

CAPÍTULO UM

Treze anos depois

- - Preste atenção, Karn. Hoje é um grande dia.

Karn piscou os olhos e resmungou, esperando que o deixassem em paz. Estava concentrado no tabuleiro de jogo equilibrado em seu colo. Já era bastante difícil mantê-lo nivelado por causa de todas as pedras na estrada. Além disso, estava se concentrando. Karn estava brincando sozinho, fazendo as suas jogadas e as de seu adversário. Até agora, isso o levara a uma sucessão de empates. Ele esperava que um lado ou o outro ganhasse.

- - Karn!

Ele ergueu os olhos do tabuleiro. O cenário não mudara nem um pouco desde aquela manhã. Ou qualquer manhã da última semana. Uma floresta sem fim à direita. As águas frias do Golfo da Serpente do lado esquerdo. Carroças, numa das quais ele ia. Barris de queijo, leite e grãos. As traseiras malcheirosas dos bois à frente dele. Pofnir olhando para ele com expectativa do banco oposto. Nada que valesse a pena olhar.

Pofnir pigarreou. De todos os funcionários e familiares que trabalhavam na Fazenda de Korlundr, naquele instante o ex-escravo, homem livre agora, era o que menos agradava Karn.

— O quê? — respondeu Karn.

— Seu pai espera que você saiba isso, então você vai saber — Pofnir respondeu. — Agora preste atenção. Seis peles de raposa do ártico valem quantas onças de prata?

— Não sei — disse Karn. — Três?

— Três? — Pofnir cravou os olhos nele. — Você é bem generoso! Conseguiria dezoito peles de raposa por três onças!

Karn deu de ombros e arriscou outro olhar para o tabuleiro. Moveu uma de suas donzelas escudeiras para o lado de uma peça adversária, depois se concentrou no lado dos atacantes e imediatamente começou a pensar num contra-ataque.

— Karn! — repreendeu-o Pofnir.

— Duas, então — Karn respondeu sem olhar para cima.

— Duas? Se com três você consegue dezoito, então como é que com duas você consegue seis? Quem te ensinou matemática?

— Não sei. Você. Hum, quatro? — disse Karn. Ele moveu outro de seus atacantes, capturando a donzela escudeira entre as duas peças de zumbis. Ele a tirou do tabuleiro, satisfeito com pelo menos metade de sua habilidade no jogo.

— É melhor você prestar atenção nele, sobrinho — advertiu Ori, o tio de Karn, olhando por cima do livro aberto à sua frente. — Seu pai espera que você saiba isso. Estaremos em Bense amanhã e ele quer a sua ajuda com a negociação.

À menção do pai, Karn olhou para o início da fileira de carroças. Korlundr cavalgava à frente dela, suas costas largas eretas sobre a sela, exatamente como tinham estado toda a semana. O cabelo louro estava trançado num longo rabo de cavalo. Sua grande espada, conhecida como Clarão Cintilante, pendurada ao seu lado. Parecia mais que estava pronto para sair matando dragões e combatendo trolls do que para se preocupar com peles de raposa e queijo.

- - Meu pai tem uma centena de empregados para fazer essas coisas para ele - - disse Karn. - - Será que um deles não pode cuidar disso?

- - Não é adequado - - disse Ori. - - O comércio deve estar a cargo de um membro da família. Vai ter que se encarregar disso você mesmo quando for o hauld da fazenda.

Karn não gostava de pensar nisso. Seu pai era o hauld e sempre seria. O título se referia a um fazendeiro cuja família possuía uma propriedade por seis gerações ou mais. Afora ser um Jarl, ou Alto Rei, era simplesmente a melhor posição que alguém podia almejar em Norrongard. Mas havia mais coisas na vida do que a agricultura. Havia todo um mundo lá fora que ele desejava ver. Tronos & Ossos era sua única fuga da mesmice da vida agrícola. Ele olhou ansiosamente para o seu tabuleiro de jogo. Então uma ideia lhe ocorreu.

- - Tio Ori, *você* pode fazer isso!

Ori sorriu. Não foi um sorriso caloroso.

- - Receio que esse não seja o meu quinhão na vida. - - Ele olhou para onde seu irmão seguia, lá na frente.

- - Ori terá que começar a sua própria fazenda em breve, é o que se espera - - disse Pofnir.

- - O que você quer dizer com isso? - - perguntou Karn.

— Isso é algo que você saberia se por acaso vez ou outra levantasse os olhos desse jogo de tabuleiro — suspirou Pofnir. — A Fazenda de Korlundr já cresceu o máximo que poderia. Ori receberá um punhado de servos, uma parte das ovelhas e dos bois, e um pouco de prata, e será despachado para criar sua própria fazenda. Provavelmente, em algum momento na próxima estação.

Ori podia ser mal-humorado, mas tinha um senso de humor mordaz que muitas vezes fazia o sobrinho cair na risada. Karn sentiria falta dele.

— Então, tio Ori, você realmente vai embora?

— Isso parece que vai dar um trabalhão, não é? Tudo porque meu irmão gêmeo nasceu alguns míseros minutos antes de mim.

— Quando você coloca dessa forma — disse Karn —, não parece mesmo justo.

— É exatamente o que penso. Claro, eu poderia ter herdado a fazenda do meu irmão. Mas agora há você. Você tem quatro irmãs mais velhas, mas, mesmo assim, será você quem irá suportar o fardo da liderança. Norrøngard é um lugar de pessoas tããão esclarecidas...

— Exatamente — disse Pofnir, ignorando o sarcasmo. — De pai para filho mais velho através das gerações, como agrada aos deuses. Então, preste atenção. Se você se sair bem amanhã, tenho certeza de que Korlundr irá levá-lo conosco para negociar com os gigantes no fim da temporada.

Karn endireitou o corpo no assento, à menção dos gigantes. Encontrar gigantes do gelo de verdade seria algo diferente, mesmo que fosse intimidante. Mas Pofnir ainda estava com aquela lengalenga sobre assuntos mais corriqueiros.

- - Agora, seis ovelhas, duas com dois anos e quatro mais velhas, todas lanzudas e sem falhas visíveis na lã, com seus cordeiros, equivalem a quantas vacas?

Karn suspirou. Ele se remexeu no banco duro de madeira da carroça.

- - Não sei. Três?

- - Três! - - gritou Pofnir. - - Não! Não três. Uma. - - Pofnir viu que Karn voltara sua atenção novamente para o jogo. - - Ah, pelo amor de Neth! - - praguejou. Neth era a deusa do mundo dos mortos, mas seu nome era frequentemente invocado para exprimir frustração. - - Olha, você sabe que eu acho que desperdiça muito tempo debruçado sobre essa obsessão doentia, mas se eu concordar em jogar com você uma partida de Tronos & Ossos, você vai me dar trinta minutos da sua atenção?

Karn pensou a respeito.

- - Não vale a pena - - respondeu ele. - - Eu venceria você de olhos fechados.

Pofnir virou-se com expectativa para Ori, que havia retornado ao seu livro.

- - Você joga com ele, então? - - disse Pofnir ao tio de Karn. Ori fez que não com a cabeça, mas o olhar de Pofnir foi insistente.

- - Preciso mesmo? - - perguntou Ori. Pofnir assentiu.

- - Por favor, tio - - implorou Karn. - - Há muita coisa que não dá para aprender jogando sozinho.

- - Ah, está bem, então - - concordou Ori, deixando de lado o seu livro e inclinando-se para a frente. - - Mas devo avisá-lo, Karn, que eu jogo para ganhar.

- - E não é assim que tem que ser? - - retrucou Karn.

— Sim — respondeu o tio. — Mas você vai descobrir que eu sou um mau perdedor.

Poucas centenas de quilômetros mais adentro dos confins gelados do mundo, outro jogo estava sendo disputado.

— Você vai perder, e perder feio, sua mestiçazinha! — grunhiu um dos jogadores mais rudes. Thianna ergueu os olhos para o gigante, tentando encará-lo com ar de desafio. O gigante baixou a vista para ela, devolvendo-lhe um olhar furioso por cima do nariz grande e bulboso, e da barba loura e espessa. Os olhos dela eram mais escuros do que os dele, assim como seu cabelo e tom de pele. E essa era apenas uma dentre as muitas razões que a faziam se destacar da multidão de gigantes no campo.

Sua feroz determinação também a diferenciava. Para começo de conversa, Thianna sempre odiou perder. Mas, mais do que isso, ela odiava a ideia de perder para Thrudgelmir. Aquele idiota era seu oponente constante. A cada oportunidade que tinha, ele parava o que estava fazendo para tornar a vida dela na aldeia um inferno.

Hoje, a melhor vingança seria derrotá-lo de forma justa e honesta no campo de jogo. Ela esmagou com os pés a neve dura e aguardou o sinal de partida. Apertou o bastão de madeira na mão e estabilizou a respiração.

— Aproveita que está aí embaixo e amarre os meus sapatos, tampinha — Thrudgelmir debochou. Ele nunca se cansava de fazer piadas sobre a altura dela. É verdade que Thianna tinha apenas dois metros e trinta de altura. Culpa da mistura em seu sangue. Thrudgelmir, porém, era um jovem e saudável gigante do gelo, puro-sangue. Ele media quase cinco metros.

O que significava que a cabeça de Thianna batia na altura da fivela do cinto dele. Era alta a probabilidade de ela ser esmagada quando o jogo começasse. Não seria de esperar que nenhum dos gigantes, muito menos Thrudgelmir, fosse pegar leve com ela por causa de sua estatura. Se ela tivesse um pouco de juízo, não estaria nem participando, pra começo de conversa. Os gigantes do gelo eram uma raça de durões, portanto, jogavam duro. Mas aí é que estava. *Gigantes do gelo jogavam duro.* Se Thianna quisesse provar que de fato era um deles, então ela também teria que jogar duro. Além disso, embora o jogo de Knattleikr pudesse ser perigoso, ele também era muito divertido.

— Já! — gritou a gigante Gunnlod, enquanto atirava a pesada bola de pedra para o alto, sobre o campo. Thianna não esperou para ver onde a bola iria cair. Abaixou a cabeça e atirou-se para a frente, rolando. Enquanto Thrudgelmir praguejava em voz alta acima dela, Thianna deu uma cambalhota entre suas pernas.

Parando de rolar, ela virou de costas. Chutando com os dois pés, atingiu Thrudgelmir por trás de ambos os joelhos. O lerdão se curvou com a cabeça entre as pernas, procurando por ela. Quando seus joelhos se dobraram, ele desabou para a frente, como um saco de batatas.

- - Ora, ora, Thrudgelmir - - ela riu - -, eu não sabia que você também podia dar cambalhota.

Antes que o gigante conseguisse desenroscar seus membros, Thianna se levantou num pulo e saltou em cima dele, aterrissando bem no momento em que a bola estava caindo. Ela a golpeou com firmeza com o bastão, atirando-a através do campo em direção ao seu companheiro de time, Bork. Ele completou o serviço, mandando a bola por cima da linha. Primeiro ponto para a equipe dela.

Thianna comemorou com uma rápida dancinha da vitória.

O bastão de Thrudgelmir atingiu-a com força nas panturrilhas. Seus pés vacilaram e ela desabou na neve. Por instinto, rolou rapidamente para o lado. O bastão atingiu o ponto na neve onde ela estivera. Com dificuldade, Thianna se levantou.

— Pra que isso? — ela perguntou. Thrudgelmir balançou o bastão para ela enquanto se levantava sobre os joelhos.

— Por causa da sua trapaça! — ele gritou.

— Trapaça? — Thianna ficou perplexa. O Knattleikr não era o tipo de esporte que possuía um monte de regras para se quebrar. Era praticamente um "vale-tudo". — Que trapaça foi essa?

— Nenhum gigante do gelo poderia ter rolado dessa forma. Então, deve ser trapaça.

Thianna ficou furiosa.

— Só porque você é muito desajeitado para fazer uma coisa não significa que seja ilegal!

— Desajeitado? — rugiu Thrudgelmir, erguendo-se. — Vou te mostrar quem é desajeitado aqui. — Ele tentou atingi-la com o bastão, mas Thianna simplesmente saltou por cima dele, evitando o golpe. Então, como o ataque de Thrudgelmir exigia o giro de todo o seu corpo, ela aproveitou para chutá-lo com força na parte de trás da perna e ele caiu novamente.

— Tem razão, Thrudgeizinho — ela riu. — Você realmente me mostrou quem é o desajeitado aqui.

— Vou te esmagar! — Thrudgelmir cuspiu com a boca cheia de neve. Antes que ele pudesse cumprir a ameaça,

Gunnlod novamente gritou: "Já!". A chefe da aldeia jogou a bola para o campo, e Thrudgelmir e Thianna se juntaram à multidão correndo atrás dela.

A partida de Knattleikr continuou assim por grande parte do dia. No fim, a equipe de Thianna venceu com um placar de 45 a 33. Ela teve participação em pelo menos vinte dos pontos. Além disso, quando os ferimentos foram contabilizados, constatou-se que havia quatro braços quebrados, três narizes arrebentados (sendo um deles o do Thrudgeizinho), uma dúzia de olhos roxos, e vários dentes perdidos. Todos consideraram um bom jogo.

Karn estava nervoso. O homenzarrão olhando para ele de cara feia do outro lado da banca de mercado não estava ajudando. O homem fedia a maresia. Mesmo que estivessem no meio de um movimentado mercado de peixe, com dezenas de barracas entulhadas com as carcaças de criaturas do mar de todo tipo, e o ar salgado do porto em suas costas, a maior parte do cheiro parecia vir do tal homem. Não que o cheiro fosse a coisa mais intimidante sobre ele. O homem tinha um cabelo sujo e desgrenhado escapando de um elmo imponente feito de couro e aço. Com sua barba negra cerrada, sua enorme lança amarrada às costas e o machado no cinto, ele se parecia com um dos saqueadores norronir que costumavam navegar pelos mares para queimar aldeias em Araland e Ungland. Na realidade, porém, Bandulfr era um capitão de dracar. Isso significava que ele era um pescador, que trabalhava nas águas do Golfo da Serpente. Mas as marcas na ponta da sua lança, os amassados em seu elmo e as lascas na lâmina do machado eram suspeitos.

— E então? — perguntou o grandalhão, com voz rouca.

— Não sei... três? — respondeu Karn.

— Três? — repetiu Bandulfr. Karn se perguntou como ele poderia falar tão alto com os dentes cerrados. Talvez as palavras houvessem escapado por entre os buracos negros onde antes havia dentes arrancados em brigas. — Você tem certeza?

Karn olhou para as outras barracas nas docas movimentadas da cidade litorânea de Bense, na esperança de encontrar inspiração. Não encontrou nenhuma. Ele não tinha a mínima certeza.

— Hum, sim — disse Karn hesitante.

Bandulfr sorriu.

— Fechou então, três bois — disse ele, batendo um punho gordo em sua banca.

Ao lado dele, Karn ouviu o som de seu pai batendo a palma da mão na testa. Seu ânimo murchou. Ele percebeu que tinha começado com o pé esquerdo. Korlundr suspirou e sacudiu a cabeça, balançando seu longo rabo de cavalo louro como a crina de um cavalo arisco.

Bandulfr deu uma risadinha.

— Você estava certo, meu amigo — disse ele. — Deixar seu filho encarregado da troca foi uma ótima ideia. Um único barril de peixe por três bois é o melhor preço que eu já tive. — Bandulfr bateu no ombro de Korlundr. Korlundr assentiu tristemente e, em seguida, lançou ao filho um olhar desanimado.

— Três, meu filho? — disse Korlundr suavemente. — Sério?

Três bois representavam, obviamente, uma troca muito ruim. Já tinha sido bastante difícil aprender quantas peles de raposa correspondiam a que quantidade de prata. Não era justo que esperassem que ele se lembrasse também de bois, peixes, queijos e barris de leite. Ele não fazia ideia de que pechinchar nos mercados de Bense pudesse ser tão complicado.

-- Oh, bem -- disse Bandulfr, tentando abafar uma risada. -- Você não pode aprender a escalar uma montanha sem rolar por algumas colinas, certo? -- Estendeu a mão para socar de brincadeira o esterno de Karn. Karn estremeceu com a força do golpe, mas cerrou os dentes e tentou sorrir.

-- Acho que sim -- disse o pai de Karn. -- Quem sabe não levamos a melhor na próxima temporada.

-- Talvez -- disse Bandulfr, que tinha erguido um barril de peixes sortidos, principalmente hadoques, salmões e escamudos, e colocado em cima da mesa, e agora estava martelando a tampa para fechá-lo bem para o transporte. -- Espero que o seu brilhante menino conduza a negociação, novamente.

Karn estremeceu com isso. E o mesmo fez Korlundr. Karn percebeu quanto o seu fracasso feria o orgulho do pai.

-- Se ao menos Karn pensasse tanto no comércio como faz com os jogos de tabuleiro... -- disse Korlundr.

Bandulfr parou de martelar a tampa no barril e olhou para cima.

-- Jogos de tabuleiro, você disse?

-- Sim -- confirmou Korlundr. -- Karn é obcecado por eles. Está sempre jogando.

Bandulfr olhou para Karn novamente.

-- Qual é o seu jogo, filho?

-- Tronos & Ossos -- Karn respondeu.

-- E você joga bem?

Karn fitou os olhos do homenzarrão. Ele pensou ter reconhecido neles um brilho familiar que não estava ali antes.

Sufocou a vontade de sorrir. O chão de repente lhe pareceu um pouco mais firme sob os seus pés.

— Acho que sim — respondeu ele.

— Claro que acha — disse Bandulfr com desdém. — Como pode saber? Você joga com outras crianças.

— Posso jogar com qualquer um — disse Karn, que reconheceu a arrogância de Bandulfr. O grandalhão podia parecer um saqueador feroz, mas era apenas mais um jogador. Karn sabia como lidar com jogadores. — Qualquer um que seja homem o suficiente.

Bandulfr parecia cético. Karn mergulhou a mão em sua bolsa e retirou de lá dois de seus "ossos".

Bandulfr assobiou. Ele estendeu a mão hesitante para as peças do jogo.

— Posso ver? — Aquela era a primeira vez que Bandulfr se preocupava em parecer educado.

Karn assentiu com a cabeça e passou as peças do jogo para o homem. Bandulfr as levou até seus olhos injetados de sangue para examiná-las.

— Estas são de ossos de baleia! — disse ele admirado. Karn confirmou. As peças arredondadas tinham sido esculpidas para parecerem pequenos crânios. Eram peças do lado dos atacantes. Os crânios representavam os draugs, os repugnantes guerreiros zumbis que habitavam sepulturas amaldiçoadas e caçavam os vivos. Karn tinha grande orgulho de seu conjunto. As peças de jogo normalmente eram esculpidas em pedra, madeira ou osso de boi. As peças de ossos de baleia eram muito mais raras e, portanto, extremamente valorizadas.

Karn mergulhou outra vez a mão na bolsa e tirou dali uma das peças dos defensores, uma reluzente donzela escudeira.

Esta era esculpida em mármore, mas com incrustações de prata de verdade. Bandulfr assobiou. Ele a examinou por um instante e, em seguida, entregou todas as peças de volta cuidadosamente.

Bandulfr baixou o grande barril de peixes no chão diante deles; depois ajeitou duas banquetas, uma de cada lado do barril. Saiu de trás de sua banca de mercado, sacando de algum lugar um tabuleiro de jogo quadriculado. Colocou o tabuleiro no topo do barril ao sentar-se numa das banquetas e fez um gesto para Karn tomar a outra.

- - Você joga com atacantes ou defensores? - - perguntou Bandulfr.

- - Eu ganho de você em qualquer um dos lados - - disse Karn. - - Mas prefiro o lado do Jarl.

Bandulfr sorriu, impressionado que Karn preferisse os defensores. Jogar do lado do Jarl geralmente era considerado mais difícil.

- - Você deve realmente achar que a fortuna de Kvir sorri para você, hein, rapaz? - - disse ele, invocando o deus da sorte e dos jogos de azar.

- - Espere, espere, espere! - - interrompeu Korlundr, agitando as mãos. - - Karn e eu ainda temos alguns mercados para visitar hoje, se eu quiser ter alguma chance de recuperar o meu prejuízo.

Bandulfr resmungou e apontou um dedo grosso para o tabuleiro.

- - Isto é um negócio sério, Korlundr. Nenhum menino pode crescer para ser um verdadeiro filho de Norrongard se não souber manejar uma espada, lançar um insulto ou jogar uma boa partida de Tronos & Ossos.

O pai de Karn cruzou os braços, nem um pouco convencido.

— Está tudo bem — tranquilizou-o Karn. — Confie em mim. Este é o meu território. — Antes que seu pai pudesse objetar, ele olhou para Bandulfr por cima do tabuleiro. — Meu pai e eu apostamos com você dois bois contra minhas peças do jogo. Se eu perder, você fica com o meu conjunto de Tronos & Ossos. Meu conjunto caro de peças de osso de baleia e mármore. Se eu ganhar, então você concorda em nos dar o barril de peixe pelo preço de apenas um dos nossos bois. E se eu ganhar em menos de dez rodadas, então você vai fazer dois barris de peixes por um boi.

Os olhos de Bandulfr se arregalaram; em seguida, ele sorriu. Cuspiu na mão e estendeu-a para Karn para fecharem o acordo. Karn cuspiu em sua própria palma e segurou a mão do grandalhão, selando a aposta com um aperto de mão frouxo.

— Bem, Korlundr — riu o pescador —, estou achando que ainda existe esperança para o seu garoto, no fim das contas.

Thianna estava indo para casa quando foi subitamente erguida do chão. Thrudgelmir a encontrara.

— Me solta! — ela gritou, com os pés balançando no ar.

— Cala a boca, mestiça! — ele rosnou para ela. — Você se acha assim tão esperta, pulando pra lá e pra cá como uma pequena raposa na neve? Isso só mostra a aberração que você é. Gigantes não andam assim.

— Eu sou gigante.

Thrudgelmir gargalhou. Ele a chacoalhou, fazendo seus pés balançarem.

— Seus pés não estão exatamente tocando o chão agora, não é?

Thianna fez uma cara feia, olhando fixamente para os olhinhos miúdos e redondos do gigante, que mais pareciam duas miçangas.

-- Estão ou não estão? - - Thrudgelmir a sacudiu.

-- Não - - ela admitiu, rangendo os dentes.

-- Então, o que isso lhe diz?

-- Que você é mais burro do que parece, Thrudgeizinho -- respondeu ela, sorrindo com malícia. Thrudgelmir franziu a testa. Ele sabia que estava em vantagem e, portanto, deveria ser ele o único a sorrir. Se Thianna estava sorrindo, isso significava alguma coisa. Mas antes que pudesse descobrir o que era, ela o chutou com força. Enquanto estava no ar, os dedos dos pés dela ficavam na altura de uma região muito desconfortável para ele.

Thrudgelmir urrou de dor. Largou Thianna, levando as mãos em concha ao meio das pernas e caindo de joelhos. Thianna não esperou ele se recuperar. Ela se virou e saiu correndo.

Thrudgelmir lutou para se erguer, mancando atrás dela.

Ela arriscou uma espiada para trás. Ele estava com dificuldade para andar, mas seu rosto estava tão vermelho de raiva que poderia derreter a neve.

-- Você quer saber o que os verdadeiros gigantes do gelo fazem para se divertir, mestiçazinha? - - ele gritou. - - Nós atiramos coisas. - - Ele pegou uma pedra do tamanho da cabeça dela e arremessou-a em sua direção. O pedregulho atingiu uma rocha e se partiu. Thianna se encolheu para se proteger dos fragmentos. Percebendo que o irritara de verdade desta vez, ela correu mais rápido.

-- Queria ver você levantar aquela pedra - - ele gritou para ela. - - Talvez, quando te pegar, eu vá levantar você. E atirá-la direto do platô.

Os pés de Thianna escorregaram no chão gelado. Atrás dela, Thrudgelmir arremessou outro pedregulho. Ela também estava estendendo a mão para uma grande pedra, mas não para atirá-la. Ela tinha escondido alguma coisa ali atrás.

Thrudgelmir a estava alcançando, afinal ele tinha pernas mais longas.

Thianna derrapou para parar na neve. Inclinado contra a pedra estava o seu bem mais valioso. Duas lâminas longas e estreitas feitas de uma madeira rara. Seus esquis de neve. Ela os calçou num pulo, apertando os cadarços bem na hora em que a sombra de Thrudgelmir assomou sobre ela. Quando os longos braços dele se estenderam em sua direção, Thianna deu no pé. Saiu em disparada. Sua impulsão vigorosa e a ligeira inclinação do terreno possibilitavam-lhe um deslocamento mais rápido do que o desajeitado gigante poderia alcançar correndo.

— Você se acha muito esperta! — ele gritou, enquanto ela se afastava velozmente. — Só porque consegue esquiar e eu não. Isso só prova que você não pertence a este lugar. Você nunca vai pertencer a este lugar. Está me ouvindo? Se fosse inteligente, continuava descendo e não parava mais.

Thianna engoliu uma resposta, sufocando suas emoções. Ela poderia vencê-los toda vez em Knattleikr e sempre levar a melhor sobre Thrudgelmir, mas os gigantes jamais a aceitariam como igual. Não era culpa dela, seu sangue misturado. Ela não pediu para ser mestiça. Abriria mão da sua metade humana no mesmo instante se pudesse encontrar uma forma de fazer isso. Enquanto descia rápida como uma flecha a rampa de gelo, disse a si mesma que era apenas o vento em seus olhos que os fazia lacrimejar.

- - Eu ganhei, não foi? - - perguntou Karn. Estava com a autoestima nas nuvens, tendo seu Jarl rompido o cerco dos draugs e escapado do tabuleiro em menos de dez jogadas. Bandulfr agora teria que lhe pagar dois barris de peixe por apenas um boi. Realmente tinha sido uma grande partida. Em frente a ele, o tio Ori sorria, mas seu pai balançava a cabeça.

- - Ele venceu, irmão - - disse Ori. - - Não é isso o que importa?

Os três estavam espremidos em bancos numa longa mesa no centro da Taberna do Stolki. Os ombros largos de Korlundr roçavam nas pessoas de ambos os lados. Todos no lugar estavam conversando, cantando e trocando insultos sagazes. Alguns norronir estavam absortos na tradição consagrada pelo tempo de arremessar ossos e outros restos da mesa uns nos outros com a intenção de machucar. Karn, seu pai e seu tio tiveram de elevar a voz para serem ouvidos por cima do barulho, e a fumaça de uma grande fogueira fazia os olhos de Karn arderem. Ele conseguia perceber como podia ser opressiva, para aqueles que vinham de fazendas isoladas ou de cidades pequenas, a natureza incansável da ruidosa e violenta vida noturna de Bense. Mas não para Karn, que ansiava por uma vida além da fazenda da família. Ele estava amando cada minuto daquilo.

Korlundr, entretanto, fitou o irmão mais novo.

- - A questão não é essa - - redarguiu o pai de Karn. - - A vida não é apenas ficar jogando.

- - Isso mesmo - - concordou Karn, sorrindo para o tio. - - É também brandir espadas e lançar insultos na cara do adversário.

Ori riu.

— Pelo menos, uma dessas coisas ele já fez — disse o tio para o pai de Karn. E, dirigindo-se ao sobrinho: — Conte-nos novamente do que foi que você chamou Bandulfr logo depois de vencê-lo.

— De babaca bundão — repetiu Karn com orgulho.

— Muito boa, essa — aplaudiu Ori. Ele se virou para Korlundr. — Viu só? Ache uma espada para o seu garoto e você já pode chamá-lo de homem.

— Pelo amor de Neth, não o encoraje, Ori — retrucou Korlundr. — Karn será o hauld da fazenda um dia. Ele precisa crescer.

Ori o fitou por um instante, depois assentiu.

— Assim seja — disse ele, olhando para a sua taça de chifre. — Vou deixar vocês dois haulds a sós. — Ele se levantou da mesa e foi embora. Korlundr ficou olhando-o se afastar. Karn se perguntou como seu pai e seu tio podiam ser gêmeos e viverem se desentendendo assim. Korlundr tomou um longo gole de hidromel e, em seguida, pôs a taça de chifre de lado.

— Vamos dar uma volta, filho.

Karn seguiu o pai. Ele tinha que andar rápido para acompanhar Korlundr, que estava abrindo caminho a ombradas para fora da sala lotada. Geralmente, os norrønir levantavam-se com o sol e iam dormir quando ele se punha. Podiam ser descendentes dos saqueadores do mar, mas viviam a existência de fazendeiros. A temporada de comércio abria uma pausa nessa rotina, mas as ruas ainda continuavam às escuras à noite.

Karn olhou para as estrelas no céu. Baixou a cabeça respeitosamente à deusa Manna ao avistar a sua lua, apesar de sua irmã menor estar escondida atrás da esfera brilhante.

Karn seguiu o pai pela noite, seus passos ressoando alto nas tábuas de madeira que cobriam as ruas maiores. Ele sentia um nó no estômago, mais complicado do que se o causador fosse apenas o carneiro picante que Stolki havia servido. Karn realmente amava o pai. Mas não era como ele. Korlundr era uma figura impressionante. Para ele, comandar uma centena de trabalhadores numa fazenda era natural. Mas isso não era natural para Karn. Não importa o que o pai dissesse, o dia em que Karn seria o hauld lhe parecia tão remoto agora como Manna e sua lua distante.

- - Não dê ouvidos a Bandulfr - - disse subitamente o pai. - - Ou a Ori. Ou a qualquer um desses tolos. - - Korlundr apontou com o queixo as ruidosas tabernas que enchiam a rua. - - Poucos deles têm fazendas grandes como a nossa ou disciplina para administrá-las caso precisem. Não me entenda mal. Estou orgulhoso por você ter vencido o velho Bandulfr em seu próprio jogo, mas nem todo pescador e agricultor será um jogador. A vida não é um jogo de Tronos & Ossos. É responsabilidade. Compromisso. Você precisa saber mais do que apenas como chamar alguém de babaca bundão se um dia quiser ser um hauld.

- - Aí é que está, pai - - disse Karn, que descobriu que abrira a boca sem pensar duas vezes. E antes que pudesse se refrear, ele se ouviu dizendo: - - E se eu não quiser ser um hauld?

E lá estava. As palavras pairavam no ar entre eles sob as estrelas silenciosas.

Korlundr então olhou para o filho com severidade. Em seguida, virou o rosto.

- - Então ore ao Pai Celestial para que eu viva por muito tempo. Porque você um dia será hauld, quer queira quer não.

CAPÍTULO DOIS

O chamado

Já era tarde quando Karn tomou o caminho de volta para os alojamentos onde tinham alugado beliches. Ele se sentou em sua cama e se curvou para desamarrar as botas.

-- Karn? -- chamou o pai.

-- Oi, pai -- ele sussurrou de volta. Ele ouviu o pai se sentar em sua própria cama. Mesmo na mais completa escuridão, dava para perceber a presença imponente e sólida de Korlundr.

-- Sinto muito que discutimos -- o pai começou. -- Karn, a Fazenda de Korlundr não é uma fazendola qualquer. Eu nem ao menos sou o Korlundr que lhe deu o nome. Ser um hauld significa que nós possuímos uma fazenda que tem pertencido à família há seis ou mais gerações.

— Eu sei — respondeu Karn.

— Não acho que você saiba. Ah, é claro que você entende as palavras. Mas você não pensa sobre o que elas significam.

Karn achava que sabia muito bem o que elas queriam dizer. A Fazenda de Korlundr tinha sido fundada por seu tatatataravô, que também se chamava Korlundr.

— Quando morremos, filho, descemos à terra, vamos para a grande caverna para ficar com nossa mãe adotiva, Neth. E então deixamos para trás nossos apegos terrenos. Não é certo fazer o contrário.

Karn sabia exatamente o que seu pai evitara dizer. Aqueles mortos que se agarram desesperadamente a seus tesouros mundanos muitas vezes se recusam a descer para as cavernas de Neth. Em vez disso, eles se tornam draug — Mortos Ambulantes —, horripilantes cadáveres putrefatos que habitam montes sepulcrais, onde zelosamente guardam sua riqueza. Karn quase pulou de susto quando Korlundr colocou uma mão em seu ombro.

— Mas isso não significa que deixamos para trás o nosso amor por nossa família, Karn. — A mão quente de seu pai era tranquilizadora. — Meu pai espera por mim lá embaixo, filho, assim como o pai dele, e o pai do pai dele. Estão todos me observando agora, vendo que tipo de homem eu me tornei. Um dia, vou me juntar a eles, e terei que prestar contas de como dirigi a Fazenda de Korlundr, e todos os que dependem dela para sua subsistência, para não falar dos animais. Ser um hauld é uma grande responsabilidade. Às vezes, eu acho que você quer o oposto, uma maneira de escapar da responsabilidade, não aprender a lidar com ela.

Karn se mexeu, pouco à vontade. De imaginar os draugs no escuro, ele tinha passado a imaginar uma série de parentes mortos, todos o espiando e metendo o nariz em suas coisas. Ele se perguntou a que distância da Fazenda de Korlundr era preciso ir para ficar longe do escrutínio deles.

- - Quando eu for para a terra, Karn, quero ter certeza de que poderei olhar para cima e ter orgulho de você.

- - Isso ainda está muito longe de acontecer - - disse Karn, finalmente desvencilhando-se da mão do pai por completo. Ele não queria pensar no momento em que o pai não estaria mais por perto.

- - Fortuna e destino nem sempre andam de mãos dadas, Karn. Você sabe que dizem que o fim dos deuses pode estar escrito nas runas, mas nem mesmo eles sabem o caminho para chegar lá.

Karn tinha ouvido a conversa de morte e destino antes. Ele bocejou alto, esperando que seu pai entendesse a deixa.

- - Vejo você pela manhã, pai - - disse ele, desmoronando em sua cama e rolando para o lado ostensivamente. Talvez no dia seguinte ele pudesse encontrar alguém em Bense capaz de lhe proporcionar uma boa partida de Tronos & Ossos. Tudo bem em falar sobre destino e responsabilidade, mas jogos de tabuleiro eram um negócio muito sério.

Thianna não voltou para casa até bem depois do anoitecer. Ela abriu a porta de pedra esculpida na parede do penhasco com todo o cuidado. Suavemente, foi andando na ponta dos pés pelo corredor até a caverna que era o seu quarto. Sua cautela só a fez se sentir pior. Ser capaz de andar na ponta dos pés era mais um traço que a destacava como alguém diferente. Nenhum gigante conseguia caminhar com tanta suavidade. Apenas um humano sorrateiro podia fazer isso.

Thianna queria cair na pilha de peles em cima de seu bloco de gelo o mais rápido possível. Seu dia havia sido extenuante e tudo que ela queria era deixá-lo para trás quanto antes. Infelizmente, não era para ser assim.

— É você, Thianna? — uma voz grave e abafada, porém agradável, a chamou. Thianna suspirou. — Suponho que você poderia responder "Quem mais poderia ser?" — a voz continuou. — E embora pudesse ser um grande número de pessoas, confesso que é extremamente improvável que seja outra pessoa que não você. Então, vou alterar minhas palavras para "Olá, Thianna", se você não se importar.

— Oi, pai! — respondeu Thianna. Algumas pessoas talvez não gostassem, mas ela achava cativante a maneira de falar de seu pai, cheia de rodeios e divagações.

— Olá, Thianna! — respondeu o pai. — Muito me agradaria se você pudesse vir falar comigo antes de ir dormir.

A sua ideia de terminar o dia rapidinho já era. Ela passou reto pelo próprio quarto e foi até uma caverna mais adiante, onde Magnilmir mantinha sua oficina. Thianna parou na entrada em arco, contemplando a visão familiar de seu pai à luz bruxuleante de uma vela.

Magnilmir estava sentado num banquinho em sua bancada, mas se virou para a filha quando percebeu sua aproximação. Thianna viu suas ferramentas de escultor e várias peças de marfim espalhadas diante dele sobre a mesa de gelo. Ficou triste ao ver que o marfim estava intacto. Os cotovelos de Magnilmir estavam apoiados sobre a mesa e ele esfregava os imensos nós dos dedos repetidamente em suas palmas. Fazia isso quando estava distraído ou preocupado.

Magnilmir abriu os braços, chamando-a para ele. Ela se aproximou e deixou que o pai a envolvesse num grande abraço de urso, desaparecendo em sua espessa barba vermelha.

O pai continuou sentado para que pudesse olhar a filha nos olhos. Grande até mesmo entre os gigantes, Magnilmir tinha quase seis metros de altura, uns bons três metros e meio mais alto do que ela, de modo que, mesmo sentado, seu rosto ficava um pouco acima de Thianna.

-- Estou ciente, hum, quero dizer, fiquei sabendo... isto é, me disseram... que você teve outro arranca-rabo com Thrudgelmir hoje.

-- Quem te contou isso? Foi Eggthoda? -- perguntou Thianna, citando uma gigante mais velha que estava de "amizade" com seu pai. -- Ela não está dizendo a verdade. Não toda ela.

Magnilmir sacudiu a cabeça.

-- Todo mundo está falando. -- Ele deu uma risadinha. -- Aparentemente, o tolo do rapaz não está conseguindo andar direito até agora. -- Magnilmir engoliu a risada e tentou parecer severo.

-- Não foi bem uma briga -- esclareceu Thianna. -- De todo jeito, não foi culpa minha. Ele simplesmente ficou furioso porque eu dei uma surra nele no Knattleikr.

-- Não é a primeira vez que ele leva uma surra no Knattleikr -- disse o pai. -- Ele é um jogador bem medíocre, se quer saber o que eu acho. Na verdade, eu diria que ele é um péssimo jogador, mesmo que você não queira saber o que eu acho. Mesmo assim. De qualquer modo, perder um jogo não parece ser motivo para uma briga.

Thianna não tinha certeza se concordava com isso. Ela não gostava de perder em coisa alguma. Mas ainda não tinha perdido em nada.

— Sou muito mais rápida do que ele. Posso saltar de um jeito que ele não consegue. Ele é apenas um grande e desajeitado...

— Gigante? — seu pai sugeriu.

Thianna baixou os olhos por um momento. Ela pegou um pedaço de marfim e, em seguida, largou-o novamente.

— Ele me odeia porque eu não sou uma gigante.

Magnilmir virou a filha para que ela pudesse ver seu rosto.

— Você é uma gigante, Thianna. Você definitivamente é uma gigante. Só que isso não é tudo o que você é.

Thianna desviou a vista do pai. Ela olhou para o alto, para um poço de ventilação que atravessava o teto. Durante o dia, sua angulação permitia que a luz solar incidisse na bancada do pai. Olhando através dele agora, podia vislumbrar um punhado de estrelas brilhando no céu noturno.

— Eu gostaria que fosse. Queria ser completamente gigante e nada mais.

Ela não se virou em direção ao pai, mas pôde ouvir o roçar de couro e peles quando ele mudou de posição e afundou no banco, como se estivesse suspirando com o corpo inteiro.

— Venha comigo — disse ele, depois de um tempo. Não esperou por ela, simplesmente levantou-se e saiu para o corredor que mergulhava mais profundamente na montanha. Destrancou a porta dos fundos e conduziu Thianna a uma rede mais ampla de cavernas naturais dentro da montanha.

Eles caminharam em silêncio ao longo de uma borda gelada. O platô era a face externa da aldeia, mas a maior parte do assentamento encontrava-se dentro da rocha e do gelo. À sua direita, Thianna podia ouvir o barulho da água do rio que corria através de um pequeno cânion no interior da caverna, embora estivesse muito escuro para enxergar alguma coisa em suas profundezas. O rio subterrâneo fornecia à aldeia uma fonte constante de água doce, bem como de peixes cegos da caverna. O rio, porém, também era traiçoeiro e se esgueirava por túneis pequenos demais para um gigante do gelo passar. Uma vez, um gigante havia caído no rio e a corrente o tinha carregado para dentro de um desses túneis, prendendo-o numa gruta de teto baixo, onde ele acabou se afogando. Eles encontraram o chapéu dele muito longe dali, do outro lado da montanha, onde o rio aflorava.

Pai e filha cruzaram uma ponte de gelo até uma borda do lado oposto e Thianna franziu a testa. Ela sabia para onde estavam indo. O Salão dos Mortos.

Na grande entrada abobadada para a caverna, Thianna parou, endireitou os ombros e entrou.

O salão era perene e fortemente iluminado por fogos mágicos que espalhavam no ambiente uma luz azulada fria, mas nenhum calor que pudesse derreter o gelo. Eles caminharam por fileiras de figuras indistintas, vislumbradas sob lâminas de gelo. Depois de um tempo, pararam diante de uma.

Magnilmir agitou a mão no ar e a camada de cristais de gelo que embaçava a lâmina se desfez. A parede se tornou transparente, límpida como vidro. Ambos olharam para a figura sepultada ali dentro.

- - Oi, mãe - - Thianna falou.

O pai não disse nada. Simplesmente fechou os olhos e se curvou para encostar a testa contra a parede. Uns trinta centímetros abaixo do gelo, Thianna viu sua mãe, tão bonita como no dia em que morreu. O Salão dos Mortos era onde todos os membros falecidos da aldeia eram sepultados. Era uma honra, Thianna supunha, um humano ser colocado lá.

— Era uma vez — Magnilmir começou, falando numa voz grave e suave —, um gigante que olhou para o céu e viu uma mulher humana caindo das nuvens. E ele a pegou.

Thianna mordeu o lábio. Ela sabia essa história de cor, tintim por tintim, mas nem sonharia em interromper.

— O nome dela era Talária, e isso foi tudo de seu passado que ela chegou a lhe contar. A mulher suplicou ao gigante que a abrigasse em sua aldeia. Ele fez isso, apesar das objeções de vários outros gigantes. Não demorou muito para que a sua combinação de força e honra a conquistasse. Ou talvez fosse apenas o seu senso de humor. Gostaria de poder dizer que foi sua boa aparência, mas gostaria de poder dizer também um monte de outras coisas. De qualquer forma, eles se apaixonaram. Tiveram um bebê que chamaram Thianna, por causa do povo de sua mãe, quem quer que fossem eles. Por um tempo, o gigante foi o gigante mais feliz do mundo. Mas mesmo o gelo no topo do mundo um dia derrete...

Magnilmir virou-se para a filha e se ajoelhou. Ele colocou a mão no ombro dela.

— Há uma mulher humana sob o gelo, Thianna. Uma pequena, pequenina mulher humana, menor ainda do que você. E aquela mulher humana significa mais para mim do que todos os gigantes do Platô de Gunnlod e todos os gigantes do mundo, sejam eles do gelo, do fogo ou da terra. E eu não vou deixar você desrespeitá-la ou a sua espécie.

— Pai, eu...

- - Quieta - - ele disse, com um tom severo que era uma raridade nele. Quando Magnilmir parava de divagar, significava que ele estava falando sério. Então, ele enfiou a mão dentro das peles de seu colete e tateou em busca de alguma coisa. Quando retirou a mão, ele segurava algo pequeno dentro de seu punho cerrado. A princípio, Thianna pensou que poderia ser uma de suas peças esculpidas em marfim, mas o acabamento da peça era mais delicado do que ele conseguiria dar, e ela era feita de metal, não de marfim ou de pedra.

- - Tome - - disse ele, estendendo o objeto para ela.

- - O que é isso?

- - Era dela - - foi a resposta do pai. - - Algo da cultura dela, da sua cultura.

- - Eu...

- - Pegue!

Thianna obedeceu.

— Acredito que seja um copo de chifre - - disse Magnilmir. - - A ponta foi cortada, por isso eu remendei. Colei com gelo.

- - Não sei se vai funcionar muito bem como copo - - observou ela.

- - Não importa - - disse o pai. - - Você vai carregá-lo sempre com você.

- - Eu não quero...

- - Vai carregá-lo com você. Talvez ter alguma coisa dela desperte você para a sua plena natureza.

Thianna viu a dor nos olhos do pai. Por mais que ela odiasse sua metade humana, odiava ainda mais a dor que estava lhe causando.

- - Vou carregá-lo comigo - - ela concordou.

☆　☆　☆

O nascer do sol encontrou Thianna sentada na borda do platô, balançando os pés sobre o penhasco. Junto com a luz do novo dia vinha um vento forte que ululava por entre as montanhas. Ela não prestou atenção ao vento. Em vez disso, olhou para o chifre de Talária em suas mãos.

— Ai, que droga! — ela disparou. O calor de seu corpo, desgraçadamente muito mais quente do que o de um gigante do gelo puro, tinha derretido a emenda de gelo na ponta do chifre.

Ela desejou ter coragem para atirá-lo do platô. Para que servia um chifre quebrado, a não ser para lembrá-la de que ela não se entrosava com ninguém ali?

Thianna correu a ponta do dedo ao redor do orifício na extremidade mais estreita. Não parecia estar danificada. O buraco era liso, com uma ligeira borda virada. Os detalhes eram provavelmente muito delicados para os olhos de Magnilmir. Talvez simplesmente não fosse um copo de chifre... Talvez fosse um chifre, mas não usado para conter um líquido.

Thianna inspirou bem fundo, enchendo os pulmões com o ar da montanha. Olhou em volta, para os picos da Cordilheira de Ymir e, em seguida, para o sul, na direção onde era o mundo dos humanos.

Ela colocou o chifre nos lábios. Soprou longamente, com força e intensidade.

Não conseguiu produzir som. *Nada*. Nem mesmo um guincho. Ela soprou mais algumas vezes, rápido e forte. Nada.

— Coisa idiota! — resmungou ela. — Para que serve um chifre que não funciona? — Thianna levantou o braço para atirá-lo do penhasco, mas, em seguida, hesitou, lembrando-se do rosto do pai. Ela o guardou de volta na bolsa que levava na cintura e olhou para baixo da montanha, para as nuvens lá embaixo. - - Coisa idiota e inútil! - - disse ela novamente.

A milhares de quilômetros de distância, muito além das fronteiras de Ymiria ou de qualquer de seus vizinhos, um ruído que não era para ouvidos humanos - - nem de gigantes - - ressoou. E a milhares de quilômetros de distância, incontáveis hordas de criaturas escamosas guincharam.

CAPÍTULO TRÊS
A mulher em bronze e negro

Karn estava de volta à Taberna do Stolki, matando o tempo. Embora a cidade de Bense tivesse a sua cota de diversão, Karn acabou descobrindo que trocar mercadorias era algo muito entediante. Então, enquanto os homens contratados por seu pai carregavam as carroças com os bens recém-adquiridos e terminavam de colocar os arreios nos poucos bois que restavam, Karn ocupou-se com o seu passatempo favorito. Ele estava jogando Tronos & Ossos com um anão chamado Gindri.

Gindri era um peregrino das Montanhas de Dvergria* que visitava sua fazenda uma ou duas vezes por ano, oferecendo seus serviços como curandeiro, ferreiro e faz-tudo. Sempre

---
* "Dverg" significa "anão". "Dvergria" designa as terras dos anões. (N. T.)

era uma boa companhia, embora essa fosse a primeira vez que Karn disputava contra ele uma partida do jogo de tabuleiro. Para a decepção de Karn, infelizmente Gindri estava se mostrando fácil demais de derrotar.

— Xeque! — disse Karn com presunçosa satisfação. Ele havia vislumbrado uma saída do tabuleiro para o seu Jarl e poderia ganhar na próxima rodada se Gindri não prestasse atenção. Havia um movimento que o anão poderia fazer para bloqueá-lo, mas ele não parecia vê-lo. Gindri vinha jogando mal durante toda a partida, realizando movimentos óbvios e perdendo os mais sutis.

— Você admite a sua derrota? — perguntou Karn, sorrindo. O anão fitou-o por um momento, depois nele próprio brotou um sorriso.

— Só que você está prestes a perder de uma bela lavada — garantiu Gindri. Ele riu, sacudindo o corpo robusto e fazendo todos os penduricalhos de metal que ele havia costurado em suas roupas chacoalharem-se como sinos de vento.

— Eu não acho que você esteja percebendo a situação em que se meteu — advertiu Karn, mas Gindri estendeu o braço sobre a mesa rápido como um raio. Sua mão larga pousou num draug do outro lado do tabuleiro, que ele movimentava somente agora, pela primeira vez. Gindri colocou a peça ao lado do Jarl de Karn, encurralando-o entre o draug e um quadrado hostil. Karn foi capturado. Sorrindo, o anão expulsou o Jarl de Karn do jogo.

— Ganhei! — anunciou ele.

Karn olhou para o tabuleiro. Estava impressionado. E também um pouco zangado. Ele raramente perdia.

— Bom trabalho — disse com sinceridade. Pelo menos, eles não tinham apostado nada.

- - Ah, foi sim, sem falsa modéstia - - disse o anão.

- - Mas... como foi que você...?

Gindri levantou-se.

- - Venha comigo - - pediu ele, e conduziu Karn para o outro lado da sala em direção ao bar onde Stolki servia seus clientes. Gindri tinha pouco mais que a metade da altura de Karn, mas ele era quase tão largo quanto era alto, portanto, ainda era uma figura imponente, mesmo em meio a todos os norronir que lotavam o aposento. Além disso, Gindri tinha chifres em seu elmo.

Gindri ergueu a mão sobre a cabeça e bateu forte na bancada do bar até conseguir chamar a atenção de Stolki.

- - O que vai ser? - - perguntou Stolki, inclinando-se para a frente e depois se afastando com a mesma rapidez, evitando bem a tempo uma cutucada de chifre no olho.

- - Água. Duas tigelas, por favor - - disse o anão.

- - Água? Só isso? - - confirmou Stolki.

- - Sim, e rápido - - vociferou o anão. - - Tenho uma lição para dar.

Stolki deu de ombros e dispôs duas tigelas sobre a mesa, despejando água de um jarro em cada uma.

Gindri vasculhou dentro de sua pesada capa de pele. Em seguida, trouxe as mãos para fora, os punhos fechados. Karn se perguntou o que ele estava segurando.

- - Coloque as suas mãos embaixo das minhas, Karn - - disse ele.

- - Pra quê? - - quis saber Karn.

- - Apenas faça isso. Será que ninguém te ensinou a ouvir os mais velhos?

Karn posicionou as mãos sob os punhos de Gindri. O anão piscou e abriu as próprias mãos, deixando cair nas palmas abertas de Karn duas pedras idênticas. Ou quase idênticas. Uma pedra estava quente, enquanto a outra era gelada.

— Uma delas é resfriada pelos gigantes — explicou o anão. — A outra é aquecida pelos anões. — Magias como essas eram frequentemente usadas para ajudar a preservar os alimentos ou aquecê-los. O povo das montanhas era capaz de produzir esses tipos úteis de magia que os humanos não podiam dominar. — Aperte as duas por um momento — instruiu Gindri, e Karn fez o que o anão disse.

— Agora, largue as pedras — continuou Gindri — e coloque as mãos na água.

— Na água? — perguntou Karn.

— Sim — disse Gindri. Ele agarrou os pulsos de Karn e mergulhou-os nas tigelas. Uma tigela de água estava quente quase a ponto de queimar, enquanto a outra tigela estava congelante.

Karn franziu a testa. Ele tinha visto a água ser derramada do mesmo jarro em ambas as bacias, e ainda assim a temperatura delas estava muito diferente. Ou será que não estava? Era a mão que segurara a pedra quente que agora sentia frio, ao passo que a mão que segurara a pedra gelada sentia um forte ardor. Será que o anão também tinha lançado algum feitiço sobre as tigelas? Karn olhou para cima e viu Gindri sorrindo para ele.

— A água não mudou de temperatura, não é? — perguntou Karn. — Eu só acho que mudou por causa do que as minhas mãos estavam sentindo antes.

— Jamais confie nas aparências — ensinou Gindri com um sorriso. — Você traz suposições falsas dentro de você. Vê um anão jogando uma partida ruim de Tronos & Ossos e baixa a guarda. Você deveria ter se perguntado se eu não estava preparando uma armadilha. Velho como sou, não acha que eu já participei de muitas partidas de jogos de tabuleiro?

Karn assentiu. O Povo das Pedras vivia bastante e, segundo diziam, Gindri era mais velho do que a maioria. Ele devia ter ficado de olho no tabuleiro, não no espalhafatoso elmo com chifres balançando à sua frente. Da próxima vez, prestaria mais atenção em seu adversário e não apenas em seus movimentos.

-- Uma liçãozinha de um homenzinho -- irrompeu uma nova voz. Tanto Karn quanto Gindri olharam para cima.

Uma mulher estava em pé acima deles. Ela era alta, tinha cabelos e olhos escuros, e pele azeitonada. Alongava as vogais de uma forma esquisita, um estranho sotaque que Karn nunca tinha ouvido. Ela, evidentemente, não era uma norronur. Usava um peitoral de bronze, trabalhado de uma forma mais refinada do que qualquer armadura que Karn já tinha visto. Era moldada para se parecer com o corpo por baixo dela. Karn podia ver todos os músculos do seu abdômen de metal. Tinha até um umbigo gravado na barriga. Embaixo desse torso metálico, tiras de couro preto pendiam sobre uma túnica negra. Os joelhos da mulher estavam nus, apesar das temperaturas frias do norte, embora ela tivesse feito uma concessão ao clima vestindo botas de pele e um casaco também de pele. Sob um dos braços, ela prendia um elmo de bronze com uma crina negra. Havia uma espada embainhada em sua lateral e também uma comprida lança pendurada nas costas.

Karn tinha certeza de que nunca tinha visto ninguém como ela antes. Suas vestimentas e armas eram intrigantes. Remetiam a lugares distantes e grandes aventuras, coisa muito mais interessante do que a vida numa fazenda do norte, mas havia nela também algo de arrogante e perigoso. Karn não gostou da forma como ela havia feito pouco de Gindri por causa de sua altura. Ele próprio havia menosprezado Gindri, mas não havia sido tão rude em relação a isso. Talvez esse tenha sido o motivo de Karn ter se surpreendido ao se manifestar:

— Uma liçãozinha é melhor do que lição nenhuma — disse ele. — Meu pai me ensinou que a verdade está onde você a encontra. — Os olhos da mulher se estreitaram. Ela lançou-lhe um olhar frio. Então abriu um sorriso que, no entanto, não alterou seu olhar.

— Mas é claro. — Deu um passo para trás e levantou a voz, falando para todo o salão. — Eu sou Sydia — apresentou-se. Era um nome estranho. Karn pensou que soava como aqueles nomes antigos do Império de Górdio. — Eu mesma estou em busca da verdade agora — continuou Sydia. — E estaria disposta a recompensar qualquer um que pudesse me ajudar a encontrá-la.

— Que verdade é essa? — gritou Stolki.

— Algo que se perdeu anos atrás — Sydia respondeu a ele antes de se virar novamente para Karn. — Talvez o mesmo tanto de tempo quanto a idade deste menino. Talvez próximo da cadeia de montanhas ao norte.

— Ymiria — disse Karn. — Ninguém vive lá. — Gindri tossiu em resposta a isso, e Karn baixou a cabeça em tom de desculpa. Os anões eram originalmente de Ymiria, antes de terem sido expulsos das montanhas. — Nenhum humano pelo menos.

A mulher ergueu uma sobrancelha.

— Trolls, gigantes, alguns goblins, mas humanos não.

— Trolls, goblins — ela repetiu, ainda arrastando suas vogais. — E gigantes. Menino, fale-me sobre esses gigantes.

Como uma ave de rapina, ela se inclinou para Karn, mas ele endireitou os ombros e se manteve firme.

-- Eles são trapaceiros?

-- Trapaceiros? -- repetiu Karn, desconcertado.

-- Eu nunca confiei neles -- manifestou-se uma voz. Ele se virou e viu o seu tio Ori. Por que é que todo mundo estava chegando de fininho hoje? -- Eles parecem burros como rochas, mas são muito astutos na hora de negociar.

-- Você negocia com eles, então? -- perguntou Sydia.

Tio Ori assentiu.

-- De tempos em tempos. Meu irmão é esquisito a esse ponto.

-- Não há nada de esquisito em negociar com os gigantes -- disse Karn, na defensiva. -- Meu pai diz que qualquer bom negócio faz um bom negociante.

Tio Ori olhou para o sobrinho.

-- Falando no seu pai, Karn, está mais do que na hora de ir embora.

Karn virou-se para dizer adeus a Gindri, mas encontrou o anão observando Sydia, avaliando-a. Agora, no olhar do próprio Gindri havia algo de frio e perigoso, mas, quando o anão sentiu que Karn o observava, ele lançou uma piscadela ao menino. Karn despediu-se com um rápido adeus enquanto a mulher misteriosa começou a conversar baixinho com Stolki.

Quando estavam saindo da taberna, tio Ori parou à porta.

-- Espere, Karn. Acho que Stolki me deu o troco errado pela minha refeição. Vá em frente que eu te alcanço.

Karn conteve um suspiro. Tio Ori era conhecido por ser um pouco mão de vaca, e Karn não queria presenciar a cena quando ele estivesse regateando descaradamente por quase nada com Stolki. Karn deixou a taberna, mas, olhando para trás, viu seu tio se aproximando da tal Sydia. Karn estava se perguntando o que poderia ser aquilo quando a porta para o salão se fechou.

Ele considerava a ideia de voltar lá para dentro atrás do tio quando algo sibilou ruidosamente atrás dele. Karn saltou e girou. O monstro que se erguia diante de seu rosto o fez pular novamente. Uma cabeça de couro negro sobre um pescoço esguio, como uma cobra gigante, pairava sobre ele. Karn cambaleou para trás até atingir uma parede.

Karn normalmente não carregava uma espada, mas naquele instante desejou ter uma. Tentando não perder de vista aquela cabeça medonha, ele olhou em torno buscando uma pedra ou pedaço de pau.

Os olhos negros e redondos da criatura dispararam na direção para onde Karn estava olhando e depois para o seu rosto. Karn suou frio.

Uma gargalhada cruel irrompeu à sua volta. Uma voz de mulher berrou alguma coisa numa língua que Karn não falava. A criatura sibilou mais uma vez; então, o longo pescoço retraiu-se, puxando a cabeça para trás.

O pescoço da criatura era unido a um corpo ligeiramente maior do que o de um cavalo. Era uma espécie de réptil, com duas asas e duas pernas, e Karn viu que do lado oposto ao longo pescoço havia uma cauda espinhosa igualmente longa e de aparência igualmente assustadora. A criatura também não estava sozinha.

Havia três, todas sibilando e balançando a cabeça ameaçadoramente, e duas delas eram montadas por mulheres. Elas é que haviam gargalhado daquela maneira. As mulheres estavam vestidas de forma idêntica a Sydia, com peitorais de bronze esculpidos e túnicas negras. Traziam elmo na cabeça, cujas crinas negras tremulavam à brisa suave que vinha do mar. Cada uma portava uma longa lança. As hastes eram inteiramente de metal, em vez de madeira, e, no lugar de uma ponta de lança, a extremidade possuía uma pequena abertura. As armas eram negras, mas decoradas com estranhas runas vermelhas que lembravam chamas.

- - Desculpe se nossas montarias o assustaram, garoto - - disse uma das amazonas com o mesmo estranho sotaque de Sydia. E Karn também não gostou nem um pouco do seu tom.

- - Eu não fiquei com medo - - assegurou ele, esperando que isso parecesse verdade. Ele apontou o queixo na direção das criaturas, onde elas rosnavam e escavavam a lama com as patas. - - O que elas são?

- - Wyverns - - respondeu a outra amazona. - - Sabe o que são?

Karn balançou a cabeça.

- - Eu já ouvi... Não sei.

- - Talvez vocês só as chamem de "monstros", garoto - - disse a primeira mulher. Karn podia ver o deboche retorcendo seus lábios. Ele se deu conta, então, de que elas estavam acompanhando Sydia, e que o fato de estarem esperando ali fora com os animais enquanto ela havia entrado provavelmente significava que eram suas subordinadas. Apenas lacaias entediadas, deixadas do lado de fora para tomar conta dos animais, tentando assustar alguém para se divertir. Elas o haviam encurralado contra uma parede. Não era uma posição muito confortável, mais ou menos como ter uma de suas donzelas escudeiras encurralada contra um quadrado hostil no Tronos & Ossos. Era hora de assumir o controle do jogo.

— Na verdade, acho que elas são muito pequenas para serem chamadas de "monstros" — observou ele, afastando-se da parede de forma pensada. — Duvido que qualquer uma de vocês já tenha visto um monstro de verdade.

— Já vimos monstros — garantiu a segunda amazona, sua voz estranhamente grave.

— Não como os que temos aqui — disse Karn, notando pela primeira vez os pelos arrepiados nos braços e pernas expostos de ambas as mulheres. Seja lá de onde quer que fossem, elas não estavam acostumadas àquele clima frio. — Nós sabemos que vocês, do sul, são frágeis e delicados. E devem ser mesmo, mimados por seu mundinho quente e agradável. Essas "wyverns", como vocês as chamam, não chegam à metade do tamanho de um linnorm[*] respeitável. São apenas vermezinhos murchos e ressecados pelo sol. Como aquelas uvas que ouvi dizer que vocês cultivam.

Uma das bestas, então, sibilou para ele. Será que havia compreendido o insulto? Karn imaginou que talvez as montarias fossem mais inteligentes do que aparentavam. Mas ele se recusou a baixar a bola.

— Ora, temos serpentes por aqui do tamanho de navios — ele continuou. — Ou vocês nunca ouviram falar do Orm Hinn Langi, Orm da Cidade Arrasada?

— Orm? — questionou a primeira mulher. — Havia uma lenda sobre...

— Sobre Orm — completou Karn, sorrindo. — Orm, o Magnífico Dragão. Orm, o Maior de Todos os Linnorms. Rei de todas as serpentes. Orm, que varreu e devorou uma cidade

---

[*] Termo usado para designar uma espécie de dragão bípede, que pode ou não ter asas e cuja mordida é venenosa. (N. T.)

inteira e reivindicou suas ruínas como toca. - - Agora todas estavam olhando para ele, guerreiras e montarias.

- - Qual é o tamanho desse tal de Orm... ele é muito grande? - - perguntou a segunda mulher, sem nem vestígio da arrogância que demonstrara antes.

- - Orm é maior do que qualquer navio. Maior do que uma pequena aldeia. Orm comeria suas três wyverns no café da manhã e continuaria faminto a ponto de devorar suas amazonas.

- - Onde está esse Orm agora? - - quis saber a primeira mulher. Ela estava visivelmente nervosa.

- - Ele dorme - - contou Karn. - - Nas ruínas de sua última refeição. Mas não gosta de compartilhar os céus com ninguém. Se eu fosse você, ficaria de olhos bem abertos. Da próxima vez que voar, quero dizer. Se Orm vir você, pode muito bem achar que você daria um bom aperitivo.

- - Já chega! - - bradou uma voz atrás dele. Sydia havia deixado a taberna. - - Parem de importunar os moradores daqui. Alguns deles, de fato, estão se mostrando bem úteis.

Passando por Karn, Sydia marchou em direção à sua wyvern e montou nela. Tomou as rédeas e se virou para suas duas subordinadas. Elas olharam feio para Karn enquanto suas montarias começavam a estender as asas. Karn forçou-se a responder seus olhares à altura.

- - Tomem cuidado quando estiverem voando - - advertiu ele. - - Orm está sempre com fome.

Sydia lançou um olhar de desprezo para Karn.

- - Por que nos preocuparmos, se voamos?

As wyverns bateram as asas, levantando uma nuvem de poeira. As três amazonas alçaram voo aos céus.

☆ ☆ ☆

— Ela não gosta de mim — disse Thianna.

— Ela gosta de você, sim — Magnilmir respondeu.

— Então eu é que não gosto dela. Ela é fria.

— Ela é uma gigante do gelo. Todos nós somos frios.

— Você sabe o que eu quero dizer.

Thianna estava com o pai do lado de fora de uma porta de pedra esculpida modestamente que se abria para o Platô de Gunnlod. O pai a levara até ali sob protestos da filha. Protestos altos e constantes.

— Eggthoda ensinará a você coisas importantes — observou ele.

Thianna não tinha tanta certeza. Achava que Eggthoda seria tão rude quanto os outros gigantes, embora fosse bem verdade que a gigante nunca havia sido indelicada com ela. Muito pelo contrário, na verdade. A gigante nunca tinha se casado. E o pai de Thianna nunca se casara novamente. Mas havia coisas na vida que eram realizadas com mais facilidade se você tivesse um companheiro, por isso, Eggthoda e Magnilmir ajudavam um ao outro nas tarefas domésticas.

Magnilmir olhou para além das montanhas. Parecia ignorar a neve e buscar terras distantes. Thianna achou que ele poderia estar imaginando a misteriosa terra natal de sua mãe. Por fim, ele se virou para ela e ajoelhou.

— Eggthoda vai ensinar lições que vão ajudá-la a encontrar o seu lugar no mundo — explicou Magnilmir. Thianna ergueu o queixo.

— Meu lugar é aqui — ela respondeu.

— Sim, claro. Mas você não acha que pode querer ver o restante do mundo algum dia?

- - Posso ver o topo dele daqui - - retrucou Thianna, virando as costas para o penhasco deliberadamente e postando-se de frente para a montanha. - - Todo o restante está abaixo disso.

Magnilmir encolheu os ombros. Ele se levantou e bateu na porta de Eggthoda. Após um instante, ele próprio a abriu e lá estava ela. Imensa, corpulenta e abrutalhada.

- - Olá, Thianna! - - recepcionou-a Eggthoda. Thianna resmungou alguma coisa em resposta. Se a gigante se ofendeu, não demonstrou. - - Só estou aplicando um encantamento de congelação a um conjunto de canecas - - Eggthoda continuou - -, mas, se você me der um minuto, já falarei com você.

- - Magia? - - disse Thianna, alegrando-se. A aldeia inteirinha de gigantes do gelo só conhecia uns poucos feitiços, e Eggthoda era a única que conhecia a maior parte deles. Sendo assim, Thianna considerava misteriosos e intrigantes até mesmo os menores feitiços.

Eggthoda abriu um sorriso largo.

— Talvez você queira me ajudar.

— Posso? - - perguntou Thianna, sua má vontade anterior já esquecida.

Eggthoda assentiu e segurou a porta aberta. Thianna correu para dentro. Sua casa era modesta comparada à de Thianna. Nos pontos onde as paredes de Magnilmir eram finamente trabalhadas, as de Eggthoda eram grosseiramente escavadas. Prateleiras rústicas esculpidas nas paredes de pedra sustentavam uma variedade estonteante de panelas, canecas, caixas e baús de armazenamento. Eggthoda os comprara dos humanos do sul e depois os enfeitiçara. Uma camada de gelo mágica mantinha resfriada qualquer comida ou bebida que fosse colocada em seu interior e conservava os alimentos durante os meses de verão.

Eggthoda posicionou as mãos em ambos os lados de uma pequena caneca de metal e fechou os olhos. Ela começou a murmurar e Thianna se esticou para a frente para ouvi-la.

— Skapa kaldr skapa kaldr skapa kaldr skapa kaldr — ela sussurrou.

Thianna tomou um susto quando baforadas gêmeas de fumaça branca viajaram das palmas de Eggthoda até a caneca. O interior da caneca foi tomado por uma camada de gelo. Eggthoda recostou-se e abriu os olhos.

— Incrível! — disse Thianna.

— Gostou? — perguntou Eggthoda.

Thianna assentiu.

— E isso vai mantê-la fria para sempre?

— O quê? — espantou-se a gigante. — Ah, não. Apenas por um ano, só isso.

— E aí o que acontece?

— O encantamento se desfaz.

— Oh...

— Eu vou te contar um segredo — disse Eggthoda, baixando a cabeça para a menina. — Quanto mais eu entoo o encantamento, maior é a duração que ele tem. Pode durar para sempre se eu entoar por tempo suficiente, mas eu o interrompo quando alcança o equivalente a um ano.

— Por quê? — Thianna não conseguia imaginar a razão de colocar um limite de tempo numa magia tão útil.

— Para dar continuidade aos negócios — explicou a gigante. — Por que vender a alguém um baú de congelamento que dure para sempre? Quero assegurar que eles retornem no próximo ano para negociar novamente.

— Ah! — compreendeu Thianna. Talvez ela pudesse aprender mais com Eggthoda do que suspeitava.

- - Você pode me ensinar a fazer o encantamento? - - perguntou Thianna.

A gigante sorriu.

- - Posso ensinar isso e muito mais - - garantiu ela. Quando começaram a trabalhar, Thianna estava tão absorvida que nem percebeu que seu pai havia partido.

Depois disso, Thianna passou a visitar Eggthoda todas as tardes. Ela praticava evocando a camada de gelo, e Eggthoda a ensinou sobre os outros povos que chamavam Ymiria de lar além dos gigantes do Platô de Gunnlod. A cadeia de montanhas também era a casa de trolls, de um pequeno grupo remanescente de goblins e de outras criaturas ainda mais estranhas. Thianna aprendeu quais eram propensos a ser amigáveis e quais tendiam a ser perigosos, e o que dizer para mudar essa tendência de uma forma ou de outra.

Num desses dias, Eggthoda levou Thianna ao ponto mais alto da montanha, onde ela jamais estivera. O ar ali era tão rarefeito que, mesmo sendo alguém nascida e criada no Platô de Gunnlod, ela sentiu sua respiração começar a ficar ofegante e sua cabeça, enevoada. Enquanto percorriam com cuidado o caminho de pedras pontiagudas e escalavam aclives íngremes, Eggthoda fez Thianna praticar um estranho e estridente assobio de pássaro. A gigante não contara a Thianna para que servia o assobio, mas insistiu que ela o executasse corretamente. Thianna já estava começando a ficar irritada tanto com o assobio quanto com a escalada quando chegaram a uma caverna, um pouco maior do que um pequeno túnel na neve.

- - Assobie agora - - ordenou Eggthoda - -, o mais alto e pelo máximo de tempo que você puder.

Thianna emitiu um longo silvo no ar rarefeito da montanha.

— E aí? — ela perguntou.

— Basta esperar um pouco — respondeu Eggthoda.

— Não está acontecendo nada. O que deveria acontecer?

— Shhh.

De repente, uma ventania se levantou em torno delas. Rajadas de neve ergueram-se no ar, mas em vez de soprarem numa única direção, giravam e giravam, formando pequenos redemoinhos. Thianna olhou para a rajada de neve. Parecia haver vários pequenos vórtices separados, girando e dançando ao redor da garota e da gigante, quase como se estivessem vivos.

— Assobie novamente — pediu Eggthoda.

Thianna assobiou e mais neve repentinamente foi levantada para o ar. Os vórtices ficavam mais densos com os flocos de neve, e à medida que isso ia acontecendo, pareciam tomar formas definidas.

Thianna arfou, admirada. Três criaturas de cauda longa giravam no ar ao seu redor. Eram semelhantes às enguias que seu pai de vez em quando trazia do comércio com os povos das terras baixas. Mas aquelas criaturas não tinham carne. Seu corpo era feito inteiramente de rajadas de neve.

— O que são? — perguntou Thianna, a voz repleta de admiração.

— Fadas do gelo — disse Eggthoda. — Criaturas elementais de puro gelo. Estão sempre aqui, invisíveis, mas a camada de neve nos permite ver a sua forma. — A gigante sorriu e estendeu as mãos grandes. Ela baixou as pálpebras e entoou: — Skapa kaldr skapa kaldr skapa kaldr skapa kaldr. — Conforme a camada de neve espalhava-se de suas palmas abertas, as fadas do gelo aumentavam substancialmente.

-- São maravilhosas! -- admirou-se Thianna, rindo enquanto uma das fadas passava por baixo de suas pernas e se enrolava nelas.

-- São -- disse Eggthoda --, mas também podem ser muito perigosas. Chame-as de uma forma que elas respeitem, e elas vão apreciar e responder a você.

-- Skapa kaldr skapa kaldr skapa kaldr skapa kaldr -- entoou Thianna, emocionada quando mais cristais de gelo voaram de suas próprias mãos. A fada que estava enrolada em suas pernas enroscou-se em seu braço e se contorceu, demonstrando evidente prazer.

-- Todas as criaturas se comportam de acordo com a sua natureza -- ensinou Eggthoda. -- Descubra qual é a natureza de cada uma e você poderá lidar com segurança com elas.

Thianna assentiu. Pensou em Thrudgelmir e Eggthoda, suas naturezas tão claramente definidas. Valentão despeitado. Professora paciente. Então ela pensou em sua própria natureza, filha de duas culturas distintas. Indefinida.

-- Skapa kaldr skapa kaldr skapa kaldr -- entoou, virando as palmas das mãos para dentro e pressionando-as contra o peito. Esperava congelar e destruir sua metade humana, embora receasse que isso fosse impossível.

CAPÍTULO QUATRO

O intruso indesejado

— Acorde, Karn. Hora de levantar.

Karn piscou os olhos e fitou o rosto sorridente de sua irmã mais velha, Nyra.

— Vai embora — ele resmungou, rolando para o lado a fim de ficar com o rosto virado para a parede. Puxou a ponta da peliça em que dormia e apertou-a contra os ouvidos, tentando abafar o zum-zum-zum doméstico do lar de Korlundr começando a despertar.

— A mamãe disse que você já dormiu bastante — disse Nyra, batendo nas costas dele. Karn resmungou novamente em resposta.

— Vamos lá, Karn! — ela brincou, cutucando-o mais uma vez. — Lobo preguiçoso não pega cordeiro.

— Eu não quero nenhum cordeiro — Karn gemeu.

— Você entendeu o que eu quis dizer.

Karn fechou os olhos e simulou um ronco alto.

— Você não está enganando ninguém — disse Nyra.

Karn emitiu um segundo ronco, ainda mais alto do que o primeiro.

— Como quiser — disse a irmã. Ele ouviu o frufru das saias dela, que continuava parada ali. Será que ela não iria deixá-lo em paz?

De repente, Karn viu-se rodopiando no ar quando Nyra arrancou violentamente a peliça debaixo dele. Ele desabou no chão, caindo desajeitadamente na terra batida, e depois levantou-se cambaleante, ao som das risadas de Nyra. Ele começou a franzir o cenho, mas viu que ela estava dobrando as peliças de dormir e guardando-as no cesto sob a cama. Todos à volta de Karn, funcionários e membros da família, estavam fazendo o mesmo.

Na outra extremidade da casa comunal, as cabras tinham começado a balir em seus currais, somando-se ao barulho crescente. Ele viu Pofnir alimentando a fogueira no centro da sala, iluminando a casa e enviando uma espiral de fumaça nova ao céu, através da abertura no teto.

— Lobo preguiçoso não pega cordeiro — o liberto o repreendeu.

— Já levantei — ele murmurou entredentes. — Por que todo mundo está tão obcecado com lobos? — Karn cambaleou até uma fileira de lajes de pedra que corriam pelo chão de uma parede à outra. Ele levantou uma das lajes, expondo um pequeno canal de água corrente. Karn esfregou as mãos na água fria e, em seguida, jogou um pouco no rosto. O frio pungente o fez estremecer e sacudir a cabeça. - - Isso, sim, me acordou - - disse ele. Conforme seus sentidos despertavam, seu nariz de repente aspirou os odores misturados de cheiro de animais, suor humano e fumaça de lenha que caracterizavam a vida na Fazenda de Korlundr. - - Acordei mesmo.

- - Ótimo - - disse Nyra. - - A mamãe disse que é a sua vez de alimentar os porcos.

Karn resmungou alguma coisa em resposta a isso - - ele odiava alimentar os porcos - -, mas caminhou até a fogueira e recolheu os baldes onde os restos da refeição da noite anterior tinham sido depositados. Vários criados o cumprimentaram, enquanto ele se dirigia até a porta da frente, e ele os saudou em retorno. Saindo da casa, piscou sob a luz da manhã. Peões da fazenda já se ocupavam em espalhar estrume na plantação - - um serviço que Karn não invejava - - e cuidar do gado de chifres longos.

- - De novo cuidando dos porcos, hein?

Karn começou a desempenhar sua obrigação enquanto seu tio se aproximava.

- - É - - ele murmurou. Olhou de soslaio para o tio Ori. - - Você não vai começar a me encher também com essa história de lobos preguiçosos, vai?

As sobrancelhas do tio se arquearam.

- - E por acaso os lobos são preguiçosos agora?

- - Não aqueles que pegam os cordeiros, me disseram.

- - Ah, entendi, esses lobos - - disse o tio. - - Não, tenho certeza que existem outras maneiras de pegar um cordeiro...

Ele olhou para os baldes com os restos de comida nas mãos de Karn, torcendo o nariz para o cheiro.

— Vamos fazer o seguinte, meu sobrinho: por que você não deixa essa tarefa comigo e vai alimentar as galinhas em meu lugar?

— Você faria isso? — surpreendeu-se Karn, que mal podia acreditar na sua sorte.

— Você vai ficar me devendo uma — avisou tio Ori. — E eu sempre cobro as minhas dívidas. Mas fico feliz em ajudá-lo desta vez. O que me diz?

— Não precisa perguntar duas vezes — animou-se Karn, entregando-lhe ansiosamente os malcheirosos restos de comida. Tio Ori apanhou os baldes, manuseando-os com cuidado. Karn se perguntou o que seu tio ganharia com esse acordo, mas ele estava aliviado demais para refletir sobre isso por mais tempo.

— Bem, vamos lá, cordeirinho — disse tio Ori. — As galinhas não vão se alimentar sozinhas, sabe?

Karn agradeceu com um aceno e correu para o celeiro. Lá dentro, ele pegou um saco de grãos, atirou-o sobre o ombro, e depois se dirigiu para o galinheiro.

O lugar estava estranhamente silencioso. Nenhuma galinha à vista. Ele destrancou a porta do galinheiro e seus olhos deram com um monte de penas espalhadas pelo chão. Ele viu um buraco arrombado nas tábuas de madeira da parede do fundo. Somente algo muito forte poderia ter quebrado tão facilmente uma madeira grossa daquele jeito.

Karn correu para fora, para olhar o buraco do outro lado. Então, notou uma pegada num trecho mais úmido de lama. A pegada era grande, profunda, com a marca de seis dedos e garras. Os olhos de Karn se arregalaram. Ele sabia o que tinha feito essa pegada.

— Troll! — ele gritou.

☆ ☆ ☆

- - Você sabe que um dia ele pode te pegar - - disse Eggthoda. Elas estavam num cômodo da casa de Eggthoda, uma de suas câmaras de armazenamento.

- - Ele nunca vai me pegar. - - Thianna andara lutando com Thrudgelmir novamente. Não importava como a briga começasse. Ela sabia que tudo se resumia à sua estatura.

- - Ele só conseguiria me pegar - - continuou ela - -, se eu fosse grande e desajeitada como ele. E, nesse caso, não haveria razão para a briga.

Eggthoda assentiu sabiamente. Então, esfregou seu considerável queixo com a mão imensa.

- - Espere um minuto - - disse ela. Eggthoda vasculhou dentro de um baú e tirou de lá alguma coisa.

Thianna olhou para o objeto, em dúvida.

- - É uma espada de madeira?

- - Há um livro que a acompanha. Um manual de luta com espadas. - - Virando-se para o baú novamente, Eggthoda retirou dali um livro de couro caindo aos pedaços. - - Você sabe ler, não sabe?

- - Um pouco - - disse Thianna, que não vira muitos livros na vida.

- - É uma habilidade útil, saber ler. Ou eu acho que seja. as letras são muito pequenas para mim, mas tem figuras. O livro vai ensinar você a lutar com a espada.

Thianna opôs-se imediatamente à ideia.

- - Mas gigantes lutam com clavas e machados - - protestou ela.

Eggthoda endireitou-se, soltando sua clava de onde ela pendia em seu cinto. Era uma coisa enorme, um pedregulho com um cabo para segurar.

— Aqui está a minha clava — Eggthoda estendeu-a para Thianna. — Você consegue erguê-la?

— Não — respondeu Thianna, com uma carranca.

— Então pegue a espada. Pratique os movimentos, e pratique também a leitura.

— Não me parece muito uma coisa com a cara dos gigantes — observou Thianna. Ainda assim, ela gostou de apertar o punho da espada em sua mão, e não pôde resistir a praticar alguns movimentos. Investiu de brincadeira contra Eggthoda.

Imperturbável, a gigante sorriu.

— Pode não ser uma coisa com a cara dos gigantes, mas parece ser algo com "cara de Thianna".

Balançando a espada de madeira para a frente e para trás agora, Thianna não pôde deixar de concordar.

Karn virou-se, preparado para correr de volta para a casa e pedir ajuda. O único problema era a monstruosidade de mais de dois metros e meio de altura que estava bloqueando o seu caminho. Karn ficou boquiaberto diante daquela montanha de pele cinza esverdeada, toda coberta de verrugas, manchas e caroços. A criatura usava apenas uma espécie de saiote imundo, feito de pele animal e amarrado em torno de sua cintura com um pedaço de corda. Ele segurava um enorme galho de árvore numa das mãos. Além disso, tinha duas cabeças. Alguns restos de galinha ainda escorriam de uma de suas bocas, a que estava à esquerda de Karn.

- - Hum... Olá! - - disse Karn. Foi uma coisa boba de se dizer, mas era melhor do que gritar.

A boca que estava com os restos de galinha mastigou lentamente, enquanto os olhos diminutos pousaram em Karn, encarando-o.

- - Olá! - - disse a boca da outra cabeça. Horríveis dentes amarelos escurecidos projetavam-se para cima, por trás dos lábios inferiores das duas bocas. Alguns dos dentes da boca da direita estavam quebrados. Ambas as cabeças eram carecas, embora uma delas tivesse uma barba eriçada marrom que começava em torno do pescoço e chegava quase à cintura. A outra, aquela com penas de galinha ainda presas entre os dentes, tinha um comprido e espesso bigode.

- - A galinha está boa? - - perguntou Karn, sem saber bem o que dizer. Trolls da montanha eram raros tão ao sul de Ymiria, embora Karn tivesse sido criado ouvindo histórias de como eles às vezes se aventuravam em sair das florestas para invadir fazendas. Tinham fama de ser perigosos e desagradáveis, mas ninguém achava que fossem particularmente inteligentes.

- - Mmmm - - disse a cabeça que estivera comendo, assentindo. Ela cuspiu uma pena de galinha. Em seguida, lançou um olhar de esguelha para a outra cabeça. - - Mas, bem, elas são crocantes, na verdade um pouco duras para os dentes. Além disso, quase não têm carne.

- - Sim - - concordou a cabeça da direita, batendo na barriga que compartilhavam. - - Talvez a gente queira algo um pouco mais substancioso.

- - Mais substancioso? - - repetiu Karn, que não tinha certeza se gostava do rumo que a conversa estava tomando.

- - Sim - - confirmou a cabeça com bigode do troll da montanha. Ele estalou os lábios e se inclinou para a frente.

Karn recuou para evitar ser espetado no rosto pelo nariz grande e esborrachado do troll. Àquela distância, seu bafo era de embrulhar o estômago.

— Como talvez este humano-filhote? — sugeriu a outra cabeça. — Eles ficam maiores, mas a quantidade de carne desse aí equivale a pelo menos algumas galinhas.

Agora Karn tinha certeza de que não gostava do rumo daquela conversa. Terminar como café da manhã de um troll da montanha antes mesmo de brandir uma espada ou viajar para além de Bense não parecia ser o tipo de vida sobre a qual os escaldos* escreviam suas canções.

O troll da montanha ajustou a posição do galho de árvore em sua mão. Karn não tinha muito tempo.

Foi então que algo lhe ocorreu. Avaliou o troll da montanha da mesma forma que analisaria um oponente numa partida de Tronos & Ossos. A cabeça barbuda tinha aros de metal escuro em ambas as orelhas, enquanto a cabeça com o bigode exibia uma espécie de tatuagem rudimentar nas bochechas e na testa. Será que esses detalhes sugeriam diferenças de personalidade? E por que somente a cabeça bigoduda estava com penas de galinha na boca?

— Por que só *ele* comeu galinha? — perguntou Karn.

— O quê? — exclamou a cabeça da direita do troll da montanha.

— Só um de vocês comeu as galinhas. — Karn apanhou uma pena que estava colada nos lábios grossos e acinzentados. — Não eram os dois que estavam com fome?

— Temos um só estômago — disse a boca cheia de penas de galinha. — Tudo acaba indo parar no mesmo lugar.

---

* Antiga denominação dada aos poetas ou contadores de histórias. (N. T.)

Karn assentiu com indiferença.

- - Mas você não aprecia também o sabor? - - questionou ele, dirigindo a sua pergunta para a outra cabeça.

- - O quê? - - exclamou novamente a cabeça da direita. O troll da montanha ajeitou novamente o galho de árvore em sua mão.

- - O gosto. O gosto das galinhas.

- - Hum... - - considerou a cabeça à qual fora feita a pergunta.

- - As galinhas são crocantes - - interrompeu a cabeça da esquerda. -- Duras para os dentes. - - A cabeça da direita franziu a testa em resposta a isso, mas concordou.

- - Duras para os dentes? - - perguntou Karn. - - Elas não são duras para os meus dentes. Como podem ser duras para dentes tão grandes e poderosos como os que vocês têm?

- - Bem - - explicou a cabeça da esquerda - -, normalmente elas não são, mas ele está com alguns quebrados. - - Ele indicou sua outra cabeça. - - O tolo tentou mastigar uns pedregulhos.

- - Pedregulhos quebram mesmo os dentes - - disse Karn, embora ele obviamente não tivesse experiência alguma em comer pedras.

- - Seja como for - - disse Dentes Quebrados - -, isso não importa. Tudo o que ele come vai para o estômago. Eu não sinto fome depois. - - O troll da montanha novamente mudou a posição da mão no galho de árvore e levantou-o do chão. - - Portanto, tendo isso em mente, vamos começar logo com isso.

Karn olhou em volta apressadamente. Onde é que estava todo mundo?

— É claro — disse Karn. — Mas não se come apenas por estar com fome. Também se come por prazer. Vocês não sentem falta disso?

— Não faz sentido chorar pelo leite derramado — esclareceu a cabeça da esquerda. — Agora, se não se importa, vamos passar para a parte dessa conversa em que esmagamos você e depois o devoramos. Você sabe o que dizem: lobo preguiçoso não pega cordeiro.

"Por que será que todo mundo resolveu me falar de cordeiros e lobos hoje?", Karn se perguntou. Então, ele tentou não recuar quando o troll ergueu o galho de árvore bem alto sobre suas cabeças.

— Por falar em leite — disse Karn —, e se eu disser que tenho algo que tanto um quanto o outro poderiam comer, e que é macio e doce e muito, mas muito substancioso mesmo?

O troll hesitou quando estava prestes a fazer o movimento para baixo com o galho.

— Macio e doce, você disse — interessou-se Dentes Quebrados. — O que é?

— Nossa fazenda produz o melhor queijo de toda a Norrøngard — explicou Karn.

— Queijo é salgado — disse a cabeça da esquerda.

— Além disso, o *skyr* da minha mãe é o mais fresco, o mais cremoso *skyr* que você jamais provou. — Karn estava falando do excepcional iogurte norrønur. — Você poderia comer barris dele, e não teria nem que mastigar.

— Nada de mastigar? — perguntou a cabeça da direita.

— Nada — confirmou Karn. — Você poderia praticamente beber. Você simplesmente engole.

- - Não vejo nenhum *skyr* por aqui - - observou a cabeça da esquerda. - - Simplesmente esmague esse menino e transforme ele numa papa para que eu possa tomá-lo.

- - Nós comemos o *skyr* com mel - - contou Karn. - - É a melhor coisa que já provei. Muito melhor do que papa de menino.

- - Mmmmm, mel - - disse a cabeça da direita.

- - E, às vezes, arandos-vermelhos - - acrescentou Karn. A cabeça dos dentes quebrados franziu a testa para isso.

- - Esses arandos-vermelhos, eles não são crocantes, são?

- - Não muito - - disse Karn. - - Mas vocês poderiam comer somente o mel.

- - E o *skyr*? Eu poderia comer o *skyr* também?

- - Sim, mel e *skyr*. E queijo também, se você quiser.

O troll da montanha abaixou o galho de árvore até o chão.

- - Ei! - - exclamou a cabeça que era a favor de comer Karn. - - O que você está fazendo? Esmague ele e vamos acabar logo com isso. Lobo preguiçoso não pega cordeiro, lembra?

- - Não posso comer cordeiro - - lamentou Dentes Quebrados. - - Mas adoraria um pouco de *skyr* e mel.

A cabeça da esquerda bufou de irritação.

- - Me dá isso aqui! - - ordenou ele, e estendeu o braço para pegar o porrete com a outra mão.

- - Não! - - disse a outra cabeça, afastando o porrete. - - Quero experimentar alguns arandos-vermelhos. - - Karn assistiu assombrado enquanto as duas mãos lutavam pelo controle do galho de árvore.

- - Eu quero os meus arandos-vermelhos! - - gritou Dentes Quebrados. Ele puxou o porrete da mão oposta e o sacudiu para si mesmo, zangado. A mão esquerda do troll, então, segurou um dos dentes quebrados, arrancando-o ferozmente.

A cabeça da direita uivou de dor e, então, girou o galho de árvore e o desceu pesadamente em sua outra cabeça.

Os olhos da cabeça da esquerda se reviraram e ela desmaiou para o lado, pendendo do pescoço frouxo. O próprio troll havia nocauteado sua outra cabeça.

— Isso vai ensinar uma lição a ele — disse a cabeça da direita com orgulho.

Então, a perna esquerda do troll se dobrou, e o monstro caiu pesadamente no chão.

— Ei! — bradou o troll, revirando-se na terra. A cabeça restante tentou fazer seu corpo erguer-se novamente, mas ele era grande demais para que pudesse se mover sem que todos os membros funcionassem em conjunto.

— Tenho que ir andando — disse Karn.

— Mas e o *skyr*? — reclamou o troll.

Karn disparou para a casa comunal, onde seu pai estava do lado de fora, conversando com vários homens livres.

— Troll! — anunciou Karn.

— Troll? — perguntou o pai, sua mão imediatamente avançando para o punho da sua famosa espada, a Clarão Cintilante.

— Atrás do galinheiro — orientou Karn. — Ele comeu algumas das aves.

— Karn, entre na casa! Nós vamos cuidar disso! — mandou Korlundr.

— Ah, está tudo bem — assegurou Karn. — Eu já cuidei dele. — Korlundr parecia confuso. — Venham, vou mostrar pra vocês.

Kolundr assobiou admirado quando viu o monstro ainda se contorcendo no chão, tentando sem sucesso se levantar e reclamando sobre o *skyr*. Ele mandou Karn para casa enquanto dava um jeito no troll. Depois, mandou que a refeição do dia saísse mais cedo, para que Karn pudesse contar sua história e a repetir vezes sem conta. Os ombros de Karn logo ficaram doloridos por tantos cumprimentos másculos que teve de suportar, mas isso e um bocado de orgulho próprio eram muito melhores do que estar na barriga de um troll, e ele gostou de ser um herói. Seu tio estava mergulhado num estranho silêncio, sem dúvida sentindo culpa por ter trocado a tarefa com ele. Karn não se preocupou com isso, mas ficou um pouco triste pelo troll quando acrescentou arandos-vermelhos ao seu *skyr*.

- - É sério. Não vejo por que eu tenho que ir.

Thianna sentou-se num banquinho na oficina do pai, curvando-se para a frente, desanimada.

- - Se esquentar mais a cabeça com isso, minha filha - - disse Magnilmir - -, você certamente vai começar a derreter as paredes aqui. E aí, onde é que nós vamos morar?

Magnilmir estava arrumando vários objetos numa grande mochila. Thianna observava enquanto ele escolhia uma tigela esculpida à mão feita de marfim de mamute, várias canecas de pedra habilidosamente esculpidas e um cinto feito de escamas de linnorm. Todos esses objetos ficavam diminutos nas mãos enormes de seu pai. Thianna franziu o cenho para os pequenos objetos de tamanho humano, sabendo para quem haviam sido destinados.

- - Eu sou tão fria quanto você - - respondeu ela, não dando trela à brincadeira do pai.

- - Será a sua primeira vez fora da montanha. - - Magnilmir olhou para a filha. Ela retribuiu com uma carranca. - - É algo que os gigantes fazem.

— Nem todos os gigantes — lembrou Thianna. — Thrudgelmir não vai. Nem Elma ou Marbor. — Os dois últimos eram jovens gigantes que geralmente andavam com Thrudgelmir. Nenhum deles apreciava particularmente os humanos. Tampouco gostavam de meios-humanos.

— E desde quando você deixa Thrudgelmir, Elma ou Marbor ditarem o seu comportamento? — repreendeu o pai. — Se não se importa que eu fale, e, de fato, mesmo que se importe, a verdade é que você não se dá bem com nenhum deles. Por que deveria se preocupar com o que pensam?

— Não me preocupo — disse Thianna. —Só estou falando que nem todo mundo vai.

— Bom, os espertos vão — disse Magnilmir, enfiando alguns últimos itens dentro da bolsa e, em seguida, amarrando-a para fechá-la. — Por mais que eu goste do clima mais frio, os humanos possuem suprimentos que deixariam a todos nós contentes quando o inverno chegar aqui. A teimosia de Thrudgelmir significa apenas que ele vai ter que negociar comigo mais tarde para obter o que necessitar, e não com um humano agora, e nem de longe vai fazer um bom negócio. Além disso, é uma tradição.

Eles estavam falando sobre a viagem semestral que os gigantes empreendiam, descendo a montanha até a fronteira de Ymiria e Norrøngard. Normalmente, os gigantes não se aventuravam tanto ao sul, onde o clima mais quente os deixava desconfortáveis. Nem os humanos viajavam regularmente até o extremo norte, na gelada cordilheira de Ymir. Mas conforme a temperatura ia passando do quente para o frio ou do frio para o quente, os gigantes do Platô de Gunnlod e os humanos da Fazenda de Korlundr se confraternizavam num lugar conhecido como Baile dos Dragões para uma semana de celebrações, negociações e muitas histórias.

- - Vocês dois já arrumaram tudo e estão prontos para partir? - - perguntou Eggthoda, invadindo a oficina e despejando várias sacolas grandes, que ela manuseava com tanta facilidade que pareciam cheias de penas.

- - Essa é uma pergunta difícil - - explicou Magnilmir. - - Estamos fisicamente prontos, mas talvez não emocionalmente. Minha filha não quer ir.

- - Bobagem - - disse Eggthoda, colocando sua grande palma nas costas de Thianna. - - Você quer ir, não quer, Thi? - - Thianna não estava certa sobre o que dizer, então deu de ombros. Ela não queria decepcionar Eggthoda, de quem havia se tornado uma grande admiradora, mas não estava pronta para dar o braço a torcer.

- - Parece que o grande amigo da minha filha, Thrudgelmir, não vai - - esclareceu Magnilmir.

Thrudgelmir? Quem se importa com o que ele faz? Ele iria a um curral de bodes para obter lã, se entende o que quero dizer. Além disso, Thianna tem me ajudado a lançar encantamentos de cristais de gelo já faz semanas. É claro que ela vai querer me ajudar a vendê-los, não vai, Thi?

- - Talvez - - disse Thianna, que ainda não tinha parado para pensar se o seu trabalho poderia ser bom o suficiente para ser vendido junto ao de Eggthoda.

- - Além disso - - continuou a gigante - -, vou precisar da ajuda desta gigantinha esperta se eu realmente quiser fechar bons negócios com os humanos, não vou?

- - Minha ajuda? - - perguntou Thianna, animando-se.

— Claro. Você me ajudou com os encantamentos. Isso é apenas metade do trabalho. Agora temos de vendê-los. Não se larga o trabalho pela metade. Nós, gigantes, nos unimos, não é?

— Acho que é o que fazemos — concordou Thianna, contente que alguém a considerava uma gigante.

— Então pegue os seus esquis, Thi. Temos que descer a montanha.

— Isso — disse Thianna —, eu posso fazer.

CAPÍTULO CINCO
O Baile dos Dragões

A primeira coisa que Karn notou foi aquele monte de dragões. Sua caravana vinha seguindo o curso de um largo rio havia uma semana, viajando para o norte, através de florestas na maior parte alpinas. Depois de passar horas olhando fixamente para os próprios pés, ele olhou para a luz brilhante e piscou. À medida que sua visão ia se ajustando, ele os viu: dezenas e dezenas de dragões.

-- Incrível! -- exclamou Karn.

-- Suponho que seja uma visão impressionante quando se vê pela primeira vez -- disse Pofnir, com um sorriso de superioridade.

Karn assentiu. Bastou um olhar para ver que ele não precisava ser um gênio para adivinhar por que o Baile dos Dragões tinha recebido aquele nome. Como muitos assentamentos em Norrøngard, o acampamento fora construído numa colina para garantir mais visibilidade e segurança, mas, ao contrário de outros, este morro estava coberto de dragões de pedra. Ou melhor, estava coberto de cabeças de dragão. O monte estava pontilhado com estacas de pedra, com cerca de quatro metros de altura, encimadas por cabeças de dragão finamente escul-pidas. As estacas, distribuídas em pares, cruzavam-se logo abaixo do pescoço dos dragões, de modo que parecia que es-tavam dançando em duplas. E entre cada par de estruturas cruzadas havia estacas de pedra horizontais.

— São estruturas de barracas.

Pofnir assentiu.

— É por isso que não trouxemos as varetas de madeira, apenas os panos da barraca. Você precisa ser rápido e pegar o seu lugar. — Então, ele passou por Karn e correu até a colina. Outros na caravana de Karn estavam fazendo o mesmo.

Karn viu que as estacas de pedra cruzadas serviam como em-penas, enquanto as estacas horizontais formavam as vigas. Eram estruturas permanentes, construídas para dar suporte a tendas. Enquanto ele observava, várias pessoas desenrolavam lençóis de linho, que estendiam sobre as vigas e, em seguida, prendiam no chão. Os pontos principais foram sendo tomados.

Percebendo que estava perdendo tempo, Karn pulou o muro baixo de pedra que circundava a colina e subiu correndo a encosta.

Quando chegou ao cume, notou três pedras de pé nas proximidades, mas não exatamente centradas no topo. Cada uma delas ostentava um dragão gravado em sua superfície. Havia também algumas cabanas de pau a pique agrupadas, embora ninguém parecesse interessado em reivindicá-las.

Karn adivinhou que deveriam ser para outros fins, armazenamento ou preparação de alimentos, algo relativo à feira que iria acontecer, mas não para dormir. Então ele notou algumas estruturas enormes, com facilmente seis metros de altura ou mais.

- - São para os gigantes - - explicou seu pai, aproximando-se dele. Claro, gigantes precisariam de tendas gigantes.

- - Nós vamos mesmo ver os gigantes? - - perguntou Karn. Até o momento, ele não tinha realmente acreditado nisso.

- - Mais do que isso - - disse Korlundr, batendo nas costas do filho. - - Você vai passar vários dias negociando com eles. - - Como em resposta à deixa, ergueu-se um estrondoso ruído, como um rebanho de alces golpeando o solo com os cascos. Karn podia ver a ondulação produzida nas copas das árvores ao longe.

Ele ficou sem palavras quando os gigantes do gelo surgiram marchando para fora da floresta. Eram imensos. Colossais. Com cinco a seis metros e meio de altura. Com grandes barbas que caíam em cascata até a cintura, com pelos maiores do que peles de ursos ou alces.

- - Eles são como pessoas gigantes - - constatou Karn, e imediatamente percebeu que fora uma declaração idiota. *Eram* pessoas, só que de tamanho gigante.

Ao contrário dos norronir comuns, no entanto, os gigantes do gelo usavam principalmente peles, das botas aos chapéus. Carregavam fardos maciços e empunhavam machados, clavas e martelos enormes. Karn viu um gigante balançando casualmente uma clava que era maior do que ele próprio. E imaginou com seria levar um golpe daquela clava. Não era um pensamento muito agradável.

- - Eles são amistosos mesmo, né, pai? - - perguntou.
Korlundr riu.

— Eles são amistosos. Esse grupo, pelo menos, é. Temos negociado com essa aldeia há muitos anos. Não se preocupe. Você vai gostar deles. Particularmente de Magnilmir. Ele é um sujeito gentil, apenas um pouco prolixo. Venha, vou apresentá-lo.

— Eu preciso mesmo?

— Você precisa mesmo o quê? — perguntou Magnilmir, que estava ocupado jogando uma grande pele de mamute sobre uma viga-mestra colocada mais alto do que Thianna poderia alcançar. — Seja o que for, eu apreciaria enormemente se você pudesse me ajudar a prender isto aqui no chão, enquanto me diz o que você não quer fazer.

Thianna puxou a beirada da pele empoeirada para esticá-la.

— Amarre-a bem — pediu o pai. — Vamos ficar aqui por uma semana, sabe?

— Eu sei — disse Thianna, que não estava satisfeita com a ideia. — Não se preocupe, estou amarrando bem.

— Sim, sim, você está — disse Magnilmir, inclinando para inspecionar seus nós. — Agora, o que é que você não quer fazer?

Thianna estava pensando sobre se deveria responder "Falar com os sangues quentes" ou "Sair da minha tenda", quando alguém gritou.

— Magnilmir, firme e forte?

Thianna ficou chocada por um momento. Mesmo ajoelhada, a voz não vinha de muito acima da altura de sua cabeça. O interlocutor, ela constatou, era como um gigante em miniatura. Saber que os humanos eram como todos os outros, só que pequenos, era estranho e inquietante. Parecia errado, fazia os humanos parecerem muito próximos de sua própria espécie. Havia um outro humano, ligeiramente menor, ao lado do interlocutor, olhando para eles com uma expressão meio abobalhada e os olhos arregalados.

-- Firme e forte, Korlundr hauld Kolason -- respondeu o pai de Thianna, sorrindo para os diminutos recém-chegados. Ele estava obviamente encantado em vê-los. Abaixou-se até o ouvido da filha e sussurrou para sua informação: -- "Firme e forte" é a forma como os norronir dizem "Olá". Cuidado, porém, que é também a forma como eles dizem "Beba". São um bando alegre, esses norronir, mesmo quando estão arrancando os dentes uns dos outros com murros.

Thianna se levantou. Ela observou o olhar do menor dos dois pequenos norronir acompanhá-la enquanto ela se punha de pé. Ela era mais alta uns trinta centímetros ou mais que ele. E quase o mesmo em relação ao outro. Sem querer, sentiu um sorriso repuxando os cantos de sua boca. Ela nunca fora mais alta do que ninguém antes.

-- Magnilmir -- disse Korlundr --, gostaria que você conhecesse o meu filho, Karn. -- Colocou o braço ao redor do norronur menor. -- É a primeira visita dele ao Baile dos Dragões.

Bem, obviamente, pensou Thianna. Estudando os dois humanos, achou que podia ver uma semelhança nos traços. Eles tinham o mesmo cabelo louro e olhar duro como aço.

-- É um prazer conhecê-lo -- disse Magnilmir. -- Firme e forte, Karn Korlundsson. -- Ele estendeu a mão. Após uma ligeira hesitação, o garoto colocou nervosamente sua pequena mão na palma grande de Magnilmir. Ela nunca imaginou que seria necessário ter coragem para apertar a mão de seu pai, mas percebeu que Karn estava sendo corajoso.

— Deixe-me apresentar a minha filha, Thianna — disse por sua vez Magnilmir, empurrando-a ligeiramente para a frente.

Os olhos de Korlundr se arregalaram com a palavra "filha", mas ele foi gentil o suficiente para sorrir e apertar a mão dela. Thianna não queria tocar um humano, mas não podia deixar de se sentir fascinada por aquela mão que não era muito menor do que a sua própria. Quando ela a pegou, alisou-a, examinando os pequenos dedos. Se isso chocou Korlundr mais um tanto, ele conseguiu esconder muito bem sua reação.

— É um prazer também conhecê-la, Thianna Magnilmisdóttir. — Thianna piscou perplexa ao escutar a estranha cadeia de sílabas anexadas ao seu nome. Seu pai tossiu.

— Hum, não usamos sobrenomes, patronímicos, matronímicos e afins, como vocês fazem em Norrøngard — explicou Magnilmir. — Talvez tenha alguma coisa a ver com gigantes terem vida longa, se me permite dizer. — Ele tossiu novamente. — De qualquer forma, é apenas Thianna. Quero dizer, hum, não é *apenas* Thianna; ela é muito especial. Mas seu nome é Thianna. Muito bonita a sonoridade, vocês não acham? Uma palavra. *Thi-anna*. Aí está.

— Encantadora — disse Korlundr, obviamente se perguntando de onde aquela minúscula gigante com nome estrangeiro viera, mas educado demais para perguntar. Ele remexeu num fardo pendurado ao seu lado. — Antes de entrarmos nas negociações de amanhã, eu trouxe uma peça inteira de queijo extra. Pensei se você não gostaria de compartilhá-la, junto com notícias de cunho comercial.

Magnilmir sorriu com a ideia. Não havia muita coisa no mundo que ele gostasse mais do que o queijo da Fazenda de Korlundr. Sempre negociava uma grande quantidade dele a cada viagem, mas, para sua consternação, pouco do queijo conseguia chegar com ele ao Platô de Gunnlod.

- - Entrem! - - convidou ele. - - A tenda acaba de ser erguida. Podemos experimentá-la juntos. A tenda, quero dizer. E a peça de queijo, é claro. Obrigado. E eu ainda tenho algumas garrafas de Stout de Dvergria* que consegui de um anão seis meses atrás. Lembrei-me de que você gostava... de cerveja preta, não de anões, hum... não que eu esteja insinuando que você tem alguma coisa contra eles... de qualquer forma, então, guardei duas garrafas.

Korlundr sorriu.

Os dois homens, o de Ymiria e o de Norrongard, desapareceram dentro da tenda, deixando Karn e Thianna do lado de fora. Ficaram olhando um para o outro, desconfortáveis. Então, Magnilmir enfiou a cabeça enorme através da abertura.

- - Por que vocês, jovens, não vão passear e se conhecer enquanto nós aqui conversamos sobre nossos assuntos aborrecidos de adultos?

- - Já posso ver você com água na boca, papai - - disse Thianna. Magnilmir sorriu timidamente e estalou os lábios num beijo para ela. - - Vá se divertir - - disse ela.

Magnilmir sorriu, agradecido.

- - Firme e forte - - disse seu pai, desaparecendo dentro da tenda.

- - E aí? - - disse Karn, olhando para a filha do gigante do gelo.

- - E aí - - respondeu Thianna com um sorriso meio debochado, sem olhar diretamente para Karn, mas para o topo de sua cabeça.

---

* Cerveja escura das terras dos anões. (N. T.)

— Você nunca esteve aqui antes?

— Não.

— Nem eu. Quer passear?

Thianna pensou. Na verdade, queria sim.

— Ok.

Karn olhou para os lados.

— Vamos descer o morro e caminhar pelo muro de pedra?

— Claro — disse Thianna.

Enquanto caminhavam, Karn lançou alguns olhares furtivos para a garota estranha. Mesmo deixando de lado a sua altura, Karn nunca tinha visto ninguém como ela. Seu cabelo, sua pele e seus olhos eram mais escuros do que os da maioria dos povos do norte, e havia algo em suas feições que sugeria lugares distantes. Em vez de usar um vestido de lã como as outras meninas, ela trajava uma camisa de lã, calças compridas e um casaco três quartos, preso com um cinturão como aqueles usados pelos homens de Norrøngard. Era difícil pensar nela como uma gigante, quando tinha a metade do tamanho deles. Mas ela era certamente maior do que qualquer garota humana que ele já tinha visto, e ele pensou que ela também ainda não parara de crescer. Apesar de seu tamanho, ela não se curvava como as outras garotas altas que tinha conhecido. Pelo contrário, parecia estar andando quase na ponta dos pés.

— O que você está olhando? — ela perguntou. Karn sentiu suas bochechas ficarem vermelhas de vergonha. Não tinha percebido que estava sendo tão óbvio.

— Nada.

Thianna fez uma careta para ele.

— É só que...

— O quê? — ela disse, seu tom de voz resvalando para um rosnado baixo.

- - Não leve a mal - - disse ele - -, mas você é tão...

- - Tão o quê? - - ela quis saber. Karn estava bem ciente da espada de madeira que ela trazia atada ao cinto por uma tira de couro. A largura dos ombros sugeria que Thianna podia golpear muito bem com ela, fosse de madeira ou não. Nervoso, Karn não sabia o que dizer.

- - Você é tão alta - - ele deixou escapar.

- - O quê? - - surpreendeu-se Thianna.

- - Sinto muito. Eu não quis dizer... - - Karn parou. Sentiu-se um idiota. Raramente tinha que falar com meninas da sua idade que não fossem as suas próprias irmãs, mas tinha noção suficiente para saber que dizer a uma mulher que ela era tão grande quanto um boi não era o tipo de coisa que elas gostavam de ouvir. Ele estremeceu, preparando-se para uma explosão. Ela não veio. Em vez disso, a estranha garota estava sorrindo para ele.

- - Obrigada! - - respondeu ela.

- - Pelo quê?

- - O que você disse. Ninguém nunca me chamou de alta antes.

- - Não consigo imaginar por quê - - disse Karn, cuja língua estava descontrolada novamente. - - Você é enorme!

Thianna sorriu mais ainda.

- - Agora você está só querendo me agradar.

Karn negou com a cabeça.

- - Deixa pra lá, aqui está o muro - - disse Thianna, fazendo uma demonstração de levantar a perna e pisar facilmente sobre ele. Karn fez uma pausa para se preparar e, em seguida, subiu também. Sem esperar por ele, Thianna começou a caminhar pelo muro. Ela o chamou por cima do ombro. - - Veja se você consegue me acompanhar, Tampinha.

— Ei! — disse Karn, que não tinha certeza do que ele pensava sobre aquela garota estranha, mas não ia deixar que o passasse para trás. Depois que tinham percorrido todo o muro duas vezes, ela diminuiu o ritmo e se virou para ele.

— Já me cansei disso. O que mais vocês fazem no sul para se divertir além de andar em círculos?

Karn nunca tinha considerado o lugar onde vivia como "sul". Norrøngard ficava quase tão ao norte quanto era possível ir. Mas, quanto à "diversão", já fazia algum tempo que ele queria uma vida além da fazenda.

— Não muito — disse ele, depois de pensar um pouco. — Alimentar galinhas e porcos não é exatamente uma grande diversão.

— Ah — disse a menina, claramente desapontada. Karn ficou surpreso ao descobrir que ele não queria decepcioná-la.

— Eu costumo jogar — acrescentou Karn.

— Ah! — ela disse novamente, mas com uma entonação totalmente diferente. — Jogos! Jogos são legais. Vamos jogar um.

Thianna pôs-se a procurar em volta um trecho plano de chão. Havia um espaço à sua esquerda, onde duas árvores praticamente podiam servir como linhas de gol. Ela não tinha uma bola de Knattleikr com ela, mas eles provavelmente poderiam fazer uma de rochas e algumas peles. Ela olhou para Karn.

— O que você está fazendo? — ela perguntou.

Ele se sentara no chão e havia tirado uma espécie de tábua de sua mochila. A tábua tinha uma grade entalhada na superfície com uma cruz no centro feita de pedaços de madeira mais escura incrustados. Ele estava distribuindo esculturas de pedra sobre ela. Karn olhou para Thianna, com perplexidade estampada no rosto.

-- Estou arrumando as peças.

-- Que peças?

-- Os draugs e as donzelas escudeiras.

-- Como é que é?

-- Os atacantes e os defensores. Eles não têm Tronos & Ossos em Ymiria?

-- Nós temos um bocado de ossos. Não tenho certeza se temos tronos. Talvez em Trollheim. Ei, o que é isso?

-- É um jogo de tabuleiro - - explicou Karn. - - Pensei que íamos jogar.

-- Um jogo de tabuleiro - - repetiu Thianna.

-- Sim.

-- Jogo de tabuleiro?

-- Sim.

-- Parece uma coisa bem chata... Vamos brincar de outra coisa.

-- Não. Não, não é nem um pouco chato. É um jogo. É divertido. Além disso, o que mais há para fazer?

-- A gente poderia jogar bola.

-- Bola?

-- É, bola. Vocês não têm jogos legais em Norrongard? Será que ninguém joga Knattleikr?

-- O quê? - - perguntou Karn. - - Bem, sim, nós temos isso. Quero dizer, eu não jogo. É muito...

-- Muito difícil para você, não é?

-- Difícil? Não. Eu ia dizer "simples".

-- Difícil.

-- Ei, uma vez eu derrubei sozinho um troll da montanha.

-- Claro que derrubou.

-- Derrubei, sim.

— Os trolls são tão minúsculos quanto o povo de onde você é?

— Era maior do que você! — Karn gritou. O rosto de Thianna se fechou. Desta vez, ele sabia que tinha dito a coisa errada. Então, os olhos de Thianna se iluminaram com um brilho malicioso. Ela se abaixou e pegou o Jarl do tabuleiro de Tronos & Ossos.

— Maior do que eu? — ela perguntou. — Então, você não terá nenhuma dificuldade em pegar isso de volta.

Ela se virou e correu.

— Ei! — gritou Karn, colocando-se de pé num pulo. — Ei! — ele gritou novamente. Começou a correr atrás dela, deteve-se, correu de volta e jogou as peças restantes em sua mochila e saiu correndo atrás dela outra vez. — Cuidado com isso! É mármore polido! — ele gritou atrás dela.

Thianna ria enquanto corria à frente de Karn. Várias vezes ela o deixou chegar mais perto e, então, quando ele estava prestes a alcançá-la, disparava novamente com uma explosão de velocidade.

Thianna correu para a borda da floresta no lado leste do acampamento. Olhou para ele uma última vez antes de mergulhar por entre as árvores.

Karn não podia acreditar. Claro, ele percebeu que Thianna estava querendo provocá-lo. Ele provavelmente deveria apenas parar de persegui-la e deixá-la se cansar da brincadeira e trazer a peça de volta. Mas e se ela não fizesse isso? E se apenas jogasse a peça na floresta? O Jarl era a peça mais valiosa do conjunto todo. Ele sentiu uma onda de pânico e mergulhou na floresta atrás dela.

Não havia trilhas por ali, mas bastante vegetação rasteira, de modo que Karn teve de diminuir o passo e ter cuidado para ver onde pisava. As árvores eram, em sua maioria, pinheiros, e havia urtigas, que o arranhavam enquanto ele avançava e se embrenhava por entre os ramos. Pelo menos assim Thianna teria que reduzir também sua passada. Certo?

De repente, ele se deu conta de que os únicos passos que ouvia eram os seus próprios, a única respiração pesada, o seu próprio arfar. Diminuiu o ritmo para uma caminhada.

– – Thianna? – – chamou. Não houve resposta. Estava mais escuro ali na sombra das árvores do que estivera no campo aberto.

– – Qual é, isso não tem graça.

Nada de resposta.

– – Essa é a peça mais cara do jogo, sabia?

Talvez contar isso a ela não fosse a melhor das ideias.

– – Não sei nem se eu poderia substituí-la se tivesse que fazer isso. Talvez tivesse que ir até Korjengard ou Wendholm para conseguir outra peça tão legal quanto essa.

Ainda nada de resposta. Essa menina gigante era irritante.

– – Esquece o que eu disse. Eu não tenho que ir. Você teria. Você quer ir andando até Korjengard, grandalhona? Isso parece divertido para você? E aí?

Karn ouviu o ruído de galhos estalando à sua esquerda. Virou-se para olhar.

E foi surpreendido quando Thianna chocou-se contra ele. Os dois desabaram no chão num emaranhado de pernas e braços.

Ele girou de costas e viu o rosto zombeteiro da gigante sobre ele.

— Sai de cima de mim! — ele gritou. Pelo amor de Neth, como ela era pesada!

Thianna saltou direto por cima da cabeça de Karn. Ele virou-se a tempo de vê-la rolar e ficar de pé. Como alguém tão grande conseguia ser tão ágil?

Em pé, ela balançava a peça do jogo de mármore sobre a cabeça.

— Precisa fazer melhor do que isso, garoto norrønur. — Com uma risada, ela estava correndo novamente.

Karn levantou-se e saiu em disparada. Ele não ia deixar essa menina levar a melhor sobre ele. Sua mente deslizou para aquele espaço aonde ele sempre ia durante as melhores partidas de Tronos & Ossos. Subitamente, as árvores à sua volta haviam se convertido nas peças do jogo e a floresta, no tabuleiro. Se ele queria capturar sua adversária, precisava cercá-la. Usar as redondezas contra ela. Em vez de persegui-la em linha reta, ele começou a avançar ziguezagueando, para a esquerda e para a direita. Quando via uma árvore pela frente no caminho dela, ele desviava para o lado, gritando enquanto fazia isso. Thianna sentia-o se aproximando pela direita e movia-se na direção oposta conforme ele esperava, bem na direção da árvore. O tempo que ela gostava para reajustar a rota o ajudava a se aproximar mais.

Ele estava realmente ganhando terreno agora. Mergulhando à sua esquerda, sorriu quando ela se esquivou para a direita, colidindo contra uma muralha de ramos espessos.

— Ai! — ela gritou enquanto se livrava das urtigas espinhosas. Mas estava rindo agora e Karn também. Ele agarrou o casaco de Thianna e puxou, arrastando-se para a frente tanto quanto puxando-a para trás. Eles colidiram um com o outro, enquanto caíam juntos numa clareira.

-- Peguei você! -- disse Karn, segurando os ombros largos dela, quando os dois finalmente pararam, mas ele viu que a atenção de Thianna havia se desviado. Ela lhe passou o Jarl por cima do ombro distraidamente. Ele se apressou em pegar a peça, deslizando-a para dentro da mochila. Quando Karn voltou a erguer a vista, ela ainda estava olhando para a frente. A clareira não estava completamente vazia. Os olhos de Karn se arregalaram.

-- Onde estamos? -- perguntou a filha do gigante.

CAPÍTULO SEIS
Os montes sepulcrais

- - Isto é um cemitério.

Karn e Tihanna ficaram de pé à beira da clareira. Tinha talvez dois acres de tamanho, onde se sobressaíam quatro pequenos montes de terra. As colinas não eram ocorrências naturais, mas montes artificiais feitos por mãos humanas. Três eram menores, com portas de pedra de cerca de uns cinquenta centímetros de altura em suas bases.

- - O que são essas coisas? - - perguntou Thianna. Sua experiência com os túmulos de gigantes do gelo era muito diferente.

- - Entradas de túneis - - disse Karn, apontando as portas de pedra. - - São sepulturas. Câmaras de pedra cobertas de terra. A maior deve ser de alguém importante.

Thianna concordou, impressionada a contragosto.

O quarto monte era de fato mais alto. Cercado por um círculo de menires, ele tinha uma porta maior do que as outras.

Karn adiantou-se para olhar mais de perto. Thianna seguiu ao seu lado.

— Ouça — disse ela.

— Eu não ouvi nada — respondeu ele.

— É exatamente isso. O ar é muito quieto aqui. Onde estão os ruídos dos animais? Eu não ouço nem uma brisa.

Ela estava certa. Havia um silêncio estranho naquela clareira. Nem mesmo um único inseto zumbia. Karn sentiu um arrepio que tinha muito pouco a ver com a temperatura.

— Olha para isso — disse Thianna. Tinham chegado ao círculo de menires agora, fazendo uma pausa para olhar atentamente para um deles. Era uma pedra disposta na vertical e mais alta do que ela.

— É uma pedra rúnica — esclareceu ele. A pedra estava coberta de letras rúnicas. Ele as leu em voz alta. — *Pois aquele que desafiá-lo certamente tombará de verdade; E se tombar, de pé ficará então... e por toda a eternidade.*

— O que isso significa?

— Não sei.

As runas formavam um semicírculo em torno de uma imagem, mas sujeira e musgo tinham preenchido as linhas inscritas e as encobriam. Karn limpou-as com a palma da mão.

— É um homem, acho — disse ele.

À medida que o musgo foi sendo retirado, mais da figura foi aparecendo.

Era de fato a figura de um homem entalhada na rocha, um norrønur, a julgar por seus trajes. Ele tinha os braços estendidos para o alto e uma expressão de espanto no rosto. Não era uma imagem alegre.

Thianna andou até o próximo menir e limpou o musgo de sua superfície.

-- Tem um aqui também.

Karn se juntou a ela. A pedra rúnica tinha a mesma inscrição que a outra, mas a imagem gravada era de uma pessoa diferente. Essa outra figura não parecia nem um pouco mais alegre, e tinha um ferimento no pescoço. Karn e Thianna se deslocaram até a pedra seguinte, raspando também o musgo e a sujeira dela.

-- Eles todos estão com cara de quem está perdendo uma luta, não acha? -- perguntou Thianna. Karn assentiu. Ele olhou em volta para as outras pedras. A forma em que estavam dispostas era mais elíptica do que circular.

-- Parece o formato de um navio -- disse Karn. -- Quem foi enterrado aqui deve ter sido o capitão de um dracar, um navio-dragão*. Só que...

-- Só que o quê? -- perguntou Thianna.

-- Ainda estão faltando algumas pedras para completar a figura de navio.

-- Alguns menires devem ter tombado -- concluiu Thianna.

-- Então, onde eles estão? -- Karn fez um gesto com a mão. Não havia nenhuma pedra caída ou partida em nenhum lugar da clareira. -- Acho que nem você conseguiria erguer uma pedra dessas.

Thianna fez uma cara feia.

-- Isso não foi um desafio -- disse Karn. -- Acho que alguém até conseguiria transportar um desses menires numa carroça se realmente quisesse, mas nenhum norronur arriscaria

---

* Embarcação que costumava ter uma cabeça de dragão na proa. (N. T.)

ofender os mortos assim se há tantas rochas em outros lugares. Acho que a figura de navio não chegou a ser completada. Quem quer que tenha começado a formar a figura simplesmente parou de pôr pedras antes de concluir.

— Por que faria isso? — perguntou Thianna.

— Eu não sei. Mas essa não é a única coisa intrigante. Thianna deu de ombros.

— Ele está enterrado um pouco longe do mar para ser um capitão de navio, não acha?

— Muito bem, sobrinho! — disse uma voz. Karn e Thianna estremeceram de susto. — Parece que não sou o único inteligente na família. — Casualmente, tio Ori saiu de trás de uma das pedras rúnicas.

— Tio Ori! — Karn de repente sentiu-se como se tivesse sido apanhado fazendo algo que não devia, mas o que exatamente, ele não fazia ideia. — O que está fazendo aqui?

— Eu poderia perguntar a mesma coisa — disse. Depois suspirou alto. — Mas, na verdade, só precisava de um momento sozinho. Tanta festança e tanta farra começam a pesar depois de um tempo.

Ori parou diante de Karn e então mostrou ostensivamente que voltara a sua atenção para Thianna.

— Ah, este é o meu tio — explicou Karn. — Tio, esta é Thianna.

— Caramba, você é um bocado alta! — exclamou Ori, que precisou erguer a cabeça para olhar Thianna nos olhos. — O que você é?

— Sou uma gigante do gelo — respondeu Thianna. Karn não pôde deixar de reparar no tom defensivo na voz dela.

- - Claro que é! - - retrucou o tio Ori. - - E todos os gigantes do gelo têm pele morena, não é? - - Thianna baixou os olhos, mas rapidamente levantou-os novamente. - - Não, você é uma curiosidade, é o que você é.

Karn sabia, do seu encontro com as amazonas de wyverns em Bense, que Ori nutria uma antipatia pelos gigantes do gelo. Ele decidiu dar outro rumo à conversa.

- - Que lugar é esse? - - perguntou.

- - Ah, bem - - disse Ori - -, você estava certo. É o lugar de descanso final de um lobo do mar, um capitão de dracar de mais de cem anos atrás.

- - Não é um pouco longe do mar para um capitão? - - questionou Thianna.

- -- Não se você conhecer a história - - disse Ori, olhando-a de soslaio e ligeiramente para cima.

- - E você a conhece?

- - Eu a conheço bem. Melhor do que qualquer pessoa viva, suponho. E a escutei, se não dos próprios protagonistas, de fonte fidedigna.

Ori acenou para que eles o acompanhassem e, em seguida, levou-os até uma ligeira rampa descendente encravada no monte sepulcral. Lajes menores tinham sido colocadas nas laterais da rampa para evitar que a terra desmoronasse. Ori sentou-se numa pedra do lado esquerdo, encostando o ombro contra a porta. Depois deu um tapinha na superfície de pedra plana ao lado dele, convidando-os a se juntar a ele.

Karn olhou para Thianna, esperando que sua irritação houvesse diminuído. Como ela deu de ombros, ele desceu a rampa e sentou-se perto do tio, mas não muito perto. Não tanto por Ori, mas por se incomodar com a porta de pedra, que era coberta com runas semelhantes àquelas dos menires.

Ori olhou para além de Karn, onde Thianna ainda permanecia parada, meio afastada deles. A gigante deu de ombros novamente e foi até a rampa, embora tenha se sentado na laje oposta e o mais longe possível de Ori. Ori fez um gesto de aprovação com a cabeça para os dois e, em seguida, começou a narrar.

— O nome dele era Helltoppr — tio Ori começou — e era um capitão de navio-dragão, o último dos verdadeiros conquistadores norrønir. Na sua época, saqueou Araland e Ungland, embora com êxito duvidoso. — Ori olhou por cima do ombro, como se olhasse para o monte. — Não importa como as lendas contam a história. Sinto dizer, mas realmente foi um êxito duvidoso, nada merecedor de uma canção dos escaldos até hoje. — Ele se sacudiu como que descartando uma noção equivocada e virou-se novamente para Karn e Thianna. — De qualquer forma, em algum lugar por lá, ele encontrou uma espada, e não apenas uma espada, mas a lendária espada de Folkvarthr Barba Loura, o primeiro rei de verdade de Norrøngard.

As sobrancelhas de Karn se arquearam de surpresa.

— Sério? — perguntou. Olhou para Thianna, mas ela apertou os lábios e balançou a cabeça. O nome Folkvarthr Barba Loura obviamente não significava nada para ela.

— Agora, era realmente uma espada especial? Talvez. — Mais uma vez, Ori olhou para trás. — Ou talvez ele só acreditasse que fosse. Às vezes, isso é tudo o que você precisa para instigar a verdadeira ambição. De qualquer forma, a invasão de Helltoppr dá uma guinada para melhor. Ele se proclama Jarl e força os outros jarls a reconhecê-lo. Alguns ele suborna, outros ele intimida. Eles se juntam a Helltoppr por um tempo, mas isso não é o suficiente para ele. Ele é um homem de visão e grande apetite. Quer ser o Alto Rei. Helltoppr mata três outros jarls e abocanha uma boa parte dos seus domínios. Parece que nada consegue detê-lo.

O sol agora estava se pondo às costas de Karn e as pedras rúnicas projetavam sombras alongadas. Na estranha quietude dos montes sepulcrais, era fácil imaginar o temível capitão de dracar atravessando Norrongard e deixando atrás de si uma trilha de destruição.

- - Mas nenhum homem molda sua própria sorte - - continuou Ori. - - Não é isso que dizem? Então, justamente quando Helltoppr está prestes a ter sucesso, um de seus próprios homens o trai. Por amor a uma mulher, nada menos que isso. Ela engana Helltoppr para se apoderar de sua lendária espada e a entrega ao seu traidor.

- - Claro. A culpa é sempre das mulheres, não é? - - corta-o Thianna. Ori faz cara feia pela interrupção da gigante e, em seguida, continua a narrar como se ela não tivesse falado coisa alguma.

- - Sem sua espada, sua confiança vacila. O traidor se junta aos outros jarls. Eles enfrentam Helltoppr e o matam. - - As mãos de Ori acariciam a pedra ao lado dele, mas desta vez, foi quase como se ele estivesse tentando tranquilizar a rocha. - - Em vez de fazer-lhe a honra de sepultá-lo no mar, seus antigos seguidores o transportaram para muito longe da costa e o enterraram na floresta. E enterram também três de seus homens com ele, os três que permaneceram leais quando os outros se renderam ou mudaram de lado. E eles colocaram o que julgaram suficiente de sua pilhagem na sepultura a fim de que ele se contentasse e fizesse a coisa mais decente a fazer: permanecer morto. Mas eles se lembraram também do tamanho de sua ambição e, por isso, colocaram uma porta de cadáver no monte sepulcral para o caso de ele não colaborar.

— Uma porta de cadáver? — perguntou Thianna.

— Nunca ouviu falar disso? — perguntou Ori, com uma ponta de escárnio na voz.

— Não enterramos nossos mortos como vocês humanos.

— O que ensinam às jovens gigantes hoje em dia? — Ori estalou a língua contra o céu da boca em sinal de desaprovação.

— Uma porta magicamente guardada, gravada com runas específicas para manter os mortos em seus túmulos. Como esta aqui atrás de mim.

Ori estendeu a mão sobre o ombro para indicar a pedra atrás dele. Estava escurecendo na floresta e as sombras tornavam-se cada vez mais longas, mas Karn ainda podia ver o rosto de Thianna claramente. O rosto de Ori, porém, estava na sombra, delineado por uma misteriosa luz esverdeada que parecia estar vindo da laje de pedra atrás dele. Pareceu a Karn que as runas estivessem brilhando, embora fosse difícil divisá-las com nitidez. Certamente, aquilo era apenas uma ilusão causada pelo crepúsculo, sua imaginação brincando com ele por causa da história de fantasma do tio.

— Isso não é verdade, é, tio? — ele perguntou, odiando o tremor de nervosismo na voz.

— Por que não ficamos para ver? — disse Ori. — Dizem que os mortos inquietos arranham as portas de suas sepulturas quando a lua vai alta no céu.

De repente, Karn queria estar em qualquer outro lugar, menos sentado num monte sepulcral ao luar.

— Na verdade, acho que devemos voltar.

Ori olhou para ele um instante e então irrompeu numa gostosa gargalhada.

- - Ah, sobrinho - - disse - -, você realmente está morrendo de medo. Olhe só, tremendo que nem vara verde. Seu tio é ou não é um bom contador de histórias?

Karn sorriu debilmente.

- - Sua história foi boa - - concordou ele.

- - Já disseram que as minhas histórias realmente são de matar - - disse Ori.

- - É melhor voltarmos - - disse Karn. - - Não quero que Korlundr se preocupe com o meu sumiço.

- - Mas é claro! - - concordou Ori. - - Já é um fardo bastante pesado ser um hauld. Eu facilitaria as coisas para ele se ao menos pudesse imaginar um meio para isso.

Nenhum deles falou muito no caminho de volta. Karn continuava pensando na história do tio. Talvez realmente houvesse um conquistador morto enterrado na colina, mas certamente Helltoppr não poderia voltar como um draug zumbi. Isso era uma tremenda bobagem sem sentido. Draugs eram ótimos como peças de Tronos & Ossos, mas definitivamente não eram algo que Karn quisesse encontrar na vida real. Ori não dissera que tudo não passava de uma brincadeira? Olhando de soslaio para Ori, Karn se lembrou de outra coisa que o tio tinha dito. Sobre jogos. Tio Ori sempre jogava para ganhar.

Naquela noite, Karn sonhou que estava na floresta. Um gato, um cavalo e um touro o circundavam. Havia algo de errado na maneira como se moviam. O touro tinha uma aparência negra e lustrosa, como se estivesse molhado. Não com água, mas com algo mais perturbador, algum líquido que apenas aparentava ser negro na escuridão da noite.

Mesmo que fosse um sonho, Karn podia sentir seu coração acelerado e o suor escorrendo pelo corpo. A lua e sua irmã mais nova brilhavam impossivelmente grandes no céu, seus raios criando colunas isoladas de luz ao passarem por entre as árvores. O gato, o cavalo e o touro moviam-se lentamente enquanto a luz e a escuridão se alternavam sobre eles. Mas mantinham os olhos fixos em Karn, de uma forma malévola, faminta, fria.

Ele não queria ficar de costas para nenhum deles. Por isso, continuava a girar sem parar, tentando dividir sua atenção entre o gato, o cavalo e o touro, para que nenhum deles ficasse fora de sua vista por muito tempo. Mas cada vez que Karn se virava para olhar para trás, via que uma das criaturas tinha se aproximado mais, apertando o cerco. Os olhos delas nunca deixavam os dele. Aqueles olhos lhe diziam: baixe a guarda por um segundo e nós vamos te pegar.

Karn se perguntou por quanto tempo ele poderia manter a vigilância. Mais cedo ou mais tarde, um deles poderia atacá--lo pelas costas. Parecia inevitável.

E, então, de repente, o gato, o cavalo e o touro começaram a cantar.

Os corajosos guerreiros de Helltoppr vão alertar:
Capitão de navio, matador, ele partiu para o mar.
Reluzente de espadas sua comprida e altiva nau
P'ra terras assoladas por sua ira era do fim sinal.

Enquanto Karn ouvia, a música parecia recontar a história do seu tio no monte sepulcral. Era difícil entender todas as palavras, mas ele pegou trechos de versos. Havia algo mais ou menos como "As conquistas de Helltoppr fizeram o seu poder aumentar, até só lhe restar o trono do Alto Rei a cobiçar".

E algo que soou como uma referência à espada de seu próprio pai: "A lâmina, traiçoeiro dardo, cintilante clarão, de Helltoppr trespassou o coração".

Os versos aumentavam e diminuíam de volume como ecos fantasmagóricos lançados ao vento, os animais cantarolando alegremente enquanto circulavam ao seu redor, cada vez mais próximos dele. Mas o verso final, quando foi cantado, chegou-lhe alto e claro.

> *Defenda-se e em pedra irá tornar-se agora.*
> *Espada partida, batalha perdida, ninguém ouve o que implora.*
> *Pois aquele que desafiá-lo certamente tombará de verdade;*
> *E se tombar, de pé ficará então... e por toda a eternidade.*

Enquanto o gato, o cavalo e o touro cantavam a última estrofe, Karn acordou. Ele ainda estava em sua tenda, enroscado nas peles que formavam o seu saco de dormir. Korlundr estava roncando ao seu lado, um barulho familiar, alto e encorpado. A reconfortante visão da silhueta maciça de seu pai o fez relaxar. Enquanto seus batimentos cardíacos voltavam ao normal, Karn riu de si mesmo. Ele já era bem grandinho para se assustar com pesadelos. Mas, em seguida, leve o bastante para ser confundido com o vento ou com o murmúrio de um riacho distante, ele ouviu um coro de vozes, apenas um refrão se desvanecendo junto com as últimas sombras da noite.

> *Pois aquele que desafiá-lo certamente tombará de verdade;*
> *E se tombar, de pé ficará então... e por toda a eternidade.*

Karn estremeceu. Levaria um bocado de tempo para ele voltar a dormir.

CAPÍTULO SETE
Festival de Inverno

Para o grupo de Karn, foi uma semana de negócios e comemorações com os gigantes do gelo. Karn achou que poderiam ter concluído todo o comércio num único dia, dois no máximo, se as partes envolvidas tivessem se atido à negociação em si. Em vez disso, os dias foram generosamente pontuados com uma abundância de pausas - - pausas para canções rudes e barulhentas, pausas para a narração de fábulas e pausas para alguns jogos do tipo que um humano e um gigante poderiam participar sem que um deles fosse esmagado.

Os jogos consistiam principalmente em arremessos de machados e clavas a objetos distantes ou golpear rochas com clavas e machados até que se partissem. Os gigantes jogaram uma partida de Knattleikr entre si enquanto os norronir apostavam num ou noutro lado; e os norrønir convidaram os gigantes para irem até um rio próximo para assisti-los numa competição de natação. Karn achou que o Knattleikr da forma como era jogado pelos gigantes era brutal e sem sentido, ao passo que Thianna ficou desapontada ao descobrir que as competições de natação dos norrønir não eram disputas de velocidade. Em vez disso, resumiam-se a um nadador segurando outro debaixo d'água e cronometrando quanto tempo ele levava para começar a se afogar. No meio da semana, eles conseguiram arranjar um bom jogo de cabo de guerra, quando Karn sugeriu que poderiam jogar se todos concordassem com a regra de três norrønir para cada gigante do gelo. As coisas só ficaram um pouco espinhosas quando alguém sugeriu que Thianna ou competia pela equipe dos norrønir ou a contavam como apenas meio gigante. Ela se afastou bufando de raiva por um tempo, mas o jogo em si foi um grande sucesso para todos os outros. Quando Thianna voltou, ela se ofereceu para mostrar a Karn os seus esquis, e ele achou que essa poderia ser sua maneira de deixá-lo saber que não havia ressentimentos da parte dela.

A última noite foi a celebração do Festival de Inverno, na noite em que o verão dava lugar ao inverno. Foi a maior das festas numa semana de tantos festejos.

Antes da refeição, dois dos homens livres de Korlundr colocaram máscaras de peles de animais e começaram uma breve dança cerimonial. Os gigantes pareceram meio sem jeito com isso, e alguns deles se afastaram um pouco.

— Aonde eles estão indo? — Karn perguntou para Pofnir.

— A dança é para dar adeus a Beysa, deusa do verão — Pofnir explicou. — E para dar boas-vindas a Uldr, deus do inverno. — Karn olhou perplexo para o homem livre. Pofnir

fez uma cara de desânimo diante da ignorância do garoto.
-- Os gigantes não estão se sentindo muito à vontade com a
nossa invocação dos deuses na presença deles.

Karn sacudiu a cabeça, demonstrando que continuava
sem entender.

-- Tantas coisas que você não sabe, Karn... Foi o primeiro
dos deuses dos norronir quem matou o patriarca deles, o gigante Ymir -- explicou Pofnir.

-- Eles ainda estão aborrecidos com isso?

-- Bem, isso foi há muito tempo. Hoje é o Festival de
Inverno, e todos nós devemos ficar perto de nossas fogueiras.
Quando o mundo muda as estações, é um momento de tran-
sição para todas as coisas. A magia em estado puro está no ar
e tudo pode acontecer. Então, você não sabe que há um cemitério não muito longe daqui? Costumavam dizer que, se você
se sentar num monte sepulcral durante toda a noite do Festival de Inverno, adquirirá poderes mágicos.

Karn não tinha pensado muito sobre o monte sepulcral
de Helltoppr desde o seu primeiro dia no Baile dos Dragões,
e tinha despachado da memória aquelas vozes misteriosas
cantando na noite.

À medida que a noite avançava, Karn começou a pensar
que deveria encontrar Thianna. Ele não estava muito certo
por quê. A gigante tinha se mostrado uma companhia apenas
razoável. Ela era temperamental e imprudente. Mas, como os
dois tinham mais ou menos a mesma idade, haviam se juntado
volta e meia durante a semana, e Karn era inteligente o suficiente para saber que talvez ele estivesse com uma pontinha de
inveja dela. Ele desejava deixar a responsabilidade da Fazenda
de Korlundr para trás. Imaginava Thianna esquiando pelas

montanhas em selvagem abandono, e admirava a sua coragem, mesmo que ela não visse vantagem em jogar Tronos & Ossos.

Karn procurou por entre os grupos dos farristas, mas não conseguiu encontrar Thianna em nenhum lugar. Ele foi até a enorme tenda de Magnilmir. Espiou lá dentro, mas nada de Thianna. Chamou o nome dela, mesmo assim.

Alguém tossiu atrás dele. Karn se virou e viu seu tio Ori.

— Você sempre consegue me assustar, tio! — disse ele. — Por que não está comemorando junto com os outros?

Ori deu de ombros.

— Já tive o bastante da companhia dos gigantes de Ymiria para durar até a próxima estação. Provavelmente mais. Quando eu tiver a minha própria fazenda, vou dispensar esses encontros tolos.

Karn franziu a testa, embora ele percebesse que a maior parte de Norrøngard sentia-se da mesma forma que Ori. Korlundr era a exceção. Os norrønir geralmente viam com desconfiança alguém que não fosse um norrønur.

— Suponho que você esteja procurando sua pequena gigante — disse Ori.

— Achei que deveria me despedir.

Ori franziu os lábios.

— Acho que eu deveria lhe dizer...

— Dizer o quê?

Ori suspirou, como se estivesse indo contra seus princípios por amor a Karn.

— Thianna me pediu para lhe dizer para encontrá-la no monte sepulcral. Ela queria um tempo sozinha com você em sua última noite.

— Por que ela simplesmente não me esperou para eu ir com ela?

Ori lançou a Karn um longo olhar enviesado, de tal forma que fez Karn se sentir como se estivesse sendo ingênuo.

- - Acho que posso ir com você, só para me certificar de que atravesse o bosque em segurança à noite. Não vou ficar por perto, é claro, apenas vê-lo chegar a salvo lá e cair fora.

- - Obrigado - - disse Karn, que não gostava da ideia de caminhar sozinho por bosques escuros.

- - Ah, não precisa me agradecer - - disse o tio Ori. - - Só estou fazendo o que preciso fazer.

Não havia nenhum sinal de Thianna quando Karn e Ori emergiram na clareira banhada pelo luar. Tanto a lua de Manna como sua irmã menor brilhavam. À luz pálida, os menires podiam ser vistos em nítidos detalhes. Karn tomou coragem e saiu de entre as árvores.

- - Onde ela está?

Ori olhou em volta.

- - Talvez esteja se aliviando na floresta - - disse ele com grosseria. - - Mas pode estar atrás de uma das pedras rúnicas. Vamos verificar. - - Com isso, ele foi adiante, seguro de si, caminhando na direção do monte sepulcral central.

Subiram o morro, passando pelo círculo de pedras. Karn não viu qualquer sinal de Thianna, embora houvesse muitos lugares onde até mesmo alguém do tamanho dela poderia estar escondido. O pensamento não era reconfortante.

- - Tem certeza de que ela está aqui? - - perguntou.

- - Eu mentiria para você?

Karn não tinha certeza de como responder. Ultimamente, tinha começado a suspeitar que seu tio trapaceava no

Tronos & Ossos. Trapacear parecia ser uma forma de mentira, mas ele manteve a sua opinião para si mesmo.

Ori desceu direto pela rampa até a porta de entrada do monte sepulcral de Helltoppr. Então, ele se virou para Karn.

— Você já ouviu falar sobre a magia do monte sepulcral?

— Acho que existem muitas histórias sem pé nem cabeça — disse Karn, lembrando o absurdo que Pofnir havia lhe contado mais cedo.

— Tenho certeza que sim — respondeu o tio. — Mas aqui está uma que você não ouviu. Toque três vezes uma porta de cadáver com uma espada nomeada e um desejo lhe será concedido.

— Uma espada nomeada? — perguntou Karn, que não tinha descido a rampa atrás do tio.

— Você sabe. As espadas das canções.

Karn sabia. Os norrønir sempre colocavam nomes em suas armas favoritas. As canções dos escaldos estavam cheias de machados, espadas e lanças com propriedades supostamente mágicas.

— Você poderia fazer um pedido agora, enquanto esperamos — o tio prosseguiu.

— Certo — Karn disse, rindo, desconfortável. — Como se eu tivesse uma espada nomeada.

— Não acho que tenha — disse o tio friamente. — Ainda bem que eu tenho uma aqui. Venha dar uma olhada.

Karn hesitou. Onde estava era realmente o mais perto que queria ficar do monte sepulcral, e Ori estava se comportando de um jeito estranho. Enquanto hesitava, pensou ter a sensação de ser observado pelas costas e se virou. Não havia ninguém lá. Apenas o silêncio das pedras. Seu tio olhou-o com uma expressão confusa. Karn estava começando a se sentir exposto no alto do morro sozinho, por isso, tomou coragem e desceu a rampa para se juntar a Ori.

- - Então me mostre - - disse ele.

Ori sorriu e afastou sua capa. Havia uma espada pendurada em sua cintura. O tio virou-se para tirá-la da bainha de madeira. Karn reconheceu-a pelo punho antes mesmo de sua lâmina ser desembainhada.

- - É a Clarão Cintilante! - - disse chocado. Karn nunca a tinha visto longe de seu pai.

- - Bem, eu não iria andar pela floresta à noite sem proteção, iria?

- - Você tem a sua própria arma - - disse Karn num tom acusador. Roubo era um crime grave em Norrongard; roubar de um parente então, era duas vezes mais grave.

- - Um machado - - disse Ori. - - E nós dois sabemos que eu não tenho físico para imprimir bastante força a ele. Não, o que eu realmente preciso é de uma espada. Meu irmão mais velho não vai se importar de eu pegá-la emprestada. Relaxe, sobrinho. Vou devolvê-la antes que ele se dê conta. E agora temos uma espada nomeada para que você possa fazer o seu desejo.

Karn não estava convencido, mas não quis dizer. Em vez disso, tentou uma abordagem diferente.

- - Eu nem ao menos sei o que desejar.

- - Sério? - - Quando Karn balançou a cabeça, Ori disse: - - Ah, eu acho que nós dois sabemos que isso não é verdade.

- - Como assim, tio?

- - De certa forma, acho que você é muito parecido comigo. Nós dois estamos presos pelas circunstâncias do nosso nascimento, não estamos, rapaz? Se você tivesse um irmão mais velho, como eu, poderia ir e vir como quisesse. Não teria que arcar com o ônus que o seu pai fez recair sobre você. Ele nunca perguntou se você queria ser hauld da fazenda. E imagino que ele não escute quando você tenta lhe dizer como se sente.

Karn confirmou com a cabeça, lembrando-se de sua conversa com o pai nas ruas de Bense.

— É difícil falar com ele às vezes.

— É claro — disse Ori. — Não é justo. Tal responsabilidade. Tal tarefa para alguém que consegue erguer a cabeça para o horizonte e tem imaginação para saber o que existe além dele. Você não gostaria de ver por si mesmo?

— Como se isso fosse acontecer.

— Vale uma tentativa, não é? — O menino não fez nenhum movimento para pegar a espada. — Vá em frente — disse Ori. — Ela já está aqui. Você está aqui. Se vamos ficar em apuros por surrupiar a espada de Korlundr, podemos aproveitar e fazer algo com ela. Pegue a espada, toque a porta três vezes, e vamos ver se algum desejo lhe é concedido.

— Isso é tolice.

— Concordo — disse Ori —, então, o que está esperando? Há todo um vasto mundo além de Norrøngard. Ou você pretende não ser nada além de um fazendeiro por toda a sua vida?

Toda a sua vida. Ori tocara o ponto nevrálgico. Karn assentiu com a cabeça, e cedeu. Estendeu a mão para a espada. Ori apontou-a com a lâmina virada para Karn, mas logo em seguida percebeu o que estava fazendo. Embainhou-a e reverteu a lâmina de modo que Karn pudesse pegá-la pelo punho. Quando as mãos de Karn se fecharam no punho revestido em couro, Ori a reteve ainda por um momento.

— Lembre-se, você tem que bater três vezes.

Karn concordou com a cabeça e Ori soltou a espada. Seu tio afastou-se para que ele pudesse se aproximar da porta de cadáver.

- - Três vezes? - - confirmou Karn. Ori não respondeu. Atrás dele, Karn ouviu seu tio subindo a rampa.

- - Tio Ori? - - chamou-o.

- - Ah, eu não lhe disse? Você tem que ficar sozinho para a magia funcionar. De nada adianta eu ficar com você. Mas não se preocupe, não vou estar longe.

Ori desapareceu colina abaixo. Um arrepio percorreu a espinha de Karn. Estava escuro e fazia frio. Karn queria correr, correr atrás de Ori no escuro. Mas ele não fez isso. Seria admitir que estava com medo. Pior, seria aceitar que um agricultor era tudo o que ele seria na vida. Ele se preparou e virou-se para a porta de cadáver. Uma luminescência esverdeada misteriosa parecia brilhar do outro lado da pedra. É melhor acabar com isso rápido, pensou Karn.

- - Eu gostaria de não ter que ser um hauld - - disse ele. - - Desejo poder ir para longe.

Então, ele puxou a Clarão Cintilante - - a espada era surpreendentemente leve em suas mãos para uma lâmina tão longa - - e bateu sua ponta contra a pedra. Uma vez - - o som do metal sobre a pedra ecoou no ar - - duas vezes, três vezes.

Nada aconteceu.

Sem dúvida, seu tio estava dando boas gargalhadas às suas custas lá embaixo, agora. Talvez Thianna estivesse mesmo com ele, os dois pregando uma peça no garoto da fazenda.

Karn podia ouvir sua própria respiração, mais pesada do que ele desejava que estivesse. Então, ouviu outra coisa.

Um som de raspagem, como areia esmagada contra pedra. Flocos de poeira esfarelaram e caíram da porta de cadáver.

Enquanto ele observava com pavor crescente, a porta se deslocou abrindo frestas cada vez maiores, e uma luz sobrenatural brilhou através delas.

A porta de cadáver se partiu em pedaços e desabou no chão. Karn se viu diante de uma entrada aberta, um túnel que conduzia ao túmulo. Ele era iluminado por fogo-fátuo, as paredes de terra brilhando com uma luminescência verde.

— Não fique parado aí, garoto. — A voz era antinatural, seca, áspera. — Entre.

Ori parou na borda da floresta. Desalinhou as próprias roupas e estapeou o próprio rosto para obter uma boa vermelhidão. Por fim, respirou bem fundo.

— Socorro! — gritou, e saiu correndo da floresta. — Korlundr, socorro!

Ori saiu em disparada até a colina, em direção à tenda do irmão, correndo o máximo que suas pernas lhe permitiam.

— Socorro! — gritou de novo, caprichando no tom de desespero. Korlundr saiu de sua tenda, piscando para ele, perplexo.

— O que está acontecendo? — perguntou Korlundr.

— Karn está em apuros! — Ori gritou.

— Karn? O quê? Onde? — o homenzarrão exigiu saber.

— Na floresta — Ori desembuchou. — Está em apuros. Venha. — Ele se virou e desceu o morro correndo como se a vida de alguém dependesse disso. E depende mesmo, ele pensou.

— Minha espada... — Korlundr começou a dizer.

— Karn está com ela — disse Ori.

— Karn?

— Venha depressa! — Ori gritou.

Correndo atrás dele, Korlundr gritou-lhe:

- - O que está acontecendo com Karn? Em que encrenca ele se meteu? Diga-me, irmão.

- - Não se preocupe, irmão! - - Ori respondeu sem se virar ou parar, sabendo que seu irmão gêmeo o seguiria de qualquer forma. Isso fora realmente muito fácil. - - Agora que você está aqui, tudo vai acabar logo.

Karn ficou ali paralisado, olhando para o túnel do monte sepulcral. A fantasmagórica luminescência bruxuleava nas paredes de terra. Mas a inclinação do túnel o impedia de ver o interior da câmara.

Deu um passo no escuro. Segurando a espada Clarão Cintilante diante de si, avançou lentamente. O solo sob seus pés estava úmido e cedia sob as botas. O túnel cheirava a terra, mofo e coisas rastejantes que vivem debaixo da terra. Mas o mais opressivo de todos esses cheiros era um odor intenso, adocicado e enjoativo. Era o cheiro de podridão e corpos decompostos. O cheiro foi ficando mais forte à medida que a luz se tornava mais brilhante. Karn sentiu-se nauseado, mas forçou-se a continuar. Tinha que saber o que havia lá dentro. E foi então que soube.

A câmara era redonda e de teto baixo. O chão era de terra, como o túnel, mas as paredes eram revestidas com pedras, todas com elaboradas inscrições de runas. Havia tesouros em todos os lugares. Os norronir sempre enterravam seus mortos com as suas posses e itens práticos - - como utensílios para cozinhar e suas armas prediletas - - que pudessem necessitar na passagem para a vida após a morte nas cavernas de Neth, mas dava para Karn ver que aquela sepultura era especial. Era o túmulo de um jarl, a sepultura de um capitão de navio-dragão, o túmulo de um homem muito poderoso e ganancioso.

Espadas, machados, escudos, lanças e armaduras. Taças esculpidas e pratos luxuosos. Joias. Chifres de beber. Estátuas, algumas delas estrangeiras. Roupas. Peles. Facas. Utensílios de cozinha. E até mesmo um reluzente jogo Tronos & Ossos com peças de ouro.

Os olhos de Karn demoraram-se sobre os tesouros apenas um momento antes de outra coisa chamar sua atenção. Havia ossos de verdade empilhados num trono de verdade.

Numa imponente cadeira de pedra, um esqueleto sentava-se ereto. Ele ainda trajava o que um dia devia ter sido uma armadura da mais alta qualidade, no entanto agora gasta e amassada. Os couros que o esqueleto usava estavam apodrecidos e em farrapos. O elmo em sua cabeça, escurecido. O grande machado ao seu lado, coberto de ferrugem. Uns tufos de barba grisalha ainda se prendiam à sua mandíbula como teias de aranha pegajosas.

Mas isso não era a pior coisa. Não. A pior coisa era esta: a luminosidade fantasmagórica e esverdeada que clareava a câmara originava-se das órbitas dos olhos do esqueleto.

— Hu, hu, hu — o som foi como uma rajada de vento soprando através de folhas mortas. Ele ecoou na câmara. O crânio de dentes arreganhados estava rindo.

E se ergueu para encará-lo.

— Palavra de honra que os adversários são cada vez mais jovens hoje em dia. Quantos anos você tem, garoto? Dez? Onze?

Dedos ossudos moveram-se para agarrar os braços do trono. Karn permaneceu ali parado, boquiaberto, cara a cara com uma criatura lendária. Um draug.

- - E então? - - disse a criatura zumbi. Karn engoliu em seco.

- - Doze - - respondeu ele.

- - Que pena - - disse o draug. Com um rangido enervante de ossos, braços esqueléticos impulsionaram o esqueleto, colocando-o de pé. Ele estendeu a mão casualmente para segurar o cabo do grande machado que descansava ao lado do trono. Os nós dos dedos estalaram quando aquela mão se fechou em torno do cabo. - - Não é muito de falar, não é? Bem, então, vamos acabar logo com isso.

- - O que você está fazendo? - - disse Karn.

- - O que estou fazendo? Eu sou Helltoppr. - - O draug se inclinou para a frente, como se as chamas em suas órbitas fossem dar uma olhada melhor. - - Você não conhece a lenda? Você não sabe a canção? *"Pois aquele que desafiá-lo certamente tombará de verdade; E se tombar, de pé ficará então... e por toda a eternidade."* Isso não o faz se lembrar de alguma coisa?

- - Aquilo foi real? - - perguntou Karn, recordando o seu sonho, mas chocado por falar com um cadáver.

- - Claro que foi real! Fui traído e assassinado cento e quarenta e cinco anos atrás. E os homens... meninos agora, pelo que vejo... têm vindo ao meu monte sepulcral para me desafiar por meu tesouro desde então. - - Helltoppr ergueu o machado e balançou-o preguiçosamente ao redor para bater o cabo contra a palma da outra mão, passando a empunhar a arma fortemente com as duas.

- - Vejo que você trouxe sua própria arma. Caso contrário, as regras dizem que você poderia escolher uma dentre todas as minhas. É melhor assim. Não gosto de outras pessoas tocando as minhas coisas.

- - Eu... eu não quero... - - Karn gaguejou. - - Não vim aqui para desafiá-lo...

— Bobagem! — disse o draug. Ele virou a cabeça para o lado, no que parecia ser uma imitação de cuspir. — Você bateu três vezes. Entrou na minha câmara, arma desembainhada em desafio. Agora vamos lutar. Se você ganhar, pode escolher algo entre o meu tesouro. Se eu ganhar, bem, você sabe o que diz a canção.

— A canção...? — disse Karn, afastando-se rapidamente do esqueleto que se deslocava a passos largos em sua direção.

— Não. Só me disseram que me seria concedido um desejo.

— Um desejo? — disse Helltoppr, ainda avançando rapidamente para Karn. — Oh, um desejo será concedido, menino, você não se enganou. Mas o que, em nome de Neth, o fez pensar que seria o seu? Agora, seja um bom menino. Fique parado e vamos continuar com isso.

Helltoppr ergueu o machado, preparando-se para desferir um golpe. Karn não esperou para ver a lâmina descer. Ele se virou e correu.

CAPÍTULO OITO
As pedras rúnicas

Karn irrompeu do monte sepulcral para o ar livre. Ainda assim, estava muito longe de estar a salvo. Ele podia ouvir o Morto Ambulante marchando atrás dele. Correu em direção ao círculo de menires.

Então, uma sombra destacou-se da pedra rúnica mais próxima. Mãos frias e descarnadas estenderam-se para ele. Karn derrapou para parar. Por um momento, pensou que Helltoppr conseguira de alguma forma encurralá-lo, mas então ele viu. Esse draug era menor. Além disso, sua pele era de um carmesim bem escuro, mais escuro do que o azul acinzentado do Jarl zumbi. Que Helltoppr que nada, esse era um outro draug. Saído de um dos três montes sepulcrais menores.

Os lábios ressecados curvaram-se para formar um repugnante sorrisinho:

— Meu nome é Snorgil, caso você esteja se perguntando. Seu humilde criado.

— O-obrigado, mas n-não — Karn gaguejou. Ele se virou e correu para longe da criatura, só para dar de cara com uma segunda figura que saltou de trás de outra pedra.

— E este é meu bom amigo Rifa — apresentou Snorgil. O novo Morto Ambulante levou uma mão ossuda ao peito e simulou uma mesura.

— A seu dispor — zombou o tal Rifa.

Karn ouviu ruído de passos atrás dele e percebeu que Helltoppr tinha saído de seu monte sepulcral e estava descendo a colina. Estava prestes a ser cercado se não agisse rápido. Ainda assim, Karn não olhou para trás.

Ele esperou que Rifa se aproximasse e, então, esquivou-se para a esquerda e, quando o draug estendeu o braço para agarrá-lo, em vez disso ele escapuliu rapidamente para a direita.

— Pare quieto! — Rifa reclamou.

Atrás dele, Karn ouviu Snorgil gargalhando.

— Ah, esse é bem arisco, não é? — Snorgil rugiu. — Escapou de você, não escapou, Rifa?

— Cale a boca! — rosnou Rifa. — Seus dentes caem quando você fica tagarelando, sabe disso.

— Cale a boca você! — replicou Snorgil. — Você tem menos dentes do que eu. E os que restam estão moles. Você é o cadáver mais decomposto que eu conheço, é sim.

Karn aproveitou a oportunidade criada pela briga entre eles para se lançar num espaço entre as pedras rúnicas, mas um terceiro Morto Ambulante ergueu-se repentinamente para bloquear o caminho.

- - Opaaa! - - debochou Snorgil. - - Parece que você acaba de conhecer o último integrante do nosso pequeno bando. Visgil, diga olá ao jovem Karn Korlundsson, sim?

- - O prazer é todo meu - - balbuciou Visgil com sua boca pútrida. Karn viu que este, de fato, possuía poucos dentes.

- - É realmente só meu.

Eles tinham cercado Karn e estavam se aproximando. Ele tinha quatro adversários. Mas o campo de jogo tinha mais de uma dezena de obstáculos. Se havia uma coisa que Karn sabia, era como usar o desenho de um tabuleiro contra um adversário.

Ele saiu correndo, indo direto para Rifa, então girou no último minuto. Karn ziguezagueou passando pela frente e por trás das pedras rúnicas. Ele estava em desvantagem numérica. Toda vez que tentava escapar da colina, um deles aparecia para bloquear o caminho. Mas enquanto se mantinha entre as pedras, podia se esquivar de uma forma que os fazia colidirem uns com os outros e com as rochas. E ele estava cada vez melhor nisso. Os draugs não eram muito coordenados, e havia uma limitação nos movimentos de Helltoppr. Sempre que se aproximava da perfeita formação produzida pelas pedras rúnicas, ele fazia uma careta e recuava. O navio de pedras definia os limites de seu domínio. Fez uma cara de ódio quando viu que Karn havia percebido isso.

Apesar dessa desvantagem, Karn sabia que não iria enganar os quatro draugs por muito mais tempo. Estava ficando cansado e o mesmo não parecia ocorrer com seus oponentes.

E então ele escorregou num trecho de terra solta e caiu de cara no chão. No ato, levantou-se desajeitadamente, cuspindo grama seca, apenas para ver que os draugs o tinham cercado pelos quatro lados.

— Chega dessa correria, garoto! — disse Helltoppr.
— Levante essa espada e vamos acabar com isso.

— Eu não quero lutar com você! — insistiu Karn. Soava patético, mas ele não conseguia pensar em mais nada para dizer. Estava desesperado, e era verdade.

— Aposto que não quer — riu o Morto Ambulante. — Mas você não tem escolha.

— Sim, ele tem! — bradou uma voz. Karn se virou a tempo de ver seu pai, Korlundr hauld Kolason, adentrando o círculo pedras, vindo da escuridão.

— Pai! — exclamou Karn, que jamais na vida sentira tanto alívio ao ver uma pessoa.

— Me dê a minha espada — pediu Korlundr, estendendo a mão para o filho, sem tirar os olhos de Helltoppr.

Karn ia entregar a espada quando algo o deteve. Seu braço estava literalmente tremendo de esforço para passar a espada, mas não o obedecia.

— Karn, me dê a espada! — o pai repetiu.

— Não culpe o garoto — disse o capitão do dracar. — Ele não pode. São as regras da maldição. A mesma magia rúnica que me mantém aprisionado dentro das pedras vale para todos vocês. Você luta contra mim com a arma que trouxe, ou escolhe uma das minhas. O garoto trouxe a espada... uma espada bastante familiar, agora que a vejo melhor... então, somente Karn pode lutar com ela contra mim. Se você quiser me desafiar, terá que usar o que trouxe ou pegar uma das minhas.

Korlundr baixou os olhos para o seu cinto. Ele portava sua sax*, mas a faca era ridiculamente pequena contra o imenso machado de Helltoppr. O Morto Ambulante sorriu.

---

* Faca de lâmina grande, com apenas um gume, usada mais como ferramenta do que como arma. (N. T.)

- - Por que não entra? - - ofereceu ele, gesticulando em direção à entrada do túnel. - - Tenho certeza de que poderemos encontrar algo do seu tamanho.

- - Pai? - - chamou Karn, com a voz trêmula de preocupação. Helltoppr lançou-lhe um olhar de desdém, como se Karn fosse agora uma questão secundária.

- - Mantenham o garoto aqui - - ele ordenou a seus três asseclas. - - Ele vai ser brincadeira de criança depois de eu cuidar do grandão.

- - Não se preocupe, Karn - - Korlundr gritou para o filho. Então, ele endireitou os ombros e caminhou corajosamente para o túnel subterrâneo.

Karn se encolheu quando uma mão fria pousou em seu ombro.

- - Isso, não se preocupe - - disse Snorgil. - - Algumas se ganha, outras se perde. O importante é levar na esportiva.

Karn engoliu em seco e não disse nada. Todos os seus pensamentos estavam com o pai lá embaixo.

Korlundr ressurgiu depois de apenas alguns minutos. Ele carregava uma lança curta na mão. Karn reparou que ela era feita do mesmo metal que a espada. Talvez isso lhe desse chance de bloquear o machado do draug.

- - Como faremos isso? - - perguntou Korlundr.

- - Assim - - disse Helltoppr, avançando velozmente, girando o machado no ar e desferindo um formidável golpe.

Korlundr saltou para trás, e então investiu contra o draug com sua lança. Mas Helltoppr era rápido, e se esquivou antes que a lâmina o atingisse. Karn tentou avançar, mas a mão de Snorgil apertou o seu ombro, contendo-o rapidamente.

A tensão se avolumava em Karn conforme ele assistia o pai e o Morto Ambulante lutarem ao redor do monte sepulcral.

Helltoppr era forte de um modo sobrenatural, movimentando sua arma pesada sem nunca se cansar ou dar uma trégua. Korlundr a bloqueava ou se esquivava sem cessar. Bateu uma onda de orgulho em Karn por seu pai. Ele era um herói, assim como os grandes norrønir das antigas canções. Ele nunca tinha visto alguém lutar tão bem. Mas Korlundr estava se cansando. Mesmo no ar frio da noite, Karn podia ver o suor brotando da testa do pai. Ele teria que fazer alguma coisa, e logo.

Korlundr ergueu a lança para bloquear o machado quando este mergulhou em direção à sua cabeça. Ele aproveitou para aplicar um bom chute no Morto Ambulante com seu pé calçado numa bota pesada. O golpe acertou Helltoppr bem no peito. O draug cambaleou para trás. Korlundr girou sua lança e a investiu contra o tórax do draug. Helltoppr engasgou e derrubou o machado, segurando a lança enterrada em seu peito.

Snorgil e os outros zumbis sobressaltaram-se, com evidente perplexidade. Aproveitando-se de sua indecisão, Karn desvencilhou-se do aperto da mão de Snorgil em seu ombro.

— Foi um golpe muito bom! — reconheceu Helltoppr, com algo parecido com genuína admiração na voz. — E se as armas comuns pudessem me ferir, você poderia ter vencido. — Então, sua mão esquerda agarrou Korlundr pelo pescoço. — Pena que a única arma aqui capaz disso está nas mãos do garoto, não na sua. — Helltoppr apertou ainda mais o pescoço de Korlundr. — E aí você perdeu.

— Karn! — gritou o pai. — Corra!

Korlundr enrijeceu nas mãos do draug. E então a coisa mais estranha aconteceu. Sua pele endureceu e começou a ficar cinza. O ar brilhou à sua volta. Karn assistiu com horror enquanto uma pedra rúnica surgia onde antes estava o seu pai. Entalhada em sua superfície, como se tivesse sido esculpida fazia anos, havia uma imagem tosca de seu pai. Mas, diferentemente dos entalhes das outras vítimas de Helltoppr, que pareciam assustadas enquanto eram derrotadas, a imagem de Korlundr ainda parecia orgulhosa e desafiadora.

- - Não! Pai! - - berrou Karn. Não houve resposta.

Helltoppr caminhou em torno da mais recente pedra rúnica, analisando-a.

- - Um belo acréscimo à minha coleção, se me permite dizer - - observou ele. - - "Pois aquele que desafiá-lo certamente tombará de verdade; E se tombar, de pé ficará então... e por toda a eternidade." Vamos, rapazes. Alinhem a nova pedra com as outras. Só preciso de mais uma para quebrar minha maldição. - - Então o draug voltou os olhos para Karn.

- - Só mais uma.

O grito de Karn foi de pura fúria. Não só contra os Mortos Ambulantes, como também contra si mesmo. Se ele não tivesse ido até ali, se não tivesse batido três vezes... Ele ergueu a Clarão Cintilante com ambas as mãos e a girou num grande círculo em torno de si.

Snorgil, Rifa e Visgil saltaram para longe, sibilando quando a Clarão Cintilante os atingiu de raspão. Karn percebeu, e partiu na direção do mais próximo. Rifa gritou e recuou com um pulo. Karn foi atrás dele. Ele ia acabar com todos eles.

De repente, Helltoppr estava diante dele, erguendo o seu grande machado.

- - Você pode assustar meus rapazes, garoto - - advertiu o capitão de dracar. - - Mas não me assusta. Afinal de contas, essa espada costumava ser minha.

Os olhos de Karn se arregalaram. Então, ele não resistiu. Olhou para baixo, para a arma em sua mão. Clarão Cintilante, a espada de Helltoppr? A espada que fora roubada dele quando foi traído. Mas isso significaria que a Clarão Cintilante era a lendária espada de Folkvarthr Barba Loura. Só era chamada de Fortuna de Folkvarthr nas antigas lendas. Mas espadas podiam ter muitos nomes.

— Quero ela de volta agora! — disse Helltoppr. — Isso mesmo. Seu tatatataravô tirou a espada de mim, amaldiçoou a si mesmo e a todos os seus filhos. Mas conforta o meu coração de zumbis saber que dois de seus descendentes concluirão o meu navio de pedra.

Helltoppr aproximou-se mais um passo, o machado ainda erguido sobre a cabeça. Karn viu todas as peças. Avaliou suas posições. Ele estava de frente para o aclive, o que colocava Helltoppr em vantagem. Ou será que não?

Karn levantou a Clarão Cintilante diante dele, como se estivesse se preparando para lutar. Helltoppr sorriu.

Então, o garoto jogou-se para trás, recolhendo os joelhos e dando uma cambalhota no sentido inverso de uma maneira que teria impressionado até mesmo Thianna. Seu próprio impulso, aliado à inclinação da colina, o conduziu velozmente declive abaixo. Não foi um exemplo de graciosidade, e ele teve que lutar para manter a Clarão Cintilante apontada para fora de modo que a espada não o fizesse tropeçar ou o cortasse, mas ele rolou pelo monte sepulcral e por entre as pedras rúnicas. Acima dele, ouviu Helltoppr sibiliar de raiva, já que a barreira do dracar o impedia de prosseguir.

— Atrás dele! — o draug gritou para seus asseclas. Karn não esperou para ver se eles obedeceram. Levantando-se cambaleante, lançou um último olhar para a pedra rúnica que antes era seu pai. Então, ele se virou e saiu correndo.

☆ ☆ ☆

Na borda da floresta, Karn parou de repente quando alguém surgiu por entre as árvores.

- - Tio Ori! - - ele gritou de alívio. Mas seu tio estava olhando para ele de uma forma estranha.

- - Ah, Karn - - disse ele - -, o que você foi fazer? Pelo amor de Neth, menino, o que você fez?

- - M-meu pai - - gaguejou Karn. - - Helltoppr, os draugs...

- - Eu vi tudo - - revelou Ori.

- - Você viu? - - exclamou Karn. Se seu tio estivera lá, por que não tinha ajudado?

- - Eu me escondi atrás das pedras rúnicas - - o tio explicou. - - Você estava com a única arma que eu carregava. Nós dois sabemos que não sou um bom guerreiro. Mas Karn... o que foi que você fez?

- - O que foi que eu fiz?

- - Você despertou Helltoppr, desafiou-o para uma luta. Seu pai...

- - A culpa não foi minha! - - defendeu-se Karn. - - Eu não sabia...

- - Não sabia, é? - - provocou Ori, estreitando os olhos, sua voz assumindo um tom acusador. - - Você foi até os montes sepulcrais na primeira noite de inverno, acordou o draug, desafiou-o para uma luta com sua própria espada.

- - Não foi assim que aconteceu... não fui...

- - Por favor, Karn! - - interrompeu Ori. - - Sou seu tio e até mesmo eu posso ver como isso é terrível. Os norronir não veem com bons olhos aqueles que traem os próprios parentes. Eu realmente deveria entregá-lo...

Assustado, o coração de Karn disparou. Além de ter perdido o pai, ainda levaria a culpa por isso. A justiça de Norrøngard seria rápida e dura. O mundo estava desabando ao seu redor, e a terra parecia tremer sob suas botas.

— Eu sei que vou me arrepender disso — disse Ori. Ele agarrou os ombros de Karn, puxando-o para si, e olhou fundo nos olhos do garoto. — Mas vou ajudá-lo. Você precisa fugir. Fuja para longe. Rápido... os draugs estão chegando!

Atrás deles, Karn ouviu o ruído de passos. Snorgil, Rifa e Visgil não estavam muito distantes. Ori olhou para a espada nas mãos de Karn.

— Me dê isso — pediu ele. — Vou atrasá-los enquanto você foge.

Karn estava prestes a entregar a espada para o tio quando algo o deteve. Assim como ele, seu tio também não sabia lutar, e a espada era tudo que lhe restara do pai. Ele sacudiu a cabeça, negando-se em desafio. Ori estendeu a mão para pegar a arma sem dar importância à recusa do sobrinho e Karn recuou.

— Ah, está bem — concordou o tio, irritado. — Mas vá. Deixe Norrøngard e não volte nunca mais. É o que você queria, afinal de contas.

Os draugs estavam bem perto agora. Segurando a Clarão Cintilante apertada contra o peito, Karn fugiu. Disparou pela floresta, com os pinheiros arranhando seu rosto e pescoço, e lágrimas escorrendo pelas faces. Ele fugiu do Baile dos Dragões. Da Fazenda de Korlundr. De tudo o que já havia conhecido.

Ori observou o sobrinho desaparecer floresta adentro, ouviu seus passos sumirem na noite. Então se virou para as três figuras que aguardavam na borda da clareira.

- - Ele ainda está com a espada em seu poder -- disse Ori.

- - Maldição, Ori! - - esbravejou Snorgil. - - Eu sabia que a espada seria um problema.

- - Problema? - - repetiu Ori. - - Não, creio que não. Ele nunca se preocupou em aprender a manejá-la. Vocês vão recuperá-la com bastante facilidade.

- - Helltoppr não vai gostar nadinha se não fizermos isso - - disse Rifa, chutando a terra com uma bota carcomida.

- - Helltoppr deve estar muito feliz com a sua mais recente pedra rúnica - - disse Ori aos Mortos Ambulantes. - - O suficiente para deixá-lo contente pelo tempo que vocês levarem para caçar o menino.

- - Por que você mesmo não o pega? - - perguntou Visgil.

- - O quê? - - zombou Snorgil. - - O bom e velho Ori, preguiçoso que só ele, sujar as próprias mãos? Vá sonhando em seu sono eterno. Pelo menos não quando ele pode conseguir alguém para fazer isso por ele.

- - De fato... - - admitiu Ori. - - Se bem que não me parece que vocês três possam sujar ainda mais as mãos.

Os draugs todos riram.

- - Você tem razão - - reconheceu Visgil, levantando uma mão com dedos apodrecidos.

- - Sempre - - respondeu Ori, empalidecendo diante da carne arroxeada. - - Agora, antes que o meu sobrinho se distancie mais ainda...

Os três draugs olharam para ele com expectativa.

- - Vocês são chamados de Mortos Ambulantes, não é? - - disse Ori. - - Não deveriam fazer jus ao nome e estar *andando* atrás dele?

- - Ah, sim! - - concordaram eles. Rindo novamente, os três zumbis partiram para a floresta, atrás de Karn.

Ori suspirou enquanto caminhava de volta para o Baile dos Dragões. Os draugs eram úteis, mas não muito inteligentes. Felizmente, ele era. Ainda precisaria representar um pouco mais o seu papel pela manhã, demostrando como estava triste por Korlundr e seu filho terem sido mortos. Como ele só assumiria o controle da Fazenda de Korlundr com o mais profundo pesar e incomensurável dor. E aguardaria pelo menos um mês para dispensar os homens livres e substituí-los por escravos recém-adquiridos. Seria apenas uma das muitas mudanças que esperava implementar. Mas seu primeiro ato como o novo hauld seria extinguir de uma vez por todas aquela tradição ridícula de negociar com os gigantes de Ymiria.

Falando em gigantes, aquela pequena e esquisita gigante estava olhando para ele quando chegou ao acampamento.

— O senhor viu Karn? — perguntou Thianna. Ori lançou-lhe um olhar hostil. — Vamos partir amanhã de manhã — explicou ela. — Achei que deveria dizer adeus.

— Meu sobrinho e meu irmão já partiram — mentiu Ori. — Korlundr decidiu voltar para a fazenda mais cedo, e Karn foi com ele.

— Sem se despedir?

— Tenho certeza de que ele nem perdeu tempo pensando em você — disse Ori. — Nós, norrønir, só nos relacionamos fora do nosso próprio povo quando há necessidade. Provavelmente você foi uma diversão agradável esta semana, mas não se iluda achando que ele vai voltar a pensar em você um dia.

Thianna fez menção de investir contra Ori e sorriu quando ele se assustou. Então, deu de ombros e foi embora. Ori fechou a cara enquanto a observava partir. Ele não conseguia ver de que modo ela poderia se tornar um problema. Mas era melhor prevenir do que remediar. Não gostava da ideia de ir contra toda uma aldeia de gigantes do gelo, ou até mesmo contra uma só gigante um tanto pequena. Mas o que afinal era essa criatura, com sua bizarra baixa estatura para uma gigante e pele azeitonada?

Olhando em volta para se certificar de que ninguém estava olhando, Ori retirou um chifre de sua mochila. Era menor do que o chifre que o pai de Thianna lhe dera, mas notavelmente parecido no feitio. Ori levou-o aos lábios e deu um único sopro. Nenhum som foi emitido, mas haviam lhe dito para não esperar qualquer ruído. Ao contrário da única vez em que Thianna tinha soprado seu próprio chifre, o som deste não foi ouvido por centenas de criaturas. Somente uma delas podia escutá-lo. E essa criatura não estava a milhares de quilômetros de distância. Não, senhor. Esta estava bem próxima.

CAPÍTULO NOVE

A caçadora

Os degraus finais até o Platô de Gunnlod eram a parte mais difícil de toda a subida. Largos e altos, construídos para gigantes e não para humanos, eles tinham sido esculpidos para parecer parte da rocha natural da montanha. Isso tornava difícil localizar os degraus se você não soubesse o que estava procurando, e eles eram ainda mais difíceis de utilizar se você tivesse menos de quatro metros de altura. Era dessa forma que os gigantes asseguravam que somente outros colegas gigantes pudessem visitar o platô.

Apesar de ser muito baixa para usar confortavelmente os degraus, Thianna conseguiu dar um jeito de estar à frente do grupo de gigantes quando já podiam avistar a sua morada. Estar entre os humanos havia sido uma experiência interessante.

Não tão desagradável como ela esperava, mas os gigantes não pertenciam às terras baixas de vales verdejantes; eles pertenciam aos picos altos e cobertos de neve. Ela estava feliz por estar de volta entre os seus e contente por retornar à vida como de costume. Embora não sentisse falta de Thrudgelmir, sentia muita falta de dar-lhe uma lição no Knattleikr.

Quando Thianna venceu o último degrau, seu pai de repente aprumou o corpo e parou abruptamente. Então, sua mão larga empurrou-a para trás dele de forma gentil, porém decidida. Ela tentou dar a volta, mas Eggthoda também se aproximou. Sem se dar por vencida, Thianna agachou-se e espiou por uma fresta entre as pernas dos dois.

Criaturas como nenhuma que ela já tivesse visto antes na vida, três delas batendo suas garras na neve. Elas sibilavam e botavam a língua para fora da cabeça de serpente e contorciam suas asas de couro semelhantes às dos morcegos, incomodadas com o frio.

— Que criaturas são essas? — perguntou Thianna, com os olhos arregalados.

— Nada que pertença a este lugar — respondeu o pai. Como não houve, de fato, uma resposta, ela cutucou as costas de Eggthoda.

— Wyverns — elucidou a gigante. — Répteis muito ruins. Fique quietinha, agora.

Atrás das bestas, paradas perto do ornamentado portão para as habitações de Gunnlod, Thianna viu três humanas — humanos no platô! Aquilo era inédito. Seu pensamento imediato foi o de que algumas das norrønir os seguiram desde o Baile dos Dragões. Mas como era possível que elas tivessem chegado ali primeiro? Além disso, bastaria um segundo para perceber que aquelas humanas não se pareciam nem um pouco com o pessoal da Fazenda de Korlundr. Aquelas recém--chegadas vestiam-se de forma estranha. Estavam armadas com espadas e lanças longas e protegidas por armaduras de bronze e couro preto. Usavam elmos também de bronze, com crinas negras, e mantos longos de pele.

-- Eggthoda -- disse o pai --, leve Thianna para longe daqui.

-- Pai? -- questionou Thianna.

-- Cuide para que ela não seja vista -- continuou Magnilmir. -- Vou ver o que consigo descobrir.

-- O que está acontecendo? -- perguntou Thianna.

-- Venha, Thi -- chamou Eggthoda.

-- Mas...

-- Você pode me ajudar a desfazer as malas -- disse Eggthoda, passando suas mochilas das costas para os ombros. A gigante as mantinha tapando Thianna, enquanto conduzia a garota apressadamente em direção ao portão, escondendo-a da vista das estrangeiras. Já dentro de casa, Eggthoda fechou rapidamente a porta.

-- As mulheres lá fora -- disse Thianna. -- Quem são elas?

Eggthoda a ignorou. Em vez disso, abriu ambas as mochilas e despejou o conteúdo sobre a bancada. Alimentos cuidadosamente embrulhados e artigos de madeira permutados com os norronir despencaram numa pilha. A gigante revirou os itens, jogando as canecas e recipientes esculpidos de lado, apanhando as carnes-secas e os legumes, seus próprios utensílios de cozinha, vestimentas, cobertas. Estes ela começou a empacotar novamente, acrescentando alimentos e outros suprimentos de seus aposentos.

-- O que está fazendo? Vai a algum lugar? -- Thianna quis saber.

— Eu não. Nós.

— Nós? Mas nós acabamos de voltar.

— Espero que não seja necessário, mas é melhor nos prevenirmos antes que seja tarde.

— Por quê? O que está acontecendo?

Nesse momento, Magnilmir entrou apressado no aposento. Seus olhos encontraram os da filha e Thianna viu a dor neles. Ele falou com Eggthoda.

— Faz tanto tempo. Nunca pensei que este dia fossse chegar.

— Pai, quem são aquelas humanas?

— Eu não conheço a raça delas, e elas simplesmente não vão esclarecer para a gente quem são. Mas, a cor da pele delas, com exceção da frieza nos olhos, me faz lembrar sua mãe.

Thianna possuía apenas lembranças nebulosas da mãe. Ela a conhecia mais como a figura imóvel sob o gelo no Salão dos Mortos do que como a mulher quente e afetuosa que a segurava quando ela era criança. Ainda assim, jamais iria esquecer o olhar sombrio que atravessava o rosto de sua mãe quando lhe perguntavam de onde ela viera. Ou o silêncio que se seguia. Se as estrangeiras eram do passado de sua mãe, elas deviam ser temidas, e não bem recebidas.

— O que elas estão fazendo aqui?

— Mais do que isso — corrigiu Eggthoda —, por que agora?

— Duas boas perguntas — disse Magnilmir. — E eu só consigo responder a uma delas e apenas parcialmente. Elas ouviram rumores de um gigante com metade do tamanho e a pele mais escura do que a de um norrønur ou a de um gigante de Ymiria. Gunnlod está alertando para que fiquem longe, na esperança de que elas vão embora. Mas teremos que confiar que toda a aldeia ficará em silêncio.

-- Thrudgeizinho -- Thianna cuspiu o nome.

-- Não colocará humanos acima de gigantes -- disse o pai. Mas Thianna sabia. Thrudgelmir não a considerava uma gigante. -- Vamos confiar que a aldeia ficará em silêncio e as estrangeiras irão arredar o pé daqui. Mas se chegar a isso, vou levá-las primeiro para a minha casa. Enquanto elas estiverem lá dentro... -- Sua voz sumiu, mas ele gesticulou para as duas mochilas.

Magnilmir se curvou e abraçou a filha. Thianna não pôde relaxar por medo de que seu pai a estivesse apertando nos braços pela última vez. Magnilmir soltou-a rápido demais, e então voltou lá para fora.

Eggthoda e Thianna agacharam-se na porta da frente. Elas tinham aberto só uma frestinha da porta. Palavras raivosas ressoaram do platô lá fora. Thianna estava comovida que Gunnlod não a entregara. A velha líder nunca havia sido particularmente amigável, mas sua proteção significava que ela devia considerar Thianna como um verdadeiro membro da aldeia. Quanto a Thrudgelmir, ela não tinha tanta certeza. Até agora, os olhares severos de Gunnlod tinham conseguido manter sua boca grande fechada. Quanto isso iria durar, Thianna não sabia dizer. Não por muito mais tempo, seria o seu palpite.

O tom das vozes do lado de fora se elevou até que elas se transformaram em gritos. Vários dos gigantes levaram as mãos ao cabo de suas clavas. Thianna sentiu que Eggthoda estava tensa.

-- Chega dessa bobagem e conversa fiada! -- gritou a líder das estrangeira. Suas duas companheiras puxaram com agilidade suas longas lanças das costas e giraram-nas com firmeza, apontando-as ameaçadoramente para a frente.

— O que elas estão fazendo? — perguntou Thianna.

— Sendo tolas — sussurrou Eggthoda. — Essas coisas são muito longas para se saírem bem num combate tão próximo. E duas contra uma aldeia inteira não constitui vantagem para elas. Mesmo que não sejam tão pequenas.

Thianna não tinha tanta certeza disso. As estrangeiras pareciam soldados, e soldados não estariam dispostos a entrar numa situação que não achassem que poderiam controlar.

Foi então que fogo explodiu das pontas das duas lanças. Ambas as estrangeiras baixaram-nas até o chão e acenderam um meio círculo de chamas que continuava a queimar mesmo tendo atingido a neve. Vapor assobiou e subiu no ar em nuvens brancas. Os gigantes cambalearam para trás, alarmados pelo calor indesejável.

— Sabemos que há uma mestiça entre vocês — disse a líder, enquanto o fogo crepitava ao redor dela. — A mãe dela é da nossa raça e do nosso povo. Entreguem-na para nós e podemos deixar o restante de vocês em paz. Deixem-me irritada, e vão se arrepender.

Uma das lanças foi erguida e apontou diretamente para o rosto de Thrudgelmir.

O medo de Thianna misturou-se com desprezo quando viu o jovem gigante acovardando-se. Então seu rosto endureceu-se.

— Estrume de troll! — ele desembuchou. — Ela não pertence mesmo a este lugar. Nunca pertenceu.

A líder das estrangeiras sorriu.

Magnilmir virou-se e correu para a porta de sua casa.

— Atrás dele! — a líder das estrangeiras ordenou.

Thianna quase correu para lá também, mas Eggthoda a deteve.

-- Ele quer que elas o sigam -- a gigante explicou. -- Agora. -- Eggthoda ergueu as duas mochilas e colocou uma delas nos braços de Thianna. Juntas, elas saíram pela porta.

E ficaram cara a cara com Thrudgelmir.

Thianna o encarou. Nunca um amigo, quase sempre um tormento. Mas ser rivais no Knattleikr não significava serem inimigos na vida, não é?

-- Você nunca pertenceu a este lugar -- acusou o gigante. Então, ele gritou: -- Ela está aqui!

Eggthoda golpeou-o na cabeça com sua clava. Ele desabou como uma pedra. No entanto, era tarde demais. As estrangeiras deram meia-volta.

-- Lá está ela! -- gritou a líder das estrangeiras.

Uma wyvern levantou uma onda de neve quando aterrissou na frente dela. Até mesmo Eggthoda recuou diante do rosnado da cabeça de serpente. As outras duas bestas desceram do céu de ambos os lados. Elas estavam cercadas.

-- Me siga! -- gritou Thianna. Ela correu para a caverna de Eggthoda. Thianna derrapou para parar na porta dos fundos do lugar, detendo-se apenas tempo suficiente para puxar o pesado ferrolho e empurrar a porta, abrindo-a. Ela se apressou em direção à rede de cavernas naturais sob a montanha.

-- Você não pode ir por aí! -- Eggthoda berrou quando viu o caminho que Thianna estava tomando. -- Está correndo direto para elas!

-- Não há o que fazer! -- Thianna gritou. -- Tenho que pegar uma coisa. Não vai demorar.

Ela empurrou a porta dos fundos de sua casa, abrindo-a, e agradeceu ao Finado Ymir por não estar trancada. Ela podia ouvir a voz furiosa de seu pai gritando com as intrusas nas cavernas da frente.

Thianna caminhou na ponta dos pés, sem se atrever a respirar.

Dentro de seu quarto, ela foi até onde estavam os seus esquis e bastões, levantando-os o mais cuidadosamente que pôde, tentando evitar que se chocassem uns contra os outros.

Ela estava quase alcançando a porta dos fundos quando a líder das estrangeiras se virou.

— Olha ela ali! — a mulher gritou.

— Esterco de troll! — Thianna cuspiu. Não havia mais necessidade de precaução. Ela saiu em disparada

Eggthoda estava a postos na porta dos fundos de Magnilmir. Assim que a líder a alcançou, a gigante bateu a pesada porta de pedra bem na cara dela.

Thianna parou num ponto na borda onde a encosta se estendia até um córrego numa inclinação menos acentuada do que em outros trechos.

— O córrego — ela gritou para Eggthoda, que a estava alcançando na borda. — Onde ele deságua? — Thianna depositou os esquis no chão e encaixou os pés neles, predendo-os em suas botas.

— Do outro lado da montanha — respondeu Eggthoda. — Mas a passagem é muito estreita para um gigante.

— Sim, muito estreita para um gigante — disse Thianna com um sorriso irônico. — Talvez não tão estreita para uma mísera humana.

— Não tem como você ter certeza disso.

— Também não tem como eu não ter.

— A água é muito fria pra você nadar nela.

— Eu sei. É por isso que você vai congelá-la.

Acima delas, ouviram o som da porta dos fundos de Magnilmir sendo escancarada com um estrondo.

Thianna partiu, esquiando pela encosta. Eggthoda escorregou morro abaixo desajeitadamente atrás dela.

-- Thi, isso é loucura.

-- Eu sei -- disse Thianna. -- Rápido!

Eggthoda agarrou Thianna num abraço apertado. Então, a gigante ajoelhou-se e colocou as palmas das mãos sobre o córrego.

-- Skapa kaldr, água em gelo, skapa kaldr. Skapa kaldr, água em gelo, skapa kaldr.

Ouviram-se estalos fortes à medida que o fundo do córrego congelava.

-- Não vai durar muito tempo -- advertiu Eggthoda. -- Não sou uma feiticeira tão poderosa assim. Você não vai conseguir parar.

-- Não posso mesmo parar -- disse Thianna.

Eggthoda retirou uma pedra de fósforo de sua sacola. E a amarrou num pedaço de corda.

-- Para iluminar o túnel -- explicou ela, pendurando a corda em volta do pescoço de Thianna.

Thianna assentiu; e então se mandou.

-- Pare! -- gritou uma voz lá do alto.

Thianna não se atreveu a olhar para trás. Esquiar sobre gelo sólido era muito difícil.

-- Eu vou atrasá-las -- Eggthoda berrou atrás dela.

Thianna engoliu em seco, odiando o fato de ser a responsável por aquela invasão. Ela arquejou quando o córrego congelado tomou a forma de uma pequena cascata. Pairou no ar por um instante; então seus esquis atingiram o gelo novamente com um impacto de fazer bater os dentes.

Ouviu um rugido e sentiu o calor atrás dela. Chamas rodopiavam à sua volta. Sua mochila devia estar chamuscada, talvez até pegando fogo.

— Estou dizendo para parar! — gritou novamente a mulher. — Pare!

Mas Thianna já estava fazendo uma curva no córrego. Ele se tornava abruptamente íngreme agora, fluindo para dentro da boca do túnel que o levava para fora das cavernas e até o coração da montanha. Ela levaria as estrangeiras para longe do Platô de Gunnlod. Pagaria qualquer preço para proteger seu lar. Deslizando sobre o gelo escorregadio mais rápido do que jamais havia esquiado, lançou-se para o desconhecido.

CAPÍTULO DEZ

A fuga

Thianna deslizava morro abaixo. A neve que caía, combinada com as nuvens que pairavam sobre a montanha, contribuía para as baixas luminosidade e visibilidade. Ela voava em altíssima velocidade num campo completamente coberto de neve, todo branco, em que nada fazia contraste com nada. Thianna era uma esquiadora intuitiva, no entanto. Ela conseguia ler o terreno através da sensação de seus pés. Depois de esquiar no escuro num córrego congelado, aquilo ali era moleza para ela. Além disso, a neve espessa significava que uma queda ocasional não doeria, e o manto de nuvens iria protegê-la de suas perseguidoras. Mas, com o passar do dia, as nuvens iriam se dispersar, deixando-a visível. Felizmente, conseguiria colocar uma considerável distância entre ela e o Platô de Gunnlod até lá.

Nesse meio-tempo, o esforço físico pesado mantinha sua mente desligada da magnitude do que estava fazendo. E a impedia de pensar muito sobre a dor de sair de casa, a preocupação por seu pai, e a emoção, ela tinha que admitir, de ter conseguido sair viva da travessia da montanha.

Thianna passara a maior parte da noite viajando sob a rocha até que tinha saído na encosta da montanha oposta. O gelo induzido magicamente por Eggthoda desembocava ao ar livre, e apenas o som de água corrente a havia alertado para o mergulho da catarata adiante.

Pelo menos, ela não precisava se preocupar com qual direção tomar. Bastava descer. Descer a colina. Tão longe e tão rápido quanto pudesse ir. Qualquer coisa para afastar as estrangeiras do Platô de Gunnlod e daqueles que amava. Thrudgelmir estava certo ao dizer que seu lugar não era ali. Embora não entendesse exatamente como, Thianna sabia que era por sua causa que a aldeia tivera problemas.

Ela acabaria por precisar encontrar alimento, bem como abrigo contra o frio. Esta última preocupação não era um grande problema para uma gigante do gelo. Alimentos consistiam um desafio maior. Não crescia muita coisa naquela altitude. Teria que caçar se quisesse comer alguma coisa. E tudo que tinha era uma espada de madeira.

Karn bateu de cabeça contra um muro de pedra. Ele cambaleou para trás, tirando a terra do rosto.

Teria parado antes de colidir, se não estivesse tão cansado. Karn não tinha ideia de quanto tempo havia passado. Ele correra pelo que lhe pareceram dias, fugindo dos draugs através da mata fechada. Eles não eram especialmente rápidos, mas

Snorgil, Rifa e Visgil eram incansáveis. Não paravam para descansar ou por qualquer outro motivo, e Karn também não podia parar.

Os Mortos Ambulantes chegaram perto uma ou duas vezes, quase perto o suficiente para pegá-lo. Mas ele sempre conseguiu se safar. Analisou o muro. Não era muito alto, tinha talvez apenas quatro ou cinco metros. Karn procurou por pontos de apoio na face da rocha e, em seguida, olhou para as árvores próximas, decidindo se fazia mais sentido escalar ou correr.

Um galho estalou na floresta atrás dele. Karn congelou.

- - Silêncio, Rifa! - - sussurrou uma voz que Karn adivinhou ser de Snorgil. - - Você faz barulho suficiente para acordar os mortos.

- - Tenho novidades para você, Snorgil - - Rifa sussurrou de volta. - - Nós *estamos* mortos.

- - Então você faz barulho suficiente para me acordar.

- - Mas, Snorgil, você *está* acordado.

Em seguida Karn escutou o som que um punho de osso seco poderia fazer se estivesse socando o nariz carcomido de alguém.

- - Ai! -- disse Rifa. - - Por que fez isso?

-- Você sabe muito bem - - disse Snorgil. - - Agora, fique quieto ou vai receber outro desses.

Passadas começaram a triturar a vegetação rasteira. Os draugs estavam se aproximando. Não havia mais tempo para Karn tentar escalar a rocha ou uma árvore. Virando-se para a direita, ele correu o mais silenciosamente que podia, movendo-se de forma perpendicular à parede. Infelizmente para Karn, o mais silenciosamente que podia ainda fazia bastante barulho. Galhos e folhas rangiam, soando aos seus ouvidos como rajadas explosivas no ar parado.

- - O que é isso? - - Snorgil gritou: - - Garoto, é você?

Karn abandonou qualquer pretensão de silêncio e dobrou o ritmo.

— A-há! — um dos draugs gritou. — O caminho está bloqueado. Nós o pegamos. — O draug tinha encontrado o muro.

— Já não era sem tempo — disse Snorgil. — Meus pés estão me matando.

— Mas Snorgil...

— E não me diga que eu já estou morto, a menos que você queira levar outro soco. Eu não me esqueci.

Os três Mortos Ambulantes estavam se aproximando de Karn. Ele corria o mais rápido que podia agora. E francamente não sabia de onde tirava energia.

— Acho que estou vendo o menino! — gritou Snorgil. — Continue correndo, rapaz. Esgote-se por completo e fique sem forças para lutar. Assim será mais fácil capturá-lo quando o alcançarmos.

Karn baixou a cabeça e acelerou o ritmo. O draug provavelmente falava a verdade. Este era realmente o seu fim. Um jeito estúpido de morrer, ali sozinho, no meio do nada.

De repente, o muro de rocha à sua direita mergulhou num declive. Uma saliência natural formava uma caverna rasa na pedra. O pulso de Karn acelerou. Havia uma figura de pé contra a parede oposta. Karn gritou de surpresa e tropeçou no chão. Os Mortos Ambulantes o ouviram gritar e comemoraram animadamente.

Poriam as mãos nele em questão de segundos. Não havia tempo para fugir. Rolando, Karn bateu os calcanhares na terra e foi engatinhando de costas para o abrigo de pedra, em direção à figura. Ele tinha esperança de que, quem quer que fosse, estivesse do seu lado. De qualquer maneira, não podia virar as costas para os draugs. Karn ergueu a espada de seu pai diante de si, embora mal soubesse o que iria fazer com ela.

Sua cabeça bateu na pedra dura. Olhando para cima, viu a figura sobre ele. Uma estátua.

Os draugs entraram em seu campo de visão. Eles pararam diante do abrigo de pedra, suas cabeças podres balançando para a frente e para trás.

Karn congelou. A qualquer segundo, ele esperava que fossem atacar. Ele segurou a Clarão Cintilante à sua frente, tentou manter-se firme de pé, mas seus braços tremiam e suas pernas não tinham mais forças.

Ainda assim, os draugs não atacaram. Snorgil virava o pescoço de um lado para o outro, com uma expressão perplexa em seu rosto podre. Seu olhar passou por cima de Karn onde ele se encontrava aos pés da estátua, e não se deteve. Como se ele não a pudesse ver e nem ao menino também.

- - Para onde ele foi? - - perguntou o draug. Ele ergueu o nariz no ar e farejou. - - Eu nem ao menos sinto o cheiro dele.

- - Isso é porque você fede, Snorgil - - disse Rifa. - - A sua própria podridão abafa todo o resto. De qualquer forma, é uma coisa boa que seu nariz não venha funcionando direito há anos ou você saberia.

- - Como está o *seu* nariz, então? - - perguntou Snorgil.

- - Muito bem, obrigado por perguntar.

O punho de Snorgil triturou o nariz de Rifa, que gritou alto.

- - E agora? - - perguntou Snorgil. - - Como ele está agora? Visgil riu até Snorgil dar-lhe um soco também.

- - Espalhem-se e encontrem o menino - - ele ordenou.

- - Relaxe, Snorgil - - disse Rifa. - - Ele não pode estar longe.

- - Então onde ele está? - - perguntou Snorgil.

— É como se simplesmente tivesse sumido no ar — disse Visgil.

— O azar é só nosso se ele tiver escapado — reclamou Rifa.

Com seus rostos em decomposição estampando frustração e perplexidade, os três Mortos Ambulantes seguiram em frente, e nenhum deles sequer olhou na direção de Karn. Eles realmente não o tinham visto. Karn não podia acreditar na sua sorte.

Depois que o som dos passos deles se extinguiu, Karn sentou-se devagar e olhou em volta. Ele viu que a estátua erguia-se sobre um pequeno pedestal. Nele, encontrou uma crosta de cera de velas derretidas havia muito tempo e um monte de moedas enferrujadas e flores murchas. Aquilo era um santuário. A paisagem de Norrøngard estava repleta deles. Alguns tinham centenas de anos. Karn tratou logo de se levantar, ansioso para evitar transtornos às oferendas a um deus.

Já de pé, viu o olhar enigmático esculpido no rosto da figura: meio sorriso, meio cenho franzido. Então reparou no tabuleiro de jogo enfiado debaixo de um braço de pedra da estátua, e as bolotas de carvalho na palma da outra mão. Eram os símbolos do azar e da boa fortuna.

A estátua era de Kvir, o deus inconstante da sorte. Diziam que Kvir franzia a testa ou sorria para alguém segundo seus caprichos. De alguma forma, aquele santuário o tinha escondido da vista dos draugs. Karn caiu de joelhos em sinal de gratidão, olhando para o rosto de pedra acima dele. Ele percebeu então que havia se ajoelhado do lado carrancudo da estátua. Foi quando ele ouviu o uivo do lobo.

O grito que cortou o ar a fez estremecer. Devia ter sido bem alto, já que dera para escutá-lo mesmo com o vento zunindo nos seus ouvidos. As wyverns estavam lá no alto, apenas silhuetas escuras contra o céu branco acinzentado, mas elas haviam começado a descer, seguindo seu rastro. Ela havia sido localizada.

A jovem gigante estava descendo uma encosta aberta a toda velocidade. É claro que era fácil detectá-la. Não havia cobertura. Seus cabelos e roupas escuros deviam se destacar na larga encosta branca. Sua única esperança residia na velocidade, a máxima que conseguisse imprimir. Ela abaixou-se para acelerar, mantendo as pontas de seus esquis traçando uma reta no declive. Lembrou-se de algo que seu pai dizia: sorte é uma coisa, atos de bravura outra bem diferente. Bem, pai, pensou ela, vou precisar de um pouco das duas coisas. Foi então que não teve tempo para pensar em mais nada.

Thianna deslizava velozmente montanha abaixo. Topou com uma pequena elevação - - o que chamavam de *mugl*, ou seja, um "montinho". Seus esquis deixaram o chão; em seguida, ela fez um pouso forçado na neve compactada. Thianna tentou manter as pernas dobradas e flexíveis para absorver o impacto, mas ainda assim os dentes cerrados entrechocaram-se dolorosamente. Cada monte em seu caminho enviava choques através de seu corpo, mas ela não se atrevia a contorná-los. Tinha que permanecer em linha reta. Tinha que continuar rápida. E, acima de tudo, não podia - - não ousaria - - cair.

Era enlouquecedor: Thianna sabia que as wyverns estavam em sua cola, mas não fazia ideia de quão perto estavam. Não conseguia parar de imaginar as garras de couro descendo do céu direto em seu pescoço, ou um jato de fogo incinerando-a e deixando seus ossos carbonizados no solo branco.

Então, ela viu algo pior. Uma garganta à frente. Um fiorde estreito, esculpido por uma geleira antiga. Estava esquiando em direção a um penhasco que se estendia até onde sua vista alcançava, da direita para a esquerda. Ela teria que parar antes da borda, e então ficaria exposta e vulnerável, e sem o impulso do deslizamento em declive. As wyverns iriam alcançá-la facilmente, encurralando-a com o desfiladeiro atrás de si.

Thianna tinha feito pequenos saltos antes, mas nunca tentara atravessar um abismo tão grande como aquele à sua frente. Ela sabia que não tinha velocidade suficiente.

Pensou nos encantamentos de Eggthoda.

Thianna agachou-se ainda mais e tocou a madeira dos esquis.

— Skapa kaldr skapa kaldr skapa kaldr — murmurou. Só precisava invocar frio o suficiente para congelar a madeira de seus esquis e formar uma fina camada de gelo embaixo deles.

— Skapa kaldr skapa kaldr skapa kaldr — ela entoou.

Os esquis dispararam para a frente. Ela parecia mais uma avalanche do que uma garota quase voando na direção de um abismo. Atrás dela, os gritos frustrados das wyverns lhe revelavam quanto estavam perto. E, então, a borda do desfiladeiro estava diante dela.

Por um instante de tempo congelado, Thianna se manteve no ar. Olhando para baixo entre seus esquis, ela viu a água correndo no abismo do fiorde lá embaixo.

Os esquis bateram no chão no lado oposto. Thianna soltou um grito de vitória — um grito longo, selvagem, triunfante.

Pouco mais à frente, uma visão bem-vinda. Ela havia alcançado a borda da floresta. Árvores significavam proteção. Mergulhou na floresta enquanto as wyverns irritadas rugiam. Ela ouviu os gritos de uma amazona enquanto sua montaria se esforçava para não colidir com o paredão de árvores. Thianna teve que concentrar toda a sua atenção para ziguezaguear pelo exíguo espaço entre os troncos das árvores. Esquiar na floresta fechada era perigoso. Havia o risco de ela bater numa árvore e quebrar um osso, ou coisa pior; e também havia a vegetação rasteira, pedras e raízes, que podiam prender um esqui e arrancá-lo de seu pé, lançando-a de cabeça num tronco. Mas ziguezaguear de esquis por entre as árvores não era nada se comparado a se esquivar das wyverns. E pelo menos por enquanto, ela iludira suas perseguidoras.

Karn acabara chegando mais ao norte do que tinha planejado. As cores douradas da estação em mudança foram dando lugar aos brancos e cinza do sopé coberto de neve da cordilheira de Ymir. As árvores alpinas e a grama verde foram substituídas por afloramentos rochosos e tundra. Os pés de Karn escorregaram mais de uma vez no chão gelado enquanto subia a encosta.

Ele sabia que viajar em direção a temperaturas mais frias provavelmente não era a ideia mais inteligente, mas, por ora, Karn simplesmente tinha que seguir em frente. Ir para bem longe. O que ele iria fazer e aonde iria quando estivesse livre de lobos e dos Mortos Ambulantes, bem, ele iria resolver quando chegasse a hora.

Karn tinha a vaga noção de que poderia encontrar uma caverna para se esconder ou talvez um promontório em cujo topo ele pudesse ficar para se defender. Imaginou-se bem no alto, em cima de uma grande pedra, arremessando longe as cabeças dos draugs e os focinhos dos lobos com a espada de seu pai, a Clarão Cintilante. Era uma imagem heroica. Mas não muito provável. Não quando ele estava tremendo tanto que mal conseguia controlar as mãos. Se ao menos o seu pai estivesse ali com ele.

Seus olhos começaram a lacrimejar e não era só por causa do vento frio. Lutou para reprimir as lágrimas.

— A culpa é minha! — ele gritou para as montanhas.

Ele havia despistado os draugs no santuário de Kvir. Pelo menos essa grande sorte ele tivera. Mas os lobos... os lobos eram mais difíceis de enganar. A alcateia continuava seguindo-o. As feras permaneciam fora de vista a maior parte do tempo, e sempre longe do alcance de uma boa pedrada, mas eles não estavam desistindo nem indo embora.

Os pés de Karn escorregaram novamente quando algumas pedras soltas se deslocaram sob suas botas. Isso o fez cair de cara no chão gelado da encosta. Ele cuspiu a neve e o cascalho da boca. Estava tão cansado que quase não conseguiu se levantar. Mas deitado imóvel por um momento, ele pôde ouvir ruídos suaves, amortecidos, que não provinham dele próprio.

Karn se virou. Havia um lobo logo ali perto, na base da encosta. Karn desejou ter um bom arco ou até mesmo uma lança. Ele não se iludia achando que sua espada lhe seria de grande utilidade contra o bando. Sua mão procurou outra pedra solta. Ele encontrou uma e atirou-a no lobo, acertando com força o chão atrás dele. Ele errou o lobo, que, no entanto, saltou para longe com um ganido. Entretanto, mais dois lobos apareceram no sopé. Isso era ruim.

Karn atirou mais pedras enquanto se levantava e corria. Começou a subir a encosta, mas o terreno era difícil e isso o tornava lento, e os lobos não foram ficando para trás desta vez.

À frente, Karn avistou um abeto solitário agarrando-se à encosta da montanha. Era sua única opção. Atrás dele, os lobos devem ter percebido a mesma coisa. Eles arremeteram.

Karn fincava os pés com força no terreno escorregadio. Se ele caísse, tudo estava acabado. Mas ele não caiu.

Aproximando-se do abeto, Karn saltou para agarrar o ramo mais baixo, seus dedos frios dando um jeito de se agarrarem à casca incrustada com gelo. Usando as últimas reservas de suas energias, Karn se arrastou para cima enquanto o líder do bando se chocava contra o tronco abaixo dele, com força suficiente para sacudir os ramos e fazer cair uma chuva de gelo em sua cabeça peluda. Karn estendeu a mão para os galhos mais altos, enquanto o lobo saltava abaixo dele. Dentes estalaram um palmo abaixo de seus pés enquanto ele subia mais alto na árvore.

Karn sabia que seus problemas estavam longe de terminar. Abaixo dele, a alcateia começou a circular. Os lobos sabiam que, mais cedo ou mais tarde, ele teria que descer. Karn estava numa armadilha.

Karn observou os lobos. Eles se enroscavam entre si enquanto andavam ao redor da árvore. Seus movimentos eram graciosos, fluidos. Majestosos. Ótimo, pensou Karn, mas ser devorado por animais majestosos não é melhor do que ser comido por trolls.

Ele enganou o troll. Talvez pudesse enganar os lobos. Karn estudou o bando. Dois eram visivelmente maiores, um macho e uma fêmea. Ele observou como os outros lobos pareciam acatar as sugestões dos dois. Estes deviam ser o macho alfa e a fêmea alfa. Os outros lobos eram seus filhotes. Eles iriam seguir a liderança dos alfas.

Ele não conseguiria afugentar o bando inteiro, mas talvez pudesse afastar os alfas. Se ao menos tivesse algo para atirar neles. Examinou a árvore de abeto, procurando pinhas que ele pudesse arremessar contra os lobos, mas já era tarde demais no ano, muito frio na montanha. Infelizmente, os abetos ali perdiam folhas e frutos uma vez ao ano, e suas pinhas já haviam se desprendido e caído. Se ao menos ele houvesse escalado um pinheiro ou um abeto-vermelho, então teria algo duro e afiado que poderia atirar nos lobos. Ali, no abeto, ele não tinha nada.

Com uma sensação de desalento, Karn percebeu que tinha algo que poderia jogar. Se ao menos ele pudesse suportar fazê-lo.

Relutantemente, abriu sua mochila e mergulhou a mão em seu interior. Correu os dedos ao longo das peças geladas, sentindo a textura do mármore e do osso de baleia. Odiava a ideia de ter que se despedir de qualquer uma das peças.

Ele se perguntou o que seria mais fácil de substituir, o osso de baleia ou o mármore. Havia menos mármores, apenas nove defensores para dezesseis atacantes. Mas o mármore era mais pesado.

Karn suspirou e ergueu uma donzela escudeira de mármore até a altura dos olhos. Então, ele olhou para os olhos famintos do lobo macho alfa.

— Espero que você reconheça o meu sacrifício.

Karn colocou todo o ressentimento por ter que arruinar o valioso Tronos & Ossos em seu lançamento. Ele atirou a donzela escudeira com força. O golpe certeiro atingiu o lobo bem no focinho. Ele ganiu e pulou para trás.

— Espero que saiba que isso dói mais em mim do que em você! — Karn gritou. Ele pegou outra donzela escudeira e atirou-a com força no lobo.

Desta vez, o animal viu o objeto se aproximando e se esquivou rapidamente para o lado. A peça do jogo afundou diretamente num banco de neve, e desapareceu.

- - Ah, pelo amor de Neth! - - rugiu Karn, que geralmente não era dado a esse tipo de expressões. - - Se for para eu jogar fora minhas estimadas peças, o mínimo que você pode fazer é ter a decência de não sair do lugar.

Com a peça seguinte ele foi mais cuidadoso. Tirou-a da mochila lentamente, mantendo-a escondida na palma da mão em concha. Depois, fingiu ignorar o lobo. Ele se arrastou um pouco no galho, tentando mudar seu ângulo. Então, arremessou.

O golpe sólido do mármore duro produziu um ruído bem audível quando atingiu o lobo na coxa. Desta vez, o animal uivou de dor, perdendo seu ar de tranquilidade. Vários dos lobos mais jovens olhavam para ele com perplexidade.

- - É isso aí! - - disse Karn. - - O grande lobo mau não parece tão durão agora, não é?

Karn ouviu um rosnado logo abaixo dele. A fêmea alfa tinha chegado até o tronco da árvore. Ela parecia mais perigosa ainda do que o macho.

- - Normalmente, não gosto de lutar com as damas - - disse Karn - -, mas, dadas as circunstâncias, vou fazer uma exceção.

O seguinte arremesso acertou-a em cheio no focinho.

- - Toma essa! - - ele comemorou, saltando sobre o galho. Foi muito peso estando ele tão afastado do tronco. O galho se partiu.

Por um instante, Karn sentiu a queda livre; mas logo em seguida, agarrou outro ramo. Os lobos saltavam a seus pés, agora que se encontrava pendurado ao alcance deles. Karn sentiu um deles roçar a sua bota.

Subiu com dificuldade.

— Ok, não vou tentar isso de novo.

Ele colocou as costas contra o tronco e certificou-se de apoiar os pés firmemente em dois galhos. Segurando-se com uma das mãos, ele atirou mais duas donzelas escudeiras numa rápida, porém, precisa sucessão.

Desta vez, tanto o macho como a fêmea fugiram. A vitória de Karn foi de curta duração. Eles voltaram imediatamente. Mas dava para ver que não estavam tão confiantes.

Mais uma donzela escudeira em cada um. Dois golpes certeiros. Os lobos estavam ganindo agora. E ele estava sem donzelas escudeiras.

Com relutância, Karn tirou o Jarl da bolsa. Era um pedaço de mármore maior, o destaque de sua coleção. Mas havia um certo sentido em usar o macho alfa de seu jogo para derrotar o macho alfa dos lobos. Karn mirou. Não, não no macho alfa. A loba era a mais dura, a mais perigosa dos dois. Lobos não eram como pessoas. Mas aí, Karn pensou em Thianna, lembrando-se da garota durona meio-gigante. Talvez lobos fossem como pessoas. Lembrou-se da lição de Gindri sobre como seus próprios pressupostos poderiam cegá-lo. Ele mirou na fêmea alfa.

Caprichou no impulso do Jarl. Aquela peça o havia servido bem em centenas de jogos. Ela o serviria bem ali também.

Soltando um ganido, a fêmea alfa se virou e fugiu. Detendo-se apenas um segundo pelo choque de vê-la partir correndo, o macho alfa disparou atrás dela. O restante do bando logo os seguiu.

Ele havia conseguido. Os lobos estavam batendo em retirada.

Karn esperou um longo tempo antes de descer da árvore. Estava escurecendo quando ele se pendurou no galho mais baixo e deixou-se cair, seus pés esmagando a neve. Escavou a neve espessa, na esperança de encontrar suas peças do jogo, mas só conseguiu encontrar duas das oito que tinha atirado, e nenhuma das duas era o Jarl. O Jarl estava perdido para sempre. Então, ele deu mais uma olhada em todas aquelas marcas de patas na neve. Sua perda poderia ter sido muito pior.

CAPÍTULO ONZE
A vastidão desolada

Thianna sentou-se encostada na casca áspera de uma árvore. O anoitecer estava chegando rapidamente, e ela queria fazer um balanço do conteúdo de sua mochila antes do anoitecer. Tirou dali um pequeno saco de avelãs e apoiou-o com cuidado numa perna. Em seguida, tirou uma faca. Ótimo! Faca era um instrumento essencial. Alguns utensílios de cozinha. Legumes de raiz. Ela encontrou uma perna de cabra inteira assada, envolta em peles, o que a deixou com água na boca. Mas precisava racionar suas provisões; não sabia quanto tempo seus suprimentos teriam que durar. O máximo de tempo possível, obviamente. Havia uns bocados gordurosos de carneiro não tão apetitosos como a cabra, mas estômagos famintos não se dão ao luxo de serem exigentes. Dois pequenos seixos que eram quentes ao toque e tinham o carimbo das Montanhas de Dvergria sobre eles. Um pedaço de corda. Um queijo redondo pequeno, sem dúvida da Fazenda de Korlundr. Thianna teve que sorrir para isso. Eggthoda realmente conseguira trazer um pouco de queijo para casa. Nenhum dos queijos de Magnilmir tinha sobrevivido à viagem de volta. No fundo da mochila havia um saco de dormir embrulhado e um cantil vazio. E essa era a soma total de sua riqueza.

Thianna guardou cuidadosamente todos os seus escassos suprimentos, colocando o saco de dormir no topo, pois, do jeito que estava cansada, precisaria dele logo logo, e então pôs-se de pé com relutância. Colocou a mochila nas costas e, em seguida, arrancou seus esquis da neve onde ela os havia fincado. Amarrou-os juntos e pendurou-os no ombro.

Subir um morro coberto com neve espessa — até mesmo suas longas pernas afundavam até as canelas — era uma tarefa árdua. Na metade da subida, ela cedeu à sua fome crescente. Uma hora e um saquinho de avelãs depois, ela acabou alcançando o cume. Lá, encontrou uma pequena fenda abaixo da borda da colina onde poderia descansar durante a noite.

Usando um pouco de seu precioso queijo e alguns ramos, Thianna passou um bom tempo preparando armadilhas para pequenos animais. Voltando à fenda, cavou a neve em volta e construiu um muro bem diante da entrada, tanto para aprisionar o calor quanto para ocultá-la. Desdobrando o seu saco de dormir, ela se acomodou para passar a noite. Depois de uma semana acampada no Baile dos Dragões, dormir dessa forma já não lhe parecia tão difícil, embora estivesse sozinha e preocupada com o pai e Eggthoda. Sua fuga havia colocado as estrangeiras em seu encalço, por isso esperava que elas não tivessem retornado à aldeia. Ela se perguntou o que, afinal, queriam dela, então pegou no sono, exausta.

Thianna acordou uma vez, durante a noite. Olhando através da pequena fenda o céu noturno, pôde ver a lua de Manna e sua irmã mais nova. De repente, um vulto escuro passou voando pela face brilhante de Manna. Uma wyvern. Mas apenas uma. Suas perseguidoras deviam ter se separado para procurá-la. Elas deviam pensar que dessa forma aumentariam suas chances de capturá-la. Estavam erradas. Isso criava igualdade de condições.

Karn estava morrendo de fome, sede, cansaço e frio. Havia horas ele vinha tropeçando pela neve, a maior parte do tempo em torpor. Não avistara mais lobos nem os draugs, porém, quase não tinha visto outras coisas também. Não tinha comida e nem suprimentos.

Quanto à sede, pelo menos, ele achou que poderia fazer algo a respeito. Pegou um punhado de neve e enfiou-o na boca. Era gelada demais, tão gelada que chegava a doer, mas o calor de sua boca logo derreteu a neve. E com isso ele conseguiu uma pequeníssima quantidade da preciosa água que tanto necessitava. Meteu mais punhados de neve sobre a sua língua, na esperança de obter água derretida suficiente para saciar sua sede.

O que ele conseguiu foi dentes batendo e uma língua congelada. Karn tirou da bolsa uma pederneira e um saquinho contendo musgo seco, e depois usou as mãos dormentes de frio para quebrar galhos e ramos suficientes para uma fogueira. Foi uma luta acender a madeira fria, mas ele sabia que, se não fizesse isso, logo perderia os sentidos, de um jeito ou de outro. Se desmaiasse antes que o fogo fosse aceso, poderia não acordar mais.

Thianna viu a fumaça no alto de um morro. Nada ali onde estava iria pegar fogo e queimar por si só. Fumaça significava algo feito por mãos humanas ou de gigantes. Ela se deu conta de que poderiam ser suas perseguidoras, mas talvez não. E se elas tivessem aterrissado, a filha do gigante do gelo tinha certeza de que poderia avistá-las primeiro. Sem perder tempo, apontou seus esquis na direção do fogo.

Não demorou muito para que visse a fonte da fumaça. Uma figura solitária estava encolhida e debruçada sobre o que restara de uma pequena fogueira. O fogo parecia ter-se apagado recentemente, sendo a nuvem de fumaça escura o seu último suspiro enquanto as chamas cediam ao frio.

Thianna não avistou nenhuma wyvern nas proximidades. A figura não estava trajando a estranha vestimenta de suas inimigas, mas usava os couros e as peles de um norrønur. Já era surpreendente que alguém estivesse sozinho naquela vastidão gelada, mas não tão surpreendente quanto o que aconteceu em seguida. Enquanto ela observava, a figura ajoelhada diante do fogo caiu. E ficou ali deitada na neve, imóvel.

Bufando de raiva, Thianna desceu esquiando o restante do caminho encosta abaixo. Ela viera à procura de ajuda para si mesma, não para salvar algum maluco idiota sem o mínimo bom senso para ficar longe do frio da cordilheira de Ymir.

Entretanto, alguma coisa era familiar naquele maluco idiota. Thianna virou-se bruscamente, derrapando até parar.

Ela deu um passo para fora dos esquis e fincou-os na neve verticalmente para evitar que saíssem deslizando ladeira abaixo. Thianna se aproximou da silhueta imóvel.

-- Olá? -- Não houve resposta. -- Ei, você está bem? -- Sentiu um calafrio que não tinha nada a ver com o clima. Quem quer que fosse poderia estar além de qualquer ajuda.

Cautelosamente, ela estendeu a mão e cutucou as costas daquela figura emborcada com o rosto na neve.

-- Hummm -- a pessoa gemeu em resposta. Thianna sobressaltou-se, mas então cutucou-a novamente. Desta vez, a figura se contraiu, mas não gemeu.

-- Tudo bem -- disse Thianna --, não me morda nem nada assim. -- Segurando a pessoa por um ombro, ela a rolou de lado. O rosto que se revelou era conhecido.

-- Karn? -- Era o garoto que conhecera no Baile dos Dragões. O jogador de Tronos & Ossos que era um zero à esquerda quando se tratava de diversão.

Os olhos de Karn se abriram.

-- O que você está fazendo aqui? -- perguntou Thianna.

-- Cccc...

-- O quê?

-- Cccc...

-- C-açando? C-omendo? C-aindo de cara no chão, obviamente.

-- Cccc...

-- C-agando?

-- Congelando, sua garota tonta -- Karn de repente desembuchou.

-- Ah -- disse Thianna. -- Por que não disse logo? -- Ela notou os lábios e as unhas azuladas de frio do garoto.

— Ah, Karn, não vai me dizer que você estava comendo neve, estava?

— Estava com sede — ele respondeu fraquinho.

— Ah, seu idiota. Você não sabe que isso baixa a temperatura do corpo?

— Congelando. Com sede — ele conseguiu falar.

— Ok, espere.

Enquanto Karn continuava ali deitado, Thianna tirou a mochila das costas e a abriu. Puxou o saco de dormir para fora e jogou-o em cima do garoto. Então, depois de um momento de reflexão, revirou o garoto duas vezes para que ele fosse envolvido pelas peles como se fosse um enroladinho de salsicha. Em seguida, pegou um dos seixos quentes. Balançou a pedra para ativá-la, sentindo uma onda de calor em suas mãos. Então, jogou-a dentro de seu cantil e derramou ali também vários punhados de neve. A pedra era mágica, encantada pelos anões. Fora concebida para derreter neve para beber, mas Thianna lhe tinha dado uma boa sacudida, causando uma sobrecarga. A neve derretida no cantil logo se tornou uma espécie de bolsa de água quente. Ela enfiou-a no saco de dormir contra o peito de Karn. E, então, passou a se dedicar à sua próxima tarefa.

O cantil quente começou a reviver Karn um pouco. Ele abriu um olho e olhou para sua salvadora. Thianna estava ocupada acumulando neve e, depois, moldando com ela grandes tijolos quadrados.

— Ei! — ele disse. — Estou congelando aqui. Você não acha que poderia deixar para construir seu boneco de neve mais tarde?

Ela lhe lançou um olhar severo.

— O garoto chato do sul quer se salvar ou não?

- - Eu não sou do sul.

- - O garoto chato do sul que discute com a sua salvadora quer se salvar ou não?

- - Tá bom, tá bom - - disse Karn. -- Só estou perguntando.

Thianna tinha um bom número de tijolos de neve agora. Ela arrastou-os um por um e começou a formar com eles uma parede em torno de Karn, aproveitando a inclinação da colina como a parede de trás.

- - Mais neve não! - - Karn gritou. -- Eu já estou congelando e você ainda me enterra na neve?

- - Não estou enterrando você. Estou construindo um abrigo para nós - - explicou ela.

- - Não sou um gigante do gelo. Não posso viver no gelo como você.

Thianna sorriu. Ela gostava da maneira como Karn pensava nela como uma gigante.

- - Você pode - - ela explicou. -- É algo que meu pai aprendeu com o Povo Urso. As paredes vão bloquear o vento e assim que o telhado estiver pronto, o calor dos nossos corpos vai aquecer o abrigo muito bem. Quer dizer, talvez não muito bem, mas o suficiente.

Karn estava cansado demais para discutir. Ele ficou imóvel e assistiu admirado Thianna construir a estrutura sobre ele. Karn de fato se lembrava de já ter ouvido falar do Povo Urso. Eles viviam na vastidão deserta do outro lado do Mar Gelado. Essa estrutura que Thianna estava levantando era chamada de iglu ou algo parecido. Ele descansou enquanto Thianna terminava o abrigo.

Pouco tempo depois, os dois estavam dentro do iglu. Mal havia espaço para ambos, e não o suficiente para a gigante ficar sentada. Mas Thianna explicou que o espaço apertado iria aquecer mais rápido. Ela considerou Karn por um momento e, então, vasculhou sua mochila e tirou de lá algo que fez a boca seca de Karn se esforçar para salivar.

— Isso é...?

— Perna de cabra. Aham. Estava tentando fazer isso durar, mas, bem, você precisa ganhar um pouco de força rápido se quiser se recuperar. Vamos comê-la agora e nos preocupar com a refeição de amanhã quando for a hora.

Karn assentiu, grato demais para pensar em algo que não fosse a necessidade imediata de se alimentar. Eles repartiram a perna. Thianna insistiu em dividir em duas partes iguais, mesmo que ela fosse visivelmente muito maior do que ele. Ambos comeram com avidez e, quando o cantil começou a esfriar, também compartilharam a água, tomando cuidado para não engolir a preciosa pedra dos anões. À medida que se enchia de comida, bebida e calor, Karn viu suas forças voltarem. Thianna percebeu e sentiu-se à vontade para fazer as perguntas que a incomodavam.

— O que você está fazendo aqui?

— Não quero falar sobre isso.

— Você não quer...? Não pode me dizer isso. Estava sozinho no meio do nada sem equipamentos nem suprimentos, congelando até a morte. Justo *você*. — A forma como ela frisou o "você" não deixava dúvidas sobre sua pouca consideração pelas habilidades dele de sobrevivência naquele deserto gelado.

— E você? — Karn retrucou. — Costuma perambular por aí sozinha neste fim de mundo coberto de neve?

— Eu moro aqui.

— Aqui? — Karn ficou boquiaberto. — Você quer dizer que aqui é Ymiria? Eu vim parar tão longe assim?

- - Você nem ao menos sabe onde está?

- - Eu estava fugindo, ok?

- - Para onde?

- - Para salvar a minha vida.

A frase permaneceu pairando no ar.

-- Sua aldeia fica perto? - - Karn perguntou depois de um tempo. A aldeia dos gigantes do gelo podia não ser o seu destino ideal, mas lá teria comida e abrigo e um monte de enormes gigantes que ele poderia colocar entre ele e qualquer draug que aparecesse.

Thianna olhou através da pequena entrada do abrigo de gelo para a cadeia de picos gelados que emolduravam o horizonte.

- - Não perto o suficiente - - disse ela com tristeza. - - De qualquer forma, eu não posso voltar para lá.

Karn lançou-lhe um olhar interrogativo.

- - Eu também não quero falar sobre isso.

- - Bem, isso não nos deixa muito que falar.

Thianna deu de ombros. O garoto norronur não era de grande serventia. Como não levava suprimentos com ele, era mais uma boca para consumir os dela. Mas... ele não conseguiria sobreviver ali sem ela. E era bom ter alguém - - qualquer um - - com quem falar.

- - Que tal falarmos sobre o que vamos fazer agora? - - ela sugeriu.

- - Encontrar comida e segurança. Mas, primeiro, encontrar comida, obviamente.

- - Ora, vejam que ironia! - - disse uma voz possante do lado de fora do abrigo. - - Nós saímos à procura de comida. E aqui encontramos comida à procura de comida.

Uma grande mão cinza-esverdeada se esticou para dentro do iglu e segurou o bloco de gelo que servia para manter fechada sua pequena porta. Primeiro eles viram unhas quebradas e sujas, depois uma mão e, em seguida, o braço ao qual a mão era ligada, e que deu um safanão. O teto do abrigo voou longe sem esforço, e foi aterrissar com um baque surdo num banco de neve. Cinco caras feias, peludas e enrugadas olharam para eles lá do alto. Cinco caras, mas apenas três corpos.

— Ah, que maravilha! — disse Karn. — Mais trolls.

Thianna levantou-se num salto de seu abrigo arruinado. Ela pulou por cima do muro baixo de gelo e caiu de pé. Os trolls gritaram surpresos.

— Agarra ela! — exclamou um deles.

— Ela tem mais carne do que o outro — sua segunda cabeça apressou-se a acrescentar. Todos os trolls foram atrás dela.

Karn pôs-se de pé com dificuldade. Ele não se sentia totalmente recuperado, mas enquanto a atenção dos trolls estava em Thianna, imaginou que talvez pudesse escapulir sorrateiramente. Não tinha mesmo condições de lutar contra eles, e já tinha visto a forma como a garota gigante se movia. Ela tinha mais chance de se safar do que ele, por isso tinha que aproveitar a oportunidade que se apresentara. Ele passou por cima do muro.

— Ei, espere aí um momento, aonde *você* pensa que vai?

Um dos trolls o tinha flagrado quando uma de suas cabeças olhou para trás. Agora, ambas as cabeças haviam virado para olhar para ele.

— A comida não vai a lugar nenhum! — disse uma das cabeças.

— Eu tenho queijo! — Karn gritou. Mas ele podia ver os dentes em ambas as bocas e nenhum deles parecia estar quebrado.

-- Ótimo! -- disse o troll. -- Nós podemos colocar o queijo no guisado para dar mais sabor à carne.

O troll se abaixou e, antes que Karn pudesse se mover, ele se viu seguro pelos tornozelos e erguido no ar. A criatura sacudiu-o uma vez e, então, bruscamente, apalpou-o, à procura de armas. Ele pegou a espada do pai de Karn e enfiou a lâmina em sua própria mochila. Quando o troll se convenceu de que o menino não estava carregando mais nada de afiado para causar problemas, ele o lançou sobre os ombros.

Karn chutou e esperneou, mas o troll se movia rapidamente, correndo para se juntar a seus companheiros na caçada a Thianna. Sacudindo para todos os lados, com o rosto colidindo o tempo todo com o traseiro fedido do troll, Karn não tinha como saber ao certo o que estava acontecendo, mas podia ouvir a algazarra à sua volta. Exclamações do tipo: "Agarra ela!", "Pega ela!" e "Acaba com ela!" eram misturadas com gritos de "Sua praga!", "Filha da mãe!", "Ai!" e "O que você está pretendendo fazer com isso?!". Parecia que Thianna estava dando um trabalhão para os trolls. Karn começou a sentir uma pontinha de esperança, mas as probabilidades não eram nada boas: três contra um era muita coisa. Logo a baderna se aquietou e a gritaria dos trolls se transformou em risadas perversas.

O troll que carregava Karn juntou-se a outro. Thianna apareceu de repente nas costas deste último, pendurada de cabeça para baixo e presa pelos tornozelos, assim como Karn.

-- Você correu! -- disse ele, um pouco magoado por ter sido abandonado.

-- E você não! -- ela retrucou com raiva.

Karn começou a protestar, mas os trolls estavam falando.

-- Podíamos comer o menor e levar a grande como cativa -- disse um deles.

— A grande renderia uma refeição melhor — o terceiro troll se manifestou. — E eu duvido que ela daria uma boa escrava.

— Falou e disse, feioso! — Thianna gritou. — Ninguém me faz de escrava.

— Está vendo? — disse o troll. — Vamos comê-la agora mesmo.

— Cale a boca! — cochichou Karn. — Você está maluca?

— Então ele gritou em voz alta para os trolls: — Ela daria uma ótima escrava. Ela é forte.

— Mas ela não vai se dobrar assim tão fácil — o troll objetou.

— Vai sim. Ela vai ser grata por não virar guisado. Diga pra eles que você vai ser obediente, Thianna.

De cabeça para baixo, Thianna fez uma careta para ele.

— Diga a eles! — Karn insistiu com ênfase.

— Vou obedecer, vou obedecer.

— Está vendo? — disse Karn, esperançoso.

— De qualquer forma, ainda temos um bom bocado de alces que pegamos ontem — lembrou o troll. — Podemos levar esses dois para Trollheim e deixar o rei decidir se são para comer ou para virar escravos.

Todas as cinco cabeças concordaram ser esse um bom plano, já que certamente o Rei Troll iria recompensá-los pela captura, e a benevolência dele valeria muito mais a pena do que a carne escassa que poderiam conseguir de seus dois prisioneiros.

— Além do mais — disse um dos trolls —, vocês dois vão gostar de Trollheim. É a melhor cidade que existe. Todo mundo deveria visitá-la uma vez na vida antes de morrer.

— Que no caso de vocês dois — completou outro, solícito —, pode ser logo depois de verem a cidade.

-- Mas considerem-se sortudos por vê-la antes -- o terceiro concluiu.

Foi assim que Thianna e Karn foram levados juntos como trouxas de roupa, pendurados de cabeça para baixo, nas costas de dois trolls malcheirosos. Pior ainda, o troll de Karn estava com muitos gases, forçando-o a desviar a cabeça para evitar as grandes rajadas de ar fedido bem na cara dele. Por mais desesperadora que a situação fosse, Thianna não podia deixar de rir da cara dele.

-- Você é impossível! -- Karn recriminou-a. -- Do jeito como as coisas estão ruins...

-- Elas não estão tão ruins assim -- disse o troll que carregava Karn. -- Você vai ver...

-- Trollheim, sim, eu sei -- retrucou Karn. -- Antes de eu ser comido.

-- Ah, anime-se. Você é bem pequeno. O rei provavelmente não vai comê-lo por alguns anos ainda. Só quando você já for bem crescido.

-- Ah, que bom que você me disse isso! Agora já posso ficar bem tranquilo -- ironizou Karn.

-- Sabe -- disse o troll, sem captar o sarcasmo --, você só tem que olhar o lado positivo. -- E, em seguida, soltou uma explosão de flatulência.

-- Argh. -- Karn fez uma careta. -- Qualquer lado seria melhor do que o que eu estou encarando.

Thianna riu de novo.

Karn olhou para ela.

-- Eu sei que as coisas estão ruins, Karn -- disse ela. -- Acredite em mim.

-- Por mais que elas estejam ruins para você -- observou Karn --, estão piores para mim.

— É mesmo? Suponho que você tenha acabado de fugir da sua aldeia só para poupá-la do ataque de misteriosas estrangeiras voadoras e afastá-las de seu lar, não é?

Karn não conseguiu pensar numa resposta para isso. De qualquer maneira, não numa que ele quisesse compartilhar.

— As estrangeiras podem mesmo voar? — perguntou o troll de Karn.

— Ninguém pode voar — disse o troll de Thianna.

— Estas podem — disse Thianna. — Elas cavalgam wyverns.

— Wyvern? — perguntou o troll de Karn. — O que é isso?

— Uma espécie de dragão pequeno, de duas pernas.

— Não existe tal coisa — o troll dela respondeu.

— Em todo caso, você vai estar a salvo delas no lugar para onde está indo.

— Trollheim? — perguntou Thianna.

— Uma panela, mais provavelmente — disse o troll dela.

— De qualquer forma — disse Karn —, você tem que olhar o lado positivo...

As coisas continuaram assim durante a maior parte do dia. De vez em quando, os trolls os punham com a cabeça para cima e os sacudiam "para que o sangue acumulado na cabeça não mate vocês antes de verem as glórias de Trollheim", conforme explicavam e, em seguida, novamente os jogavam sem cerimônia sobre os grandes e verruguentos ombros e caminhavam um pouco mais.

Karn e Thianna tentatavam sussurrar um para o outro, mas era difícil se ouvirem por causa da conversa entre os trolls, sem contar que iam sacolejando e de cabeça para baixo, e não era sempre que ficavam lado a lado. Mas durante uma daquelas sacudidelas que os trolls lhes davam, quando passavam pelo periclitante espinhaço entre duas encostas, Thianna pensou ter avistado algo: um redemoinho de neve como os vórtices que Eggthoda lhe mostrara.

Thianna franziu os lábios. Ela soltou um estranho e estridente assovio.

-- Ei! -- disse o troll dela, dando-lhe uma sacudida rápida. -- Isso machuca os meus ouvidos.

-- O quê? -- perguntou Thianna, toda inocência.

-- Esse barulho.

-- Este aqui? -- fez-se de desentendida. E, então, soltou outro assobio alto.

-- Sim, isso daí! -- respondeu o troll. -- Para com isso!

-- Parar com isso? -- ela perguntou. E assobiou novamente.

-- É, para com isso!

-- Então, só para ficar claro — disse Thianna --, você está me pedindo para parar de fazer isso? -- E assobiou mais uma vez.

-- É. Vai parar de fazer isso ou não? -- reclamou o troll, tornando-se visivelmente furioso.

Karn se perguntou o que ela estaria fazendo. Foi então que notou a estranha forma como os flocos de neve estavam girando em torno deles.

-- Skapa kaldr skapa kaldr skapa kaldr skapa kaldr -- Thianna gritou.

A neve nos redemoinhos engrossou. Karn podia ver formas. Pareciam enguias feitas de neve, girando no ar.

-- O que é isso? -- perguntou.

-- Fadas do gelo -- Thianna respondeu. -- Amigas minhas.

-- Amigas suas? -- disse um troll.

-- Sim — respondeu Thianna. Karn podia ver o sorriso dela. Estava começando a perceber quanto era perigoso o sorriso de Thianna. Ficou em silêncio. Ela soltou outra rajada de encantamentos "skapa kaldr".

Os trolls ficaram olhando apatetados os redemoinhos das fadas do gelo. À medida que Thianna esfriava o ar, as fadas do gelo se agitavam mais. Isso preocupou os trolls, que se abaixavam e golpeavam as fadas que arremetiam em torno deles. Inevitavelmente, um dos trolls acertou um soco numa das criaturas. Sua grande mão rasgou o elemental ao meio, mas a neve que o formava rapidamente se reuniu em sua forma anterior.

Thianna vibrava de contentamento consigo própria.

Do nada, as fadas dominaram os trolls. Num piscar de olhos, as lúdicas criaturas se transformaram em monstros selvagens. Atacaram os trolls repetidas vezes, tascando-lhes mordidas ferozes com dentes afiados como estalactites. Karn chegou a ver uma fada mergulhar por uma narina de um troll e sair pela outra, enquanto o infeliz gritava e apertava o nariz de dor. Em meio a todo esse caos, Thianna e Karn foram esquecidos, largados na neve junto com a maior parte da bagagem dos trolls.

Aos berros, os três trolls saíam correndo e acabaram rolando por uma escarpa, com as fadas em seu encalço, cravando-lhes os afiados dentes de estalactites.

Karn não se conteve. Ele colocou as mãos em concha e gritou para os trolls:

— Lembrem, vocês têm que olhar o lado positivo!

CAPÍTULO DOZE

A avalanche

-- Temos muita carne -- disse Karn, remexendo as mochilas que os trolls haviam abandonado. — Gostaria que não fosse carne de alce, mas estamos melhor do que estávamos esta manhã.
-- O lado positivo? -- disse Thianna com um sorriso.
-- Exatamente. — Ele pensou um minuto. -- Você sabia que os trolls iriam irritar as fadas do gelo, não é? Estava apostando que eles não seriam respeitosos.

Thianna assentiu, lembrando-se da lição que Eggthoda lhe tinha ensinado, e que parecia ter acontecido há milhares de anos.

-- Todas as criaturas se comportam de acordo com sua natureza -- disse ela.

— Sim — disse Karn. — Bem, estou feliz que sua natureza esteja do meu lado.

Quando acabaram de verificar todos os fardos, descobriram que dispunham agora de carne para uma semana, um machado de pedra, vários feixes de lenha, cobertores puídos que cheiravam a troll e um par de lebres mal esfoladas. Eles encontraram a Cintilante Clarão, para alívio de Karn, bem como a mochila de Thianna, embora seus esquis houvessem sido deixados para trás. Isso deixou Thianna de mau humor.

Enquanto Thianna ficava emburrada, Karn usou alguns gravetos para acender uma pequena fogueira. Ele começou a assar a lebre — eles ainda não estavam desesperados o suficiente para encarar a carne de alce — e considerou seus próximos passos.

— Temos de voltar e seguir para o sul — sugeriu Thianna.
— Mais chance de comida e abrigo.

— Não posso ir para o sul.

— Eu poderia até pegar os meus esquis.

— Não posso ir para o sul.

— Não pode ou não quer?

Karn fuzilou-a com os olhos.

— Bem, eu não vou para o norte — disse ela.

— Você realmente fugiu da sua aldeia?

— Sim.

— Das wyverns?

— Sim.

— O que...?

— Não sei por que elas estavam atrás de mim. Algo a ver com a minha mãe.

— Sua mãe?

— Sim. Ela era como você.

-- Como eu?

-- Humana, quero dizer. Mas ela não era norronur.

-- O que era ela?

-- Ela nunca disse. Não diria.

Karn notou seu uso do pretérito.

-- Sinto muito, ela está...?

-- Foi há muito tempo. De qualquer forma, se você já se perguntou por que uma gigante de gelo é tão baixa e morena...

-- A voz de Thianna foi sumindo, embargada. Karn procurou uma maneira de desviar os pensamentos dela.

-- Mas essas estrangeiras estão atrás de você?

-- Acho que elas são do mesmo lugar que a minha mãe. Acho que ela estava fugindo delas, quando chegou aqui. Eu só não entendo por que resolveram voltar agora.

-- O coelho está pronto -- avisou Karn. A carne estava muito quente para segurarem com a mão, por isso ficaram passando o espeto um para o outro e arrancando nacos com os dentes. Enquanto comiam, o estado de espírito dos dois melhorou.

-- Este é o melhor espetinho de coelho que já comi -- disse Thianna, brincando apenas em parte.

-- Você acha?

-- Claro. Quando chegarmos aonde quer que seja que estamos indo, você poderia abrir uma taberna. Espetinho de coelho à moda de garoto norronur.

-- O nome é de encher a boca.

-- Assim como isto aqui -- disse Thianna, atacando a lebre e arrancando um grande naco. -- Mas eu aposto que você certamente faria a concorrência fechar as portas.

-- Então eu vou abrir a Taberna do Garoto Norronur. O que você vai ser?

— Com toda certeza não vou servir as mesas.

— Nem sonharia com isso. Você poderia ser leão de chácara. Hum, leoa de chácara? Gigante de chácara?

— Manter os clientes na linha? Quebrar as rótulas de qualquer um que tentasse sair sem pagar? Eu poderia fazer isso. — Ela fingiu olhar feio para Karn por baixo de sua franja escura. — Quanto vale esse trabalho? Em que moeda é o salário?

— Bem, eu não tenho nenhum dinheiro — riu Karn —, mas posso garantir um fornecimento regular de espetinho de coelho.

Então os dois caíram na risada. Karn tirou a outra lebre do fogo e deu uma grande mordida nela.

— Mas, quer saber? Acho que está faltando alguma coisa nesse coelho. — Ele desejou que tivessem um pouco de sal.

— Espera aí — disse Thianna. Ela revirou sua mochila e tirou dali o queijo. — Para você matar a saudade de casa.

A alegria no rosto de Karn murchou quando ele viu o afamado queijo de Korlundr. Imaginou o pai como o vira pela última vez, uma pedra rúnica num monte sepulcral.

— Karn — disse Thianna, percebendo a expressão em seus olhos. — O que foi? Aconteceu alguma coisa com o seu pai?

— A história que Ori nos contou. É verdade. Acordei Helltoppr. Eu o despertei. Eu fiz isso, a culpa é minha. Aquelas pedras dispostas como um navio-dragão são todas pessoas. Quando você perde uma luta com Helltoppr, você se transforma numa delas.

— Nossa! — exclamou Thianna.

— E... e há uma nova pedra lá agora.

— Korlundr?

Karn assentiu.

-- Era para ser eu. Meu pai tomou... -- A voz de Karn fraquejou. E tudo o que conseguiu fazer foi balbuciar as palavras seguintes. -- E-ele tomou o meu lugar. Aquela pedra. Era para ter sido eu. Deveria ser eu.

-- Oh, Karn, sinto muito.

-- Jamais poderei voltar, você entende? -- Ele buscou os olhos dela e ela pôde constatar o horror nos dele. -- Como vou contar o que fiz? Minha mãe, minhas irmãs... arruinei as vidas de todos nós.

Ficaram ali, perto do fogo, um longo tempo, mordiscando lentamente a segunda lebre e, sim, por fim um pouco do queijo. Karn contou mais a Thianna sobre Helltoppr e os acontecimentos no monte sepulcral. Thianna contou a ele sobre a vida no Platô de Gunnlod, sobre Thrudgelmir, e, finalmente, sobre a caçadora trajando bronze e couro. Karn endireitou-se à menção das wyverns.

-- O nome dela é Sydia -- afirmou ele.

-- Ela não me disse o nome dela -- Thianna respondeu. -- Não sei qual é.

-- Eu sei. É Sydia.

Thianna agarrou o braço dele.

-- Você a conhece?

-- Ela estava em Bense... que é uma cidade em que negociamos. Semanas atrás. Ela estava perguntando sobre...

-- Sobre mim?

Karn recapitulou sua discussão com Sydia na Taberna do Stolki.

-- Não. Pelo menos eu acho que não. Ela disse que estava procurando algo, não alguém.

-- Algo? Você tem certeza?

— Sim — disse Karn. — Algo que foi perdido há muito tempo.

— Ela devia estar falando de minha mãe. Não devia saber que ela está morta. No entanto, eu não sei por que ela está atrás de mim. A menos que ache que eu vou levá-las até ela.

— Elas não podem encontrar a sua mãe no Salão dos Mortos?

— O gelo não fica transparente sem um encantamento. E nenhum gigante, nem mesmo Thrudgelmir, vai profanar aquele panteão, clareando o gelo para uma forasteira. Então, se eu continuar fugindo, Sydia fica longe da aldeia. Mas, se eu voltar, ela irá invadir minha casa novamente. Por isso não posso ir para o norte.

— E eu não posso ir para o sul — disse Karn.

Thianna assentiu.

— Temos que ir para o leste — sugeriu ela. — Por um tempo, pelo menos. Podemos seguir para o sul quando tivermos nos desviado de Norrøngard. Depois, podemos descer até Saisland, ou Araland.

— Sydia, suas duas comparsas, três draugs, Thrudgelmir. — Karn foi contando-os nos dedos. — Nós dois somados temos um bocado de inimigos.

— Poderíamos até mesmo experimentar ir para Escoraine.

— Ouvi dizer que eles têm um bom queijo por lá. — Karn riu com desdém. — E provavelmente nenhum espetinho de coelho. De qualquer forma, quanto mais longe formos, melhor.

— Concordo.

Thianna construiu outro abrigo, ensinando a Karn como fazer enquanto trabalhavam. Embora ela não tivesse dificuldade em mergulhar as mãos nuas na neve, ele precisou usar o machado dos trolls e um de seus cobertores para ajudar a moldar os tijolos. Naquela noite, quando se deitaram dentro do abrigo improvisado, pode-se dizer praticamente que estavam aquecidos. O cheiro dos trolls era forte, mas não tão forte como tinha sido quando os dois estavam pendurados e balançando contra os seus traseiros. Thianna tirou de sua mochila uma pequena pedra de fósforo que emitia uma luz fraca quando era sacudida. Agora que eles tinham um grande estoque de carne fresca, comeram com vontade a carne de carneiro de Thianna, e ela novamente usou sua pedra dos anões para derreter água para Karn. Ele notou que ela só usava a pedra para ele. Quando ela estava com sede, podia derreter a neve na boca, sem se incomodar com o frio.

— Você pode mesmo ir para o sul? — perguntou ele.

— O que você quer dizer?

— Você come neve direto. Você é uma gigante. O frio não incomoda você. Mas e o calor?

Ela fez que não com a cabeça.

— Não parece ser o caso. Fogueiras, fontes termais, dias ensolarados... todas as coisas que os outros gigantes evitam não me incomodam.

— O melhor de dois mundos, hein?

Thianna olhou para ele.

— Nunca pensei nisso dessa forma. Ser capaz de suportar o calor só mostra como sou diferente, sabe? Desajustada.

— Bobagem — disse Karn. — Você aguenta o frio como qualquer um deles. Aguentar o calor também só mostra como é especial.

— Obrigada. — Ela se inclinou para trás, apoiada nos cotovelos. — E você? O que há de especial em você, garoto norronur?

— Não muito, na verdade. Eu realmente nunca fui especial.

— Deve haver alguma coisa.

— Não. Bem, eu sou bom em Tronos & Ossos.

— Oh, sim, aquele jogo de farofeiro.

— Jogo de *tabuleiro*.

— O que foi que eu disse?

— Bem, eu sou bom nisso.

Thianna sentou-se, tomando cuidado para não bater a cabeça no teto baixo.

— Então, como se joga isso?

— Como se você se importasse.

— Como se tivéssemos outra coisa para fazer.

Karn deu de ombros. Ele abriu a sua mochila e tirou o tabuleiro. Em seguida, pegou as peças.

— Xi... — ele disse. — Usei os defensores para afugentar os lobos. Só tenho os atacantes agora.

— Ah, não! Você perdeu as suas preciosas peças do jogo. — Karn assentiu tristemente. — Como são os defensores?

— Oito donzelas escudeiras. Um Jarl.

Thianna meteu a mão por baixo de seus cobertores e pegou um punhado de neve. Ela a moldou numa figura tosca e, em seguida, pressionou a neve em suas mãos, murmurando um encantamento enquanto fazia isso. Quando ela abriu as mãos, Karn viu que a neve havia endurecido quase para gelo transparente.

— Isso vai servir?

— Sim, se você fizer mais sete, e um maior. Mas você vai ter que jogar com os defensores. Não estou a fim de congelar meus dedos movimentando essas peças aí.

Karn e Thianna ficaram jogando até tarde da noite. Ela não era muito boa em Tronos & Ossos, mas ele descobriu que ensiná-la era um tipo diferente de diversão e gostou de exibir seu talento para a gigante do gelo. Depois eles dormiram até tarde e despertaram para uma radiante manhã ensolarada. O ar estava limpo, o céu de um azul brilhante. Partiram para o leste, descendo com cuidado um amplo vale forrado de neve fofa, que se deslocava e era escorregadia sob as botas, mas se sentindo bem mais animados.

-- Não há muito como ver o lado positivo das coisas hoje, se querem saber o que acho. — Quem disse isso foi a cabeça otimista do troll que tentou consolar Thianna e Karn quando eles eram seus prisioneiros. Sua outra cabeça apenas resmungava e praguejava enquanto o corpo compartilhado lutava para vencer a neve do caminho. Ele e seus dois companheiros estavam sangrando por causa das muitas e selvagens mordidas que tinham recebido. As fadas do gelo os haviam perseguido por quilômetros, beliscando-os impiedosamente, sem parar. Por mais resistentes que fossem, os trolls ainda estavam se ressentindo bastante da surra tomada das fadas.

-- Ninguém te perguntou nada! -- disse outro troll.

-- A próxima vez que encontrarmos humanos acampados aqui -- disse o terceiro troll —, esmagamos primeiro e perguntamos depois.

-- Mas se esmagarmos primeiro -- disse o otimista --, como eles vão responder a perguntas depois? -- Ninguém retrucou, a não ser sua segunda cabeça, que se chocou violentamente contra sua têmpora de propósito, por causa daquela asneira.

— Ai! — a cabeça otimista gritou. — Isso dói! Pensando bem, olhando pelo lado positivo, como este dia podia ficar pior?

Como que em resposta, um enorme réptil de asas negras mergulhou do céu, aterrissando bem no meio dos trolls, levantando um turbilhão de neve. Uma mulher trajando armadura em bronze e negro cavalgava a besta. Ela parecia cruel e durona, o que certamente impunha respeito, e a criatura lhes era desconhecida e, portanto, ameaçadora. Mas eles estavam em três (e tinham cinco cabeças ao todo) e já haviam decidido que a política de "esmagar primeiro" era a melhor quando se tratava de humanos.

Os trolls se espalharam, tentando levar vantagem sobre a criatura. Ela rosnou e balançou seu longo pescoço para a frente e para trás, encarando ferozmente primeiro um deles e depois o outro.

— Estou procurando alguém — disse a mulher.

— O que vocês acham que é isso? — perguntou um troll para o outro, como se ela não tivesse falado nada.

— É bom para comer? — quis saber o otimista. — Porque, se formos esmagar alguma coisa, é para comê-la.

— Com licença, rapazes — disse a mulher. — Eu disse que estou procurando alguém.

— Se dois de nós agarrarmos uma asa cada um, o terceiro pode esmagar a cabeça com uma pedra enquanto o bicho está preso.

A criatura silvou e recuou a cabeça, como se tivesse entendido.

— Será que tem gosto de frango ou cobra?

— Dá no mesmo, é tudo igual.

— Eu não tenho tempo para isso — resmungou a mulher. — Rapazes, sua atenção, por favor.

-- Eu não vejo nenhuma pedra por aqui. Será que serve um galho grande de árvore?

- - Na verdade, qualquer coisa grande e pesada serve. Basta que esmague o crânio.

- - Talvez vocês não tenham me ouvido. Eu disse que quero a atenção de vocês agora!

A mulher suspirou. Quase displicentemente, sacou uma grande lança das costas. Os trolls ainda estavam rindo quando ela disparou uma rajada de fogo que atingiu o troll de uma só cabeça diretamente no peito. Num piscar de olhos, ele estava totalmente envolto em chamas. Saiu correndo, gritando e uivando, uma bola ardente tropeçando morro abaixo, deixando um rastro de neve derretida e horríveis cinzas.

- - Eu tenho a atenção de vocês agora? -- perguntou a mulher.

As quatro cabeças dos outros dois trolls se entreolharam e depois voltaram-se para ela.

- - Eu acho que agora você tem, dona -- respondeu o otimista.

- - Bom -- disse a mulher. -- Meu nome é Sydia. Como vocês devem ter adivinhado, eu não sou daqui. Mas estou procurando alguém. Uma garota. Alta, embora, suponho, não do ponto de vista de vocês. Pele morena. Atlética.

Os trolls pensaram um pouco.

-- Talvez a gente tenha visto — um deles disse, afinal.

- - Se dissermos que vimos, o que ganhamos com isso?

Sydia sorriu.

- - Essa é uma boa pergunta. Eu diria que o que ganham é não pegarem fogo.

Não era uma recompensa tão grande como esperavam. Mas nenhum troll gosta de fogo. Decidiram cooperar.

— Capturamos alguém assim hoje cedo. Pensando bem, acho até que ela mencionou alguma coisa sobre ser perseguida por alguém como você. Só que escapuliu.

— Ela escapou? De três trolls?

— Ela era mais durona do que parecia. E teve ajuda.

— Conjurou as fadas do gelo, foi o que ela fez — disse o outro. — Elas morderam a gente pra valer.

— Vocês não mataram e comeram a garota, então? — perguntou a mulher, estreitando os olhos e apertando o punho da lança.

— Não, nada disso.

— É uma sorte para vocês que não a tenham machucado ainda.

— Você não quer que ela se machuque? — perguntou um troll.

— Eu não disse isso. Não quero que ela se machuque antes de eu encontrá-la. Mas isso não é da sua conta. O que é da conta de vocês é me dizerem onde a viram pela última vez e em que direção acham que ela estava indo.

— Difícil dizer.

— Seria mais difícil dizer com a cabeça em chamas, não acha? — Sydia posicionou a lança e raspou de leve o gatilho com o dedo. A ponta da arma liberou um pequeno "arroto" de chama que fez os trolls se encolherem.

— Foi a oeste daqui, naquele cume. — Um troll apontou.

— Íamos na direção norte, o que seria a noroeste daqui — disse solícito o outro troll, afirmando o óbvio.

— Ela não teria seguido vocês, então podemos descartar essa direção.

— Não, eu não acho que teria, e pelo lado sudoeste do cume o trajeto é muito difícil. Eles devem ter ido para o leste.

- - Eles?

- - Sim, você não sabe? Havia um menino também. Um camaradinha humano magrela.

- - Eu não sabia que ela estava viajando com garotos - - disse a mulher.

- - Apenas um, madame - - corrigiu o troll otimista. Ele acrescentou "madame" para ser educado, uma vez que ela tinha acabado de pôr fogo em seu amigo.

- - Ela estava sozinha quando fugiu de sua aldeia - - disse Sydia. Ela se inclinou para a frente em sua sela. - - Conte-me tudo o que puder sobre esse garoto.

- - Ele era magro.

- - Isso você já disse.

- - Ele foi muito grosseiro ao falar sobre os meus odores corporais.

- - Péssimos modos, mas disse a verdade.

- - Ele disse que tinha um pouco de queijo.

- - Certo, mas isso não é algo realmente relevante — considerou a mulher. - - Receio que vocês não estejam me ajudando, rapazes. - - Ela manejou a lança ameaçadoramente. Sua montaria bufou de uma forma tão inquietante quanto a própria lança.

- - Acho que a garota o chamou de "Carne", "Corno" ou algo assim. Talvez fosse Karn.

- - Karn - - disse Sydia. - - Isso sim é relevante. Muito bem, muito obrigada pela ajuda de vocês. Podem ir agora.

- - Nenhuma recompensa por nosso incômodo? — perguntou o outro troll, esfregando as mãos.

- - Dê-se por satisfeito que eu não queira lhes causar ainda mais incômodos - - respondeu Sydia. - - Mas, se preferir, posso "aquecer" vocês um pouquinho.

— Não, não, madame — os trolls se apressaram em dizer.
— Nós já estamos indo embora.

— É bom se apressarem.

Sydia fechou os olhos como se em oração. Quando os abriu um momento depois, sua montaria de repente empinou, guinchando e batendo as asas. Os trolls se abaixaram quando a criatura alçou voo. Eles observaram-na subir cada vez mais, até parecer apenas um pontinho no céu esbranquiçado.

— Isso sim foi impressionante.

— Bem, talvez agora seja seguro dizer que o dia não pode ficar pior — analisou o otimista.

— Ah, eu não diria isso — disse uma nova voz. — Diria que as coisas sempre podem piorar.

Três criaturas aproximaram-se deles. Tinham aparência humana, mas eram podres e decadentes, como cadáveres ambulantes. Os draugs. E agitavam displicentemente armas enferrujadas, porém assustadoras, em suas mãos descoradas.

— Agora — disse o interlocutor zumbi —, que tal vocês contarem para o seu bom amigo Snorgil aqui sobre com quem estavam falando agora há pouco e tudo mais que vocês disseram a ela.

— Espere um pouco aí — disse uma das cabeças de um troll. — O que nós...? — Ele estava prestes a dizer "ganhamos com isso", quando o seu companheiro lhe deu uma cotovelada no estômago, calando-o. O otimista, ao que parecia, tinha finalmente aprendido a lição.

A neve continuava a se deslocar e deslizar sob os pés de Karn. Caminhavam por neve fofa, e um passo em falso poderia fazê-los escorregar morro abaixo. Não demoraria muito para o sol se pôr atrás dos altos penhascos e mergulhar o vale em longas sombras. Seria ainda mais difícil prosseguirem no escuro, mas correr era tão perigoso quanto. Os trolls os haviam carregado por uma distância surpreendente: bem mais ao norte e mais alto do que queriam estar. Agora, precisavam compensar a distância e o tempo perdido.

Às vezes, Karn odiava a neve. Então, subitamente ele se deu conta de que o lugar para onde estavam indo poderia até não ter neve. Mesmo que ele sempre houvesse sonhado deixar a fazenda, não era dessa maneira que tinha imaginado: fugindo para salvar a vida, cheio de vergonha e tristeza. Ele olhou para a gigante. Apesar do seu tamanho, ela se deslocava com passadas mais leves, mais seguras do que as dele. Ela pertencia àquelas terras geladas muito mais do que ele. E, ainda assim, as estava deixando para trás assim como ele.

-- Como foi? -- ele perguntou, olhando para o norte, para a cordilheira de Ymir. -- Crescer nas montanhas, quero dizer.

-- Melhor lugar do mundo.

-- Isso realmente não me diz nada. Como é *viver* lá?

Thianna franziu os lábios enquanto analisava o chão, escolhendo onde pisar para não perder o equilíbrio.

-- A gente passa muito tempo olhando para cima -- disse ela, finalmente.

Karn riu, incerto se deveria ou não. Ele não sabia se ela estava fazendo uma piada. Vê-la sorrir de volta foi um alívio.

-- Mas, falando sério -- ela continuou. -- As montanhas... elas são incríveis e vão durar para sempre. Bem no topo do mundo. O céu é tão imenso quando você está lá em cima. Você realmente se sente gigante. E também muito pequeno. Claro, todo mundo era mais alto do que eu. Mas tudo é simplesmente maior, sabe? Grandes jogos. Grandes celebrações. Grandes brigas. Meu pai, porém, ele é a melhor coisa de todas.

— Eu sei o que você quer dizer — concordou Karn. Estranho pensar naquela pessoa enorme como uma menininha que tem que sobreviver apenas com sua inteligência e destreza entre um povo muito maior e mais bruto.

— E sobre aquela história da taberna de espetinho de coelho — disse Thianna, afastando o pensamento dele —, é só isso que você vai servir?

— Por que você se importa? — riu Karn. — Você é apenas o leão de chácara que fica na porta.

— Leoa de chácara. Vamos esclarecer as coisas. Mas nós leoas de chácara também precisamos comer.

— Minha mãe faz um *skyr* irado — disse Karn, pensando no cremoso e leve iogurte dos norrønir. — Talvez eu pudesse tentar recriar sua receita.

— É mesmo? Acho que eu gostaria mais disso do que de queijo. Continue.

— Só que... Eu não trago *skyr* comigo, e é preciso *skyr* para fazer *skyr*. Você tem que misturar um pouco do antigo pote com o novo, para dar certo.

— Que pena. Talvez a gente possa arranjar um pouco no caminho para cruzar a fronteira.

Um guincho repentino cortando o ar acima deles fez Karn perder o equilíbrio. Ele agitou os braços para se recuperar e, em seguida, ergueu os olhos para o céu.

Três wyverns e suas amazonas.

Karn e Thianna olharam em volta em desespero. Afora alguns afloramentos de rocha, o terreno era liso e monótono. Não havia nenhum lugar onde se esconderem.

Eles começaram a correr o máximo possível, descendo a encosta. As wyverns mergulharam e se aproximavam cada vez mais, até que aterrissaram, circundando-os, com o objetivo de cercá-los por três lados, mas o seu apressado pouso fez com que a neve deslizasse e escorregasse sob elas. Elas batiam as asas de forma desajeitada enquanto suas condutoras lutavam para se manterem montadas. "Vocês não estão acostumadas a isso... não há neve no lugar de onde vocês vêm", pensou Karn. Ele registrou essa informação.

Quando as wyverns conseguiram se equilibrar, a líder das amazonas voltou sua atenção para Thianna.

— Então -- disse Sydia com seu sotaque peculiar --, é você que está nos dando tanto trabalho e criando tantos problemas...

A mulher e a garota se avaliaram mutuamente. Thianna olhou para o rosto da inimiga pela primeira vez.

-- O único problema foi você quem criou -- Thianna respondeu.

- - Quem dera que assim fosse - - disse Sydia. Ela sacudiu a cabeça, pesarosa.

- - E você... -- Ela olhou para Karn. - - Você não é o menino cujo pai confraterniza com os gigantes? Mesmo assim, é estranho encontrá-los aqui juntos e sozinhos.

- - Não há nada estranho nisso. Estamos apenas fazendo um passeio, apreciando este clima encantador. Mas o que *você* está fazendo aqui?

- - Caçando aquela ali -- respondeu Sydia, indicando Thianna. Sua wyvern esticou o pescoço em direção à gigante num gesto ameaçador, mas isso desequilibrou a criatura. O réptil silvou quando a neve deslizou sob seus pés.

Karn notou. E ele também notou os montes de neve em torno deles. "Apenas fazendo um balanço do tabuleiro de jogo", ele pensou. Muito lentamente, ele começou a recuar até a colina. Buscou o olhar de Thianna, querendo que ela entendesse, mas ela estava focada em Sydia. Para variar, a meiga e sutil Thianna estava procurando briga.

— Caçando a minha mãe, você quer dizer! — rosnou Thianna.

— Acho que não — disse Karn, que estivera juntando as peças em sua mente, mesmo enquanto tentava chamar a atenção de Thianna. Quando ela encontrou os seus olhos, franziu as sobrancelhas, confusa. Não estava entendendo. Será que ela não tinha aprendido nada em suas partidas de Tronos & Ossos? O campo de jogo era tudo.

— O que você quer dizer? — perguntou Sydia, estreitando os olhos.

— Você disse que estava buscando a verdade — disse Karn. — Mas eu não acho que estivesse falando sério. Na Taberna do Stolki. Você disse então que estava procurando algo que foi perdido há anos. *Algo*, não alguém. — Ele falou para a gigante: — Thianna, o que você está carregando? O que sua mãe lhe deu que essa mulher tanto quer?

— Nada — respondeu Thianna, franzindo a testa. Em seguida, tirando de sua bolsa um pequeno chifre de metal, ela disse: — Isso?

Todas as três wyverns ficaram agitadas. Houve mais deslizamento de neve. Mais garras lutando para manter o equilíbrio. Silvos.

Sydia assobiou também.

— Dê isso aqui — ordenou ela. — Entregue e todos nós podemos ir para casa.

Thianna examinou o chifre com curiosidade. Ela havia pensado que aquilo era uma coisa banal, sem importância.

-- Minha mãe morreu há muito tempo -- disse ela, quase para si mesma.

-- Talária sempre causou problemas. Anos antes de ela ir embora e começar toda essa confusão. Mas nós nunca fomos atrás dela. Estávamos atrás do que ela roubou. O Chifre de Osius.

-- O que é isso?

-- Nada que importe para você. Mas há muito tempo isso estava sob minha proteção. Minha honra foi manchada por sua perda. Agora me dê o chifre e nós vamos embora e esquecemos tudo sobre você e Talária e os problemas que ela causou.

Thianna ainda estava ponderando sobre o chifre em sua mão. O Chifre de Osius: não que o nome significasse alguma coisa. Realmente não importava muito para ela. Ou será que importava? Mas ainda havia Sydia. A mulher que tinha perseguido sua mãe. Sua mãe que tinha caído do céu.

Ela deu um passo para trás, para a colina, em direção a Karn.

As wyverns avançaram sobre eles, pisando desajeitadamente para a frente com as pernas trêmulas.

Karn agarrou o braço de Thianna e puxou-a para o seu lado.

-- Sopre o chifre -- ele sussurrou.

-- O quê?

-- Mire a encosta e sopre o chifre.

-- O quê?

-- Simplesmente faça o que estou dizendo -- Karn insistiu.

-- Você está certa — disse ela, dirigindo-se a Sydia. -- Esse chifre realmente não importa muito para mim.

Sydia sorriu e estendeu a mão para a frente.

-- Mas você importa menos ainda.

Thianna levou o chifre aos lábios e soprou.

Karn se surpreendeu quando nenhum som saiu. Mas ele e Thianna ficaram espantados quando todas as três wyverns fizeram uma careta, uivaram e mergulharam a cabeça no chão, entre os próprios pés. As três mulheres mal conseguiam controlar suas montarias.

— Pensei que não funcionasse — disse Thianna.

— Produz som numa frequência alta demais para os nossos ouvidos. Mas não para os delas.

Thianna assentiu com a cabeça.

— E não muito alto também para a montanha, espero.

— A montanha? — perguntou Thianna.

A neve diretamente abaixo deles rangeu; em seguida, um pedaço da montanha se soltou.

O aperto de Karn no braço de Thianna se intensificou e ele a puxou para trás.

— Para cima! — ele gritou. — Corra! Rápido!

Eles lutavam para chegar o mais alto possível, enquanto a meros passos abaixo deles, a montanha estava se esfacelando num turbilhão de neve.

Karn teve apenas um vislumbre das bestas e suas amazonas enquanto eram arrastadas numa torrente branca e, em seguida, ele próprio começou a ter problemas. O chão sob seus pés estava começando a ceder também, sugado para baixo pelo deslocamento da neve da encosta.

Enquanto Sydia e suas asseclas não tinham nenhuma experiência em regiões elevadas e geladas, todo verdadeiro filho ou filha do norte sabia o que fazer numa avalanche. Agarrados um ao outro com força, Karn e Thianna se esforçavam para subir a encosta e afastar-se do centro do fluxo de neve. Mas fissuras estavam correndo através do gelo, enormes seções se desprendendo e se afastando. Eles só tinham conseguido avançar alguns passos quando o solo sob eles cedeu.

A mão de Karn que segurava o braço de Thianna foi arrancada quando as pernas dele deslizaram para trás. Ele caiu de costas, mas se virou de bruços imediatamente. Cravou os punhos na neve, tentando ancorar-se, mas tudo embaixo dele estava se movendo.

Karn lutou com todo o empenho, nadando como se estivesse no mar, tentando ficar no topo da crista da onda de neve. Manter-se no topo era permanecer vivo.

Ele não conseguia ver coisa alguma, pois havia quase tanta neve no ar quanto debaixo dele e, então, a luz tornou-se ainda mais difusa quando ele afundou por completo.

Freneticamente, Karn se debateu, tentando abrir caminho para a superfície e o ar a murros, deslizando como um trenó humano encosta abaixo. O grosso da avalanche estava acontecendo abaixo dele, mas ele ainda estava em perigo. Nadou novamente, lutando para se manter à tona.

Karn sentiu a neve começar a desacelerar. Finalmente, pôde parar de se debater. Ficou ali imóvel, tentando não perturbar a neve em torno de si enquanto prendia a respiração, e estava totalmente despreparado quando uma onda enorme se abateu sobre ele.

Karn se esforçou para girar os braços ao seu redor, na tentativa de aumentar o máximo possível o bolsão de ar à sua volta. Estava encapsulado, envolto por um brilho suave e branco. Enterrado vivo.

CAPÍTULO TREZE
O despenhadeiro

-- Levante-se, Karn!

Karn tossiu aliviado enquanto a neve acima dele era empurrada para longe. Ele olhou para o grande rosto de Thianna enquanto a gigante tirava punhados de neve com as mãos.

-- Esta é a segunda vez que eu salvo você. Vou ter que começar a cobrar.

-- Você *me* salvou? -- protestou Karn, indignado. Ele se sentou. --- Eu me lembro de você estar sendo ameaçada por três lagartos irritados e suas amazonas.

-- Sim, bem, levante logo daí. Podemos discutir sobre quem salvou quem mais tarde.

Karn agarrou o braço de Thianna e deixou que ela o puxasse para fora da neve.

— Você não foi soterrada? — ele perguntou para a menina quando se pôs de pé.

— Sou uma gigante do gelo — ela respondeu de uma forma que deixava claro que achava que ele estava sendo um idiota.

— Nós surfamos na neve. Só por diversão.

Karn resmungou e olhou em volta.

— Onde está Sydia e suas capangas?

— Em algum lugar por aí. — Thianna apontou para baixo da encosta, para os montes recém-estabelecidos de neve. Não havia sinal de ninguém.

— Acha que conseguiram escapar?

— Não vou ficar esperando para descobrir.

— Concordo.

Eles seguiram caminhando com cuidado e transversalmente pela encosta, não para baixo. Se wyverns iradas estivessem prestes a irromper da neve, não seria diante deles. O sol agora já ia bem baixo e a noite estava rapidamente chegando. Logo Karn e Thianna não conseguiriam enxergar coisa alguma na encosta lá embaixo, mas eles *estariam* escondidos em suas sombras. Ao menos por enquanto, estavam seguros.

Após uma noite curta e um longo dia de caminhada para o sul e para o leste, Karn e Thianna encontraram-se mais uma vez abaixo da linha das árvores. Em que ponto exatamente eles estavam abaixo da linha das árvores, no entanto, era outra questão.

— Estamos perdidos — disse Karn.

— Não estamos perdidos — resmungou Thianna.

— Então onde estamos?

— Abaixo de onde estávamos.

— Isso é tudo o que sabe?

— O que mais você precisa saber? -- Ela se virou e apontou. -- O sol está sobre o seu ombro esquerdo. Mantenha-o lá e você se sairá bem.

Eles continuaram assim por um tempo, até que chegaram à borda de um penhasco. Muito abaixo deles, dava para ver as águas preguiçosas e carregadas de gelo que fluíam através de um vale de encostas íngremes.

-- Acho que se seguirmos aquele rio, ele vai dar no Argandfjord -- disse Thianna. Ela estava se referindo à enseada esculpida pela geleira que demarcava a fronteira oriental de Norrongard. O Argandfjord era o maior dos fiordes e separava as terras natais de ambos das vastas e inóspitas Planícies dos Mastodontes, ao leste.

-- Você já esteve no fiorde?

Ela fez que não com a cabeça:

-- Magnilmir me contou histórias sobre caçadas de mastodonte quando ele era jovem.

Karn assobiou. Ele não podia imaginar alguém atacando de fato uma daquelas enormes criaturas. Mas o pai de Thianna tinha três vezes o seu tamanho. Ele olhou para o sul.

-- Difícil de acreditar que viemos de tão longe.

-- Isso é o que geralmente acontece quando você começa a caminhar numa direção e não para por alguns dias. Você acaba chegando a algum lugar.

Quando Karn a fuzilou com os olhos, ela lhe deu um sorriso de desculpas.

-- De qualquer forma -- observou ele --, este é disparado o lugar mais distante que eu já estive de casa.

-- Sim, estou nessa com você, garoto norronur -- disse Thianna. -- Este é um território novo para mim também.

Ficaram algum tempo no topo do penhasco, olhando para a vista de tirar o fôlego.

— Você acha que no sul há paisagens tão grandiosas como essa? — Karn perguntou.

— Como seria possível? — ela respondeu.

Vários dias de viagem para o sul iria levá-los para fora de Norrøngard, para Araland, uma terra que Karn só conhecia de contos de druidas e mulheres guerreiras. Em vez imaginar as aventuras que teria pela frente, ele ficou absorvendo cada detalhe da caminhada, memorizando as características de sua terra natal pela, provavelmente, última vez.

Em determinado ponto, avistaram um rebanho de renas bebendo da água fria. A carne seria bem-vinda, mas não havia jeito fácil de descer até o vale. Além disso, eles não tinham lanças nem arcos, e espadas seriam inúteis para caçar animais.

A temperatura aumentava à medida que prosseguiam. Agora, o gelo no rio era mais fino e a água em maior volume ganhava velocidade. O ar estava frio, mas limpo, e o sol brilhava lá no alto. Karn logo começou a sentir calor dentro de suas roupas, mesmo que a pele exposta de seu rosto estivesse congelando. Ele viu que a gigante do gelo estava suando. Thianna o pegou olhando e sacudiu a cabeça.

— Estou bem — afirmou ela. — Leva um tempo para me acostumar, só isso.

Era como se houvesse dois lados em Thianna, seu lado gigante e seu lado humano. Karn se perguntou se isso era como jogar uma partida de Tronos & Ossos contra si mesma. Sendo ao mesmo tempo vencedora e perdedora.

— Seria melhor se pudéssemos encontrar uma forma de descermos — disse ele. O vale poderia oferecer-lhes abrigo e esconderijos, mas até agora as falésias tinham sido muito escarpadas para eles arriscarem descer.

Percebendo a sua preocupação, Thianna disse:

-- Ainda assim, nós não vimos qualquer sinal das amazonas durante todo esse tempo.

-- Você acha que talvez a avalanche...?

-- Talvez -- respondeu Thianna. -- Ou talvez a gente simplesmente tenha despistado elas.

Karn estava prestes a lhe dizer para não falar daquele modo, não atrair azar, para quando ouviram o guincho.

A explosão de chamas que partiu da lança de fogo quase os atingiu.

Karn se jogou para o lado, batendo no chão e rolando. Aquilo não fora um tiro de aviso. A amazona tinha a intenção de matar.

A wyvern desceu, mas não pousou. Ela pairava sobre suas cabeças, fora de alcance. Amazona e montaria tinham sobrevivido à avalanche e aprendido a tomar cuidado com suas presas. Karn tinha uma espada, que, por mais útil que fosse, não era um arco, lança ou machadinha de arremesso. Lembrou-se do artefato que Thianna carregava e o efeito aparentemente doloroso que teve sobre as criaturas.

-- O seu chifre! — ele gritou para Thianna. -- Use o seu chifre.

A gigante se atrapalhou com a bolsa, mas uma segunda explosão da lança de fogo a fez saltar de onde estava.

Mesmo nervoso, Karn conseguia pensar com clareza. Apenas uma amazona e sua montaria. Será que as outras haviam morrido na avalanche? Ele achava que não. Os tiros destinados a Karn tinham a intenção de varrê-lo da face do planeta, mas os disparos contra Thianna tinham o objetivo de evitar que ela usasse o chifre. Portanto, aquela amazona ainda estava sob as ordens de capturar Thianna viva. Seria ela uma batedora, enviada à frente para sondar, enquanto a líder voltava para buscar reforços? Ou as três haviam se separado a fim de cobrir um território maior? Não importava. Karn de repente sentia-se bem mais esperançoso do que antes. Ele entendeu a estratégia de sua adversária. E, assim, podia prever os seus movimentos.

— Thianna! — ele gritou. — Não saia do lugar!

— O quê? — A neve ao redor dela havia sido derretida e a rocha por baixo, chamuscada. O terreno em torno da garota era uma confusão enlameada. Sua agilidade felina habitual era inútil na neve fundida. Mas isso apenas confirmou as suspeitas de Karn.

— Fique parada. Ela não vai atirar em você.

— Você está louco, garoto norrønur? Atirar em mim é exatamente o que ela está fazendo!

— Sua garota teimosa! Confie em mim. Fique parada e use o seu...

A amazona puxou as rédeas e virou a montaria para ficar de frente para Karn. Ela ergueu a lança e um rosnado se desenhou em seu rosto enquanto ela colocava o dedo no gatilho.

Ele atirou-se para o único lugar seguro em toda a montanha: para perto de Thianna. A amazona ergueu um pouco a lança e o jato de chamas passou acima de suas cabeças.

Karn agarrou os braços de Thianna acima dos cotovelos, para equilibrar-se e para mantê-los próximos.

- - Ela vai atirar em mim. Não é a mim que elas querem. Mas ela não vai atirar em você. Nem nisto. - - Ele indicou o conteúdo de sua mochila. - - Use-o agora. - - - Thianna puxou o chifre da bolsa.

- - Não seja estúpida, garota - - advertiu a mulher. - - Apenas me dê isso e você pode ir para casa.

- - E quanto a Karn? - - perguntou Thianna, colocando um braço sobre o ombro do garoto.

Os olhos da mulher se estreitaram. Karn viu quanto ela queria queimar alguém. Mas ela deu de ombros.

- - Quem se importa com ele? Apenas me dê o chifre. Depois, os dois podem ir.

Thianna acenou com a cabeça, como se estivesse decidindo. A wyvern, batendo as asas para pairar no ar, olhou com ódio para os dois. Mas será que o ódio era realmente contra eles? Seus olhos estavam cheios de ira, mas qual seria o verdadeiro alvo?

Thianna olhou por cima da borda da falésia, para o rio lá embaixo. A maior parte do gelo já havia desaparecido e as águas corriam profundas e rápidas.

- - Só que - - disse Thianna - -, nós já passamos por isso antes. Não gosto muito de você e ainda não confio em você. Então, se quer o chifre, aqui está.

Ela levou o chifre aos lábios e soprou. Novamente, ele não produziu nenhum som. E, mais uma vez, a wyvern rosnou e baixou a cabeça, como se estivesse sentindo dor. Sua amazona quase foi arremessada para fora da sela, por cima do seu pescoço, mas conseguiu se segurar.

- - Que se dane você! - - a mulher disse furiosa. - - Se o chifre derreter, eu não me importo.

Sua lança disparou um jato de chamas novamente, mas ela estava tendo problemas com a mira, por causa da wyvern que se contorcia e fazia caretas debaixo dela. O ar esquentou acima de suas cabeças. Ao mesmo tempo, o braço esquerdo de Thianna apertou Karn pela cintura.

— Segure firme! — disse a gigante de gelo. Então Karn viu-se tirado do chão como uma boneca de pano, e um grito cresceu em sua garganta quando Thianna saltou da borda do penhasco para o vazio.

Ventos gelados passaram por eles chicoteando-os e, então, lá estavam os dois caindo em cambalhotas e espirais pelo ar. Karn viu a face da montanha passar voando, viu a água corrente crescendo de encontro a eles. Abriu a boca para gritar.

E então eles atingiram o rio. O fôlego lhe escapou com o impacto. O choque das águas frias foi quase tão ruim quanto. Karn rodopiou na forte correnteza do rio, atordoado e dormente. Em seguida, lutou para subir à superfície. Suas roupas de lã, molhadas, pareciam estar cheias de pedras. A espada de seu pai na cintura sobrecarregava-o. Suas botas estavam pesadas, tornando os seus pés quase inúteis.

Karn chegou à tona ofegante, lutando para respirar, só para ser tragado pelas águas outra vez, de cabeça para baixo. Ele não conseguia avistar Thianna ou qualquer outra coisa além da espuma branca das águas. O frio era horrendo. Cada respiração era uma batalha. Ele batia os pés, dava braçadas e tentava alcançar a margem, mas a correnteza o puxava para a frente, em direção às corredeiras e pequenas quedas. Seus pés batiam nas rochas do leito do rio. Se seus tornozelos ficassem presos numa rocha e a corrente o arrastasse, ele poderia ficar submerso devido à força do rio. E iria se afogar num instante.

Recolheu os pés, mas isso resultou em mais rodopios. Lançando-se de costas, tentou apontar seus pés a jusante, não para lutar contra a corrente, mas para deixá-la levá-lo. Isso parecia funcionar melhor. Disparou como um barquinho nas corredeiras. Mas ainda estava congelando.

Deixando de lutar, pôde perceber mais seu entorno. Ouviu alguém gritando. Esticando o pescoço, viu Thianna um pouco acima no rio, cuspindo e engasgando e xingando a água com a delicadeza de um troll. Ele quase riu.

-- Não lute contra o rio! -- aconselhou ele. -- Aponte os pés juntos no sentido da corrente e deixe ela te levar!

-- O quê?

-- Aponte os pés a jusante!

Ela deve ter ouvido, porque a gritaria cessou. Olhando para cima, Karn ficou aliviado ao não perceber nenhum sinal da wyvern. O rio estava levando-os tão rápido que já deviam estar muito longe do local onde tinham saltado. Mas seriam obrigados a sair em breve ou ele iria congelar. Teria que esperar por uma pausa na corrente e, em seguida, tentar chegar à margem. Os norronir tinham um ditado: "Se a hora de um homem ainda não chegou, algo vai salvá-lo". Mas descendo as corredeiras enregelantes, ele pensou num ditado mais irônico: "Saltar da frigideira para o fogo". "Fogo", pensou ele, enquanto seus membros ficavam dormentes. "Quem me dera"...

CAPÍTULO CATORZE
A Cidade Arrasada

Karn e Thianna estavam deitados na margem, recuperando o fôlego. O rio tinha se alargado quando as montanhas deram lugar a um amplo vale e a água desacelerou o suficiente para eles nadarem até a margem.

Thianna se ergueu sobre os cotovelos e joelhos na margem rochosa e olhou em volta. Estavam bem distantes, na direção sul, do ponto em que tinham pulado do penhasco, mas onde exatamente, não saberia dizer.

Ela se levantou, sacudindo a água do cabelo. Sua roupa estava pesada e encharcada, também. Sentia-se desconfortável, é verdade, mas podia suportar isso. A situação de Karn era pior. Ela precisa levá-lo para algum lugar quente onde ele pudesse se secar, ou iria congelar novamente. Ela não tinha se dado conta de como os humanos eram frágeis.

— Karn? — Thianna o chamou.

— Só um minuto — ele engasgou, enroscado no chão, abraçando-se. Então ela aproveitou o minuto para examinar os arredores ainda mais. O rio os tinha levado para um local estranho. O vale diante deles era estéril. Não era o que ela esperava num local tão ao sul, onde as árvores deveriam ser abundantes. Troncos enegrecidos pontilhavam a paisagem, reduzidos a cinzas, como se tivessem sido carbonizados num grande incêndio. Para além dos troncos mortos, ela podia ver o que parecia um vasto deserto de pedras esfaceladas.

Thianna nunca tinha visto nenhum outro assentamento, afora o Platô de Gunnlod e o acampamento do Baile dos Dragões. Por isso, levou um tempo para perceber que estava olhando para as ruínas de uma cidade morta, havia muito carcomida pela decadência. Ela sabia que o povo de Norrøngard construíra suas cidades e propriedades rurais principalmente com madeira. O povo que erguera aquela cidade tinha acesso a pedreiras. Isso significava que não eram norrønir. Ela tinha a sensação de que sabia onde estavam. Eles deviam partir imediatamente. Se Karn não precisasse de abrigo, se suas perseguidoras não os tivessem encontrado.

Olhou em direção à nascente do rio, para as montanhas, e imaginou ter visto uma mancha escura girando no céu. Uma partícula que foi crescendo, enquanto ela a observava. Então não importava onde eles estavam. Tinham preocupações mais urgentes.

— A gente precisa se esconder — disse ela. Quando Karn não respondeu de imediato, ela o agarrou pelo braço e arrastou-o para que ficasse de pé. — Precisamos nos esconder agora mesmo! -- Então apontou. -- Ela ainda está nos seguindo. Precisamos sair desse descampado.

Karn assentiu. Seus dentes batiam.

-- O-o-onde? -- ele gaguejou.

Thianna fez um gesto na direção das ruínas, no vale enegrecido diante deles. Os olhos de Karn se aregalaram.

-- I-isso é o q-que eu a-acho que é? -- perguntou Karn.

-- Sim -- disse Thianna. -- Isso mesmo.

-- S-S-Sardeth -- ele gaguejou.

-- A primeira e única, garoto norronur. Bem-vindo à Cidade Arrasada.

Nada se movia na floresta morta além de um vento frio. Thianna ajudou o trêmulo Karn a caminhar por entre as fileiras de troncos carbonizados sem avistar sequer um pássaro ou um esquilo. O chão sob seus pés era cinza, macio, como a neve recém-caída, mas não havia nada de natural ou saudável nele. Ela sentia que pisava na poeira de um passado morto.

As árvores deram lugar a montes de pedras cinzentas e desgastadas. Aqui e ali, uma coluna alta e canelada ainda estava de pé, ou um pedaço de parede. Thianna queria encontrar algum lugar onde eles pudessem se esconder, uma casa que não houvesse desmoronado. Ela precisava de um teto para protegê-los do céu.

O silêncio lúgubre a fez se lembrar dos montes sepulcrais. Só que aquela cidade morta era muito maior. Se havia de fato lugares assombrados, aquele poderia ser um deles, com certeza...

Ao se aproximarem do centro da cidade, as construções lhe pareceram menos destruídas. Aqui, duas paredes e um telhado parcialmente inteiro, acolá todo um pórtico, embora a habitação por trás dele tivesse desmoronado. Passaram por solitárias estátuas de pé no que deveriam ter sido um dia praças públicas. Muitas das paredes e arcos estavam cobertos de entalhes elaborados.

Ela viu estátuas de uma mulher em uma carruagem puxada por leões. Um homem com chifres curvos saindo dos ombros dele. Uma figura montando um cavalo sem sela e empunhando um cajado. Uma criatura cuja parte superior do corpo era de mulher, mas a inferior era de peixe. Touros, leões, imagens do sol e luas. As imagens não faziam sentido para ela. Não eram de nenhum deus, gigante ou herói que ela conhecia.

Se algo como aquela cidade ainda existisse no mundo, então ele era um lugar muito maior e mais estranho do que lhe parecera do alto do seu cume. Isso a fez se sentir pequena. Thianna odiava se sentir pequena.

— O Império de Górdio — disse Karn.

— Ei, você não está morrendo de frio?

— C-claro! — Karn respondeu, batendo os dentes bem na hora que disse isso. — Mas esta é a p-primeira vez que eu vejo qualquer coisa que não é de Norrøngard ou de Ymiria. Quero dizer, outra coisa além de mercadores nômades. Ou de suas mercadorias.

— Acho que ainda estamos dentro da fronteira de Norrøngard, na teoria.

— Sim, mas nós não construímos isso. Foram soldados do império. Mais de m-mil anos atrás.

Thianna assobiou.

— Você não s-sabe essas coisas? — perguntou Karn.

— Já ouvi falar de Sardeth, com certeza — disse ela. — Só não sou especialista em história como você. — Ela olhou para as ruínas. — Você acha que alguém esteve aqui desde então?

-- Claro. De vez em quando algum aventureiro vem aqui, à procura de tesouros.

-- Já encontraram algum?

-- Não sei. N-n-ninguém nunca voltou pra contar.

-- Bem, isso é encorajador.

Thianna olhou para o céu. Podia ver a mancha negra outra vez, aumentando de tamanho, uma vez que se aproximava. Era mais que um ponto agora. Ia e voltava, para a frente e para trás. A wyvern e sua amazona obviamente estavam procurando por eles. Não seria difícil descobrir em que ponto eles haviam saído do rio. Deu uma boa olhada em Karn.

-- Karn — ela engasgou. — Você está ficando azul.

-- É uma c-cor que fica bem em mim? -- ele perguntou, sorrindo corajosamente.

-- Está decidido. Precisamos de um abrigo. E rápido.

Thianna pôs-se a correr num passo mais lento, arrastando Karn com ela. Estavam se aproximando do centro das ruínas, várias delas ainda quentes como se houvessem sido queimadas recentemente.

-- Ainda há fogo? — perguntou Karn.

-- Vamos nos preocupar com isso mais tarde.

Thianna puxou Karn para a entrada escura e sinistra do que parecia ser um templo. Era de formato retangular, com a extremidade mais estreita voltada para o que deveria ter sido uma rua principal. A pedra acima da entrada era esculpida com a imagem de um homem com chifres nos ombros.

Um deus, então. Os gigantes de Ymiria não eram muito chegados a deuses. Ela esperava que aquele ali não se importasse que eles invadissem suas ruínas.

No interior, o chão de pedra fria estava coberto de escombros. Havia um altar para o mesmo deus no fundo do templo, onde o cara com chifres nos ombros era representado de pé sobre um grande braseiro de metal.

Thianna deixou Karn para explorar o lugar. O braseiro estava vazio. Ela esperava que um dos aventureiros mencionados por Karn houvesse deixado algo em suas explorações que ela pudesse queimar. Não havia nada nas paredes do templo além de fungo.

Ela voltou para onde Karn estava. A mochila dele havia sobrevivido ao mergulho no rio. Ela tirou dali a pederneira e os restos do musgo antes seco. A pederneira ainda estava em boas condições. O musgo estava ensopado e se desintegrava em suas mãos.

— Temos que acender uma fogueira — disse Karn sem muita esperança.

— Sim, isso é o que estou tentando fazer, garoto norrønur.

— E por que ainda não fez?

— Não restou nada para queimar que já não tenha sido queimado.

— Nada no braseiro?

Thianna fez uma careta. Ele devia estar mesmo muito mal para não ter percebido que ela acabara de verificar isso.

— Nada? — perguntou ele.

— Não. Nada.

— N-nada mesmo que você possa queimar? — ele perguntou novamente. Estava desesperado.

— Nada! — ela retrucou exasperada. — Não há nada aqui, só fungo.

Ela olhou para o musgo encharcado e despedaçado que manchava a ponta de seus dedos.

-- Ei... espere aí!

Logo, Karn e Thianna estavam em torno do braseiro, enquanto uma pilha de fungo ardia alegremente. O fungo queimava bem e rápido, produzindo pouca fumaça e muito calor. Thianna esperava que a pouca fumaça não entregasse a posição deles em meio aos outros fogos que ardiam ao redor da cidade morta. Eles retiraram as roupas molhadas e as estenderam nas bordas do braseiro. Karn revezava cada uma das suas botas no fogo, esquentando-as na ponta da Clarão Cintilante como uma salsicha no espeto. O fogo não estava quente o suficiente para danificar a famosa espada, mas ele esperava que a espada não se importasse com a indignidade.

Thianna de repente caiu na gargalhada.

-- O que foi?

-- Você. Passou do espetinho de coelho para o espetinho de bota. Estou tendo sérias dúvidas sobre ser leoa de chácara da sua taberna.

Karn sacudiu a espada e jogou uma bota quente no colo de Thianna. Ela simplesmente rolou com a bota, rindo.

-- Está pronta, então, não é? -- ela riu. -- Eu diria que a sola está um pouco malpassada!

Após um instante, o riso de Thianna diminuiu.

-- Precisamos descobrir o nosso próximo passo.

Em busca de uma resposta, Karn calçou as botas. Levantou-se e começou a andar em torno da sala.

-- Se formos lá para fora agora -- a gigante continuou --, corremos o risco de ser descobertos.

Karn estava correndo a mão pelas paredes do templo enquanto andava, estudando a pedra, mas ele se mantinha em silêncio.

— Se ficarmos aqui, corremos o risco de ser capturados.

Karn tinha percorrido todo o perímetro da sala. Agora, estava estudando a estátua do cara de chifres nos ombros, olhando para o rosto da escultura e, em seguida, deixando os olhos baixarem até a base.

— Acabamos de engolir nossos últimos pedaços de carne encharcada. Então, vamos precisar de comida em breve.

Karn caminhou para trás da estátua, desaparecendo de vista.

— Além disso, queremos ter certeza de que não vamos acabar servindo de comida para o que quer que tenha acendido aqueles fogos que vimos ao chegar.

Nada de respostas de Karn.

— Se ao menos houvesse outra maneira de sairmos daqui...

Ainda sem resposta.

— Karn? Karn, você está ouvindo? Eu disse: se ao menos houvesse outra maneira de sairmos daqui.

Karn reapareceu de trás da estátua:

— Você quer dizer como uma passagem secreta sob o altar?

— Sim, isso é exatamente o que eu quero dizer. Por que você pergunta? Oh...

Thianna levantou num salto. Ela correu para a parte de trás da estátua. Karn estava ajoelhado ao lado de uma abertura baixa na sua base. Ele havia deslizado para o lado um painel fino de pedra, revelando uma passagem. O terreno inclinava-se fortemente para baixo no escuro, com degraus irregulares talhados na rocha.

— Vamos? — perguntou Karn.

Thianna olhou para os pés descalços.

— Vou pegar as minhas botas.

Ela calçou-as e os dois vestiram os casacos recém-secos. Karn olhou para a pilha de fungo que ia diminuindo rapidamente.

-- Gostaria que houvesse algo que pudéssemos usar como uma tocha.

-- Assim? -- Thianna ergueu a espada de madeira. -- Eu não vou mesmo empalar wyverns com isso... -- Enfiou a ponta da espada de madeira no fogo, espetando um pouco do fungo frondoso. -- Saindo uma tocha no capricho!

A tocha improvisada não iluminou muito da passagem sob a estátua.

-- Provavelmente, apenas uma sala de armazenamento -- sugeriu Karn.

-- Só há uma maneira de descobrir -- disse Thianna. Passando a tocha para Karn, ela abaixou-se através da abertura.

-- Apresse-se com a luz, garoto norronur -- ela gritou. -- Já caímos de rochas demais por hoje.

Karn sorriu e seguiu-a debaixo da terra.

A passagem não levava a uma câmara de porão, mas a um túnel. Era estreito o suficiente para não permitir que Karn e Thianna caminhassem confortavelmente lado a lado. Como ela já estava na frente, Karn passou-lhe a tocha.

-- Então você acha que devemos segui este túnel? -- perguntou Thianna.

Karn deu de ombros.

-- Não vejo por que não. -- Ele não via qualquer evidência de tocas de animais, e os draugs estariam nos montes sepulcrais norronir, não nas ruínas de Górdio. Claro que isso não significava que *alguma coisa* não poderia viver ali embaixo. Apenas nada que ele tinha aprendido a reconhecer.

Era estranho não ser capaz de enxergar muita coisa por cima dos ombros largos de Thianna, e Karn ficava olhando por cima do próprio ombro para o muro de escuridão que se erguia atrás deles, fora do círculo de luz da tocha. A passagem se estendia mais ou menos em linha reta por certo trecho e, então, fazia uma curva bruscamente para a direita, desembocando numa câmara maior. Thianna saiu para o espaço escuro com cautela maior do que de costume.

Eles estavam numa grande câmara com várias colunas dispostas de modo a formar uma grade, sustentando o teto de pedra. Entre cada par de colunas, barras de metal haviam sido colocadas. Isso dividia a câmara num certo número de jaulas, com espaços abertos que permitiam caminhar entre elas.

— Uma masmorra? — perguntou Thianna.

Karn estreitou os olhos.

— Não acho que seja. — Ele apontou para os cochos baixos de pedra que ainda podiam ser vistos em várias das jaulas próximas. — Esses cochos eram usados para água e comida. Parece mais um estábulo. Um lugar para animais, como um galinheiro ou cocheiras.

Thianna assentiu, mas, em seguida, seu olhar bateu em algo pendurado em outra jaula. Ela apontou para um par de algemas acorrentado a um conjunto de barras.

— Nem todos eram animais.

Karn acenou com a cabeça, aproximando-se para examinar as algemas. Elas definitivamente tinham sido feitas para prenderam os pulsos de uma pessoa e acorrentá-la nas barras na posição vertical. Andando por ali, ele encontrou várias outras jaulas destinadas claramente a prisioneiros humanos.

— Então — ele disse finalmente. — Jaulas para homens. Baias para animais. Tudo subterrâneo.

— O que é este lugar?

Karn sacudiu negativamente a cabeça. De certa forma, era mais inquietante estar ali do que no corredor estreito. Gesticulando para Thianna acompanhá-lo, a seguir, ele os conduziu através da câmara para a parede oposta àquela por onde eles haviam entrado. Lá, encontraram um grande corredor que mergulhava em mais escuridão.

Depois de vinte passos mais ou menos, o piso do corredor de repente inclinou-se para cima. Não havia degraus, mas a pedra havia sido cortada com ranhuras horizontais rasas para ajudar um pé, ou talvez um casco, a ganhar tração. A luz da tocha de Thianna iluminou uma porta aberta na parede à esquerda deles. Ela enfiou a tocha e a cabeça pela abertura. Eles viram uma antecâmara fora do corredor.

– – Olha isso.

O aposento era pequeno, com menos de dez metros quadrados. O chão estava coberto de detritos e escombros. Mas todas as quatro paredes eram cercadas por fileiras de cavilhas de pedra, algumas das quais ainda sustentavam uma variedade de itens. Pisando cuidadosamente por entre os escombros, eles viram que nas cavilhas havia armas, incluindo clavas, correntes farpadas, o que pareciam ser dardos de metal e, o mais emocionante para Thianna, espadas de verdade.

Ela passou a mão rapidamente sobre várias daquelas armas enferrujadas e, então, sorrindo, ergueu uma lâmina em boas condições.

– – Segure isto – – disse ela, passando a tocha para Karn. Então, deu algumas estocadas rápidas experimentais.

– – Ei, cuidado com isso! – – reclamou ele, dando um passo para trás.

Thianna sorriu e brandiu a espada em torno, traçando um amplo arco. Então, ela ergueu a espada para examiná-la à luz da tocha. O metal brilhava e refletiu de volta a luz do fogo.

— Isso se chama espata* — disse Karn.

— Espata?

— Sim. Era a arma usada pelo exército de Górdio.

— Não há surpresa nisso. Nós estamos numa cidade desse povo. Mas ela se parece com a sua espada.

— Sim, bem, a maioria das espadas norrønir é uma cópia das espatas de Górdio. — Quando Thianna lançou a ele um olhar estranho, Karn continuou: — Ei! Sabemos reconhecer uma coisa boa quando a vemos.

Thianna assentiu.

— Posso ver a Clarão Cintilante? — ela perguntou.

— Por quê?

— Só quero compará-las.

Karn desembainhou a arma de seu pai e entregou a ela.

Thianna segurou as duas armas lado a lado.

Ambas eram espadas retas de dois gumes. Ambas tinham punhos simples ao estilo coluna, pomos redondos, e guardas ovais. A Clarão Cintilante tinha uma ranhura em sua extensão, chamada de sulco, mas a espata não possuía essa ranhura. A Clarão Cintilante também tinha um brilho vermelho dourado que faltava à outra lâmina. E embora as duas espadas estivessem mais para longas, a espata era um pouco mais curta do que a Clarão Cintilante.

— É mais leve também — observou Thianna.

— É óbvio que a espada mais curta é a mais leve — disse Karn.

---

* Tipo de espada de dois gumes, longa e chata. (N. T.)

-- Não, quero dizer que a Clarão Cintilante é mais leve. Bem mais leve.

Karn piscou perplexo e olhou de novo para as duas armas.

-- Como é possível?

-- Não sei -- disse Thianna, flexionando ambos os pulsos para testar o balanço de cada lâmina. Karn perguntou a si mesmo rudemente se Thianna estava a fim de ficar com ambas as armas, mas então, subitamente, ela devolveu-lhe a espada de seu pai.

-- Acho que você tem uma arma muito especial -- comentou ela. -- Ou pelo menos existe algo especial no metal dela.

-- Você acha mesmo? -- disse Karn, olhando para a espada do pai novamente. -- Quero dizer, eu sabia que ela era especial, mas...

-- Duvido que tenha sido forjada por estas bandas. Talvez tenha sido feita por elfos ou anões. É mais leve do que deveria ser. Bem, seja como for, sorte sua.

Karn assentiu, feliz por ter de volta a Clarão Cintiliante em sua mão, mesmo que, na verdade, não soubesse como manejá-la. Quanto a Thianna, ela não parecia infeliz com sua arma bastante comum. A lâmina longa e o peso obviamente não eram um problema para alguém do seu tamanho. Ela dançou ao redor da sala, avançando e golpeando com a espata.

-- Já era hora de eu ter uma espada de verdade -- disse ela.

-- Pois é, você já não era imprudente o suficiente sem ela. Mas, falando sério, ela combina mesmo com você.

-- Sim, bem, a minha de madeira está pegando fogo. -- disse Thianna sorrindo. Então, ela correu da antecâmara para o corredor mais amplo. Quando Karn a seguiu, a gigante avançou em sua direção. -- Defenda-se! -- ela gritou. Num instante, ela estava sobre Karn, balançando sua espata num arco preguiçoso. Karn saltou para longe e brandiu por instinto a Clarão Cintilante. As lâminas se chocaram, o som de metal contra metal ressoando na escuridão. Thianna riu e girou novamente a espata contra ele.

— Você é totalmente biruta! — disse ele, mas estava sorrindo.

Rindo, eles ficaram naquela "luta", as duas lâminas chocando-se e ressoando repetidas vezes enquanto eles perseguiam um ao outro pelo corredor.

Thianna correu à frente. Karn foi rapidamente atrás, lembrando-se de como ele a perseguira pela floresta atrás de sua peça furtada do Tronos & Ossos. Então, ele se lembrou também para onde a perseguição o havia levado. Ao Monte Sepulcral de Helltoppr. E ali estavam eles correndo de novo e fazendo bastante estardalhaço com isso. Foi quando ele ouviu outro barulho. Um som de deslizar ou arrastar, ou talvez de raspar. Talvez de algo ziguezagueando.

Ele aguçou os ouvidos.

— O que foi? — perguntou Thianna.

— Shh.

Ela inclinou a cabeça.

— Por um minuto, ali — ele disse —, pensei ter ouvido alguma coisa.

Ela escutou.

— Não ouço nada.

— Então foi a minha imaginação — disse Karn, mas não estava muito convencido.

Movendo-se com mais cautela à frente, eles chegaram a um par de grandes portas de ferro. Thianna apoiou o ombro numa delas e a empurrou. A porta abriu-se numa fenda. Os dois deslizaram através dela, para saírem piscando na luz.

Karn viu-se na borda de um amplo labirinto. O chão de pedra onde agora pisava havia desmoronado mais adiante, de forma que ele podia ver lá embaixo um elaborado labirinto de câmaras e corredores, que antes eram subterrâneos e agora estavam expostos. Mas, olhando em volta, viu que eles estavam, na verdade, na parte mais baixa de uma estrutura enorme em formato de tigela. O que pareciam ser as ruínas de fileiras de assentos erguia-se acima deles num anel elíptico.

— — Que lugar é esse? — — perguntou Thianna.

— — É um anfiteatro — — esclareceu Karn, que acabara de se dar conta disso. — — Isso é um coliseu. O Império de Górdio os construía aonde quer que fossem. Houve um tempo em que havia centenas deles.

— — Pra que serve? — — ela quis saber.

— — Era um tipo de entretenimento. Aquelas são as arquibancadas, onde o público se sentava. Eles realizavam jogos aqui no chão.

— — Chão?

— — Bem, o piso desabou, mas aqui é onde eles tinham um campo coberto de areia para os jogos.

— — Que tipo de jogos? Como Knattleikr?

— — Sim, só que mais violentos. — Karn se lembrou da bocalidade do passatempo favorito dos gigantes. — Bom, *um pouquinho* mais violentos. Eles tinham pessoas chamadas gladiadores que lutavam até a morte. E colocavam escravos para lutar contra animais selvagens.

— — Que crueldade! — — disse Thianna. Karn sabia que o povo dela costumava manter escravos humanos. Muitos norronir ainda tinham escravos, embora seu pai geralmente libertasse os dele, mas nem os norronir nem os gigantes obrigariam alguém a lutar até a morte apenas por diversão. Ele olhou para o nível subterrâneo debaixo deles. O sol estava baixo a oeste agora e uma seção do andar inferior estava mergulhada nas sombras.

— Esse é o hipogeu — explicou Karn, apontando para o labirinto logo abaixo. — Eles mantinham escravos e animais lá e os traziam para cima por meio de alçapões quando chegava o momento deles de lutar. O aposento pelo qual viemos com todas aquelas jaulas provavelmente era onde guardavam os extras. Além disso, o túnel para o templo faz sentido.

— Como assim?

— Bem, alguns dos animais seriam utilizados para sacrifícios. E os sacerdotes podiam querer visitar os jogos sem ter que ir para a rua.

Thianna assentiu.

— Você sabe muito sobre isso.

Karn deu de ombros.

— Sim, bem, eu sempre quis conhecer um pouco mais do mundo. Sempre que alguém vinha com uma história, eu prestava atenção...

— Acho que estamos vendo um pouco mais dele agora do que qualquer um de nós já planejou. — Thianna olhou para o céu. — Então, para onde vamos agora? Logo vai escurecer. É melhor voltar para o templo para passarmos a noite?

Karn não tinha certeza se queria voltar para o subterrâneo novamente. Ele apontou para um lugar onde o muro da arena havia desabado.

— Vamos conseguir chegar ao primeiro andar por ali. Então, podemos encontrar uma saída.

— Parece uma boa ideia.

Karn e Thianna tiveram que caminhar sobre as extremidades superiores expostas das paredes das câmaras do hipogeu. Era exatamente como andar sobre as paredes de um labirinto. Embora o trajeto não fosse difícil, Karn viu-se redobrando a cautela. Não queria cair. Seria uma queda e tanto. Ele pensou ter ouvido novamente o som de deslizar-arrastar-ziguezaguear, mas não conseguiu localizá-lo, e o ruído logo parou.

Eles chegaram à abertura no muro e escalaram até o primeiro nível de assentos, subindo por entre as fileiras em direção a uma entrada lá no alto.

Thianna se deteve. Apesar de ter crescido numa aldeia de gigantes do gelo, ela estava tendo dificuldade para compreender as dimensões do coliseu. Era difícil imaginar o número de pessoas que poderiam ter enchido as arquibancadas deste anfiteatro. Centenas? Até mesmo milhares? Havia realmente tantas pessoas no mundo?

-- Eu já vi o topo -- ela sussurrou desafiadoramente para as pedras do coliseu. — Isso aqui são apenas ruínas.

-- Ei, você vem ou não? — Karn gritou, trazendo-a de volta para o presente. Ela pulou rapidamente atrás dele.

Uma entrada em arco conduziu-os a uma elaborada câmara com um telhado e paredes em três lados, enquanto o quarto era aberto e dava para a arena lá embaixo. Karn explicou que era um camarote privativo para uso de um rico patrono ou oficial do governo. O aposento possuía uma excelente vista para o campo, mas não podia ser visto pelas pessoas nas arquibancadas. Thianna não entendia bem por que alguém iria querer se esconder de outras pessoas num evento esportivo, mas ela deu de ombros, considerando uma "coisa de humanos". Karn estudou as paredes, à luz da sua tocha.

-- Olha isso -- disse ele.

Ele ergueu a tocha bem alto, lançando sua luz sobre o intrincado baixo-relevo.

— O que é?

— Um mapa — explicou ele. — Do império. — Karn apontou para os detalhes enquanto falava. — Esse é o continente de Katernia.

— Eu sei disso — retrucou Thianna, quando, na verdade, não sabia. Ela não conhecia nada sobre o resto do mundo. Certamente não sabia quanto ele era grande. Nunca quis estar em qualquer outro lugar senão no topo de sua montanha.

— Eles indicaram com cabeças de cavalo todos os lugares onde estiveram — esclareceu Karn. Falou como se Thianna não houvesse respondido de forma atravessada para ele. Ela se sentiu um pouco culpada por isso.

— Aqui no canto superior, cabeças de lobo estão combatendo cabeças de cavalo em meio a uma paisagem montanhosa. Norrøngard — esclareceu ele. Thianna estava silenciosamente agradecida que Karn tivesse explicado isso antes que ela tivesse de perguntar. — O império nunca avançou muito em nossas fronteiras.

Thianna podia ver mais um grande número de cabeças de cavalo distribuídas pelas terras abaixo de Norrøngard. Na verdade, as cabeças de cavalo espalhavam-se sobre a maior parte de Katernia.

— Então, tudo isso é Araland e Saisland? — ela perguntou.

— O quê? — disse Karn, contendo um bufar. — Não. Saisland é aqui — ele apontou para uma pequena porção do canto superior esquerdo — e aqui é Araland.

Não muito maior. Thianna foi tomada por uma verdadeira sensação de vertigem agora. Como poderia uma terra de pessoas tão pequenas parecer tão grande? Como isso poderia fazer uma gigante sentir-se tão pequena? Ela odiava ser pequena.

-- Agora -- Karn estava dizendo --, se você olhar aqui... Karn parou no ponto mais distante do lado direito da parede, onde o continente de Katernia encontrava o mar. Ele apontou para uma linha de ícones entalhados nas águas. Pareciam serpentes. Serpentes aladas. Wyverns. E havia algo mais entre elas? Thianna viu que havia linhas finas subindo na parede, partindo de cada wyvern para convergirem para algo em formato de meia-lua. Era quase como...

-- É o seu povo -- revelou Karn, orgulhosamente.

-- O quê?

-- Acho que isso é uma pista sobre a sua origem.

Thianna sentiu sua coluna ficar rígida.

-- Eu sou de Ymiria -- disse ela friamente.

-- Sim, eu sei, mas quero dizer a sua *verdadeira* origem.

Karn percebeu seu erro quase tão rápido quanto as palavras deixaram a sua boca.

Aquilo já era demais. Este mundo do qual ela não queria fazer parte, este mundo que tinha vindo bater em sua montanha e roubá-la de sua vida, esse terrível lembrete que não importava quanto tentasse, não importava quantas partidas de Knattleikr ganhasse, ela sempre seria diferente. Sempre seria uma estrangeira em seu próprio lar.

-- Eu sou de Ymiria! -- Thianna bradou. --- Não sou norronur. Eu não sou humana. Não sou de onde quer que esses lagartos sejam. Eu sou uma gigante!

-- Ok -- disse Karn. -- Entendi. Você é uma gigante. Como se alguém pudesse esquecer isso.

-- O que quer dizer?

— Nada. Só que, palavra de honra, você passa o tempo todo tentando ser mais gigante do que os gigantes!

— Eu *sou* uma gigante!

— Então pare de tentar provar isso!

Por um momento, Karn pensou que Thianna ia bater nele. Em vez disso, ela se virou, fula da vida, e saiu do aposento.

CAPÍTULO QUINZE

O Dragão

Karn não tinha certeza se devia ou não ir atrás da amiga. No fim das contas, ele decidiu deixá-la esfriar a cabeça sozinha e ocupou-se em estudar o mapa do muro. Achava que o objeto esculpido rodeado por uma porção de wyverns era um chifre, e que as linhas entre ele e os répteis eram algum tipo de rédea. E se o chifre de Thianna convocasse os animais em vez de apenas irritá-los? Talvez eles não o estivessem utilizando da forma correta.

— Encontrei isto. — A voz de Thianna soou estranhamente hesitante. A gigante estendeu a mão para mostrar alguma coisa, pedras esculpidas sobre um tabuleiro de pedra. — Pensei que talvez pudesse substituir as peças que faltam pra você.

Os olhos de Karn se iluminaram. Ele se aproximou para ver o que ela estava segurando. Era, de fato, um jogo de tabuleiro, porém, não o seu favorito.

— É xadrez de Górdio — Karn explicou a ela.

— Não é Tronos & Ossos?

— Não — ele confirmou. Notando o repentino desapontamento na expressão de Thianna, acrescentou: — Mas esse também é muito legal.

— Poderíamos jogar?

— Não conheço as regras direito.

— Ah.

— Ei, mas talvez pudéssemos jogar Tronos & Ossos.

— Com isso?

— Usando algumas coisas dele. Eu ainda tenho o meu tabuleiro e metade das minhas peças. Poderíamos usar os peões dele para substituir as minhas escudeiras. As peças são um pouquinho maiores, mas, bem... — Ele olhou para Thianna e sorriu. — Estou começando a compreender a vantagem estratégica de ter mulheres altas na equipe.

Thianna sorriu.

— Tudo bem, garoto norrønur. Mas não espere que eu vá pegar leve com você desta vez.

Karn riu e posicionou o tabuleiro no chão. Os peões realmente davam boas escudeiras, e a peça do rei foi um bom substituto para o seu Jarl que estava faltando. Desta vez, ele jogou do lado defensivo, enquanto Thianna assumiu os atacantes.

Karn tentou explicar um pouco sobre a importância do jogo em Norrøngard. Queria que a amiga percebesse que ele não era o único aficionado, que se tratava de uma espécie de passatempo nacional.

-- Muitos dos norronir são inclusive enterrados com seus próprios jogos.

-- Ah, é?

Karn confirmou com a cabeça. Ele lembrou que chegara a ver o jogo no monte sepulcral de Helltoppr, mas isso trouxe à tona lembranças desagradáveis, então se concentrou em vencer a gigante.

Tronos & Ossos era um jogo assimétrico: um lado (o dos atacantes) tinha mais peças do que o outro. Thianna comandava quinze draugs asseclas e um draug líder, chamado Draug Negro. Ela havia feito várias jogadas hábeis e impressionado Karn com sua capacidade de aprendizagem, quando perguntou sobre o Draug Negro.

-- O que faz mesmo este aqui?

-- Ele pode entrar novamente nos Montes Sepulcrais depois de ter saído. Os outros draugs não podem fazer isso. Ele também pode ocupar o Trono do Jarl. Nenhuma outra peça pode fazer isso.

-- Certo. Eu me lembro disso. Mas tem um custo trazê-lo para fora, não é? Eu perco se ele for capturado, não é isso?

-- Sim, o jogo termina se ele for capturado.

-- Que coisa idiota.

-- Como assim? -- Nada em seu amado jogo de tabuleiro era idiota.

-- Por que os outros não podem continuar lutando? Quero dizer, se alguém capturasse Gunnlod, eu não iria simplesmente baixar a cabeça.

-- Você? É claro que não.

-- Então por que esses draugs menores desistem? Por acaso eles derretem ou algo assim?

Karn pensou a respeito.

— Na verdade, tem até um termo para isso. A gente diz que eles foram "libertados".

— Libertados?

— É. Mas o que importa é que o seu lado perde se isso acontecer.

— Soa como se eles estivessem sob o feitiço dele ou alguma coisa assim.

— Tá. Mas você perde.

— Então, o Draug Negro controla seus aliados com um feitiço, e quando você o derrota o feitiço é quebrado?

— Sim — disse Karn, que não entendia direito por que ela estava tão interessada no feitiço. — Eles estão enfeitiçados. E são libertados quando ele é derrotado.

— Como o seu pai? — perguntou Thianna.

Karn encarou-a em resposta a isso.

— Você quer dizer que... talvez ele não... ele poderia estar... Ele pode não estar... morto?

Thianna assentiu.

Karn estava sem palavras, o que foi bem conveniente, já que foi nesse exato momento que o dragão os interrompeu.

— Como eu adoro receber visitas! — ecoou uma voz grave, que parecia não ter uma origem certa, e apenas reverberar nas rochas ao redor deles. Karn e Thianna congelaram. Não havia dúvida quanto a quem pertencia aquela voz. Ainda que havia séculos não fosse visto. Era uma lenda viva.

— Não pensem que não — a voz continuou. — Eu amo visitantes. Mas eles vêm tão raramente nos últimos tempos! Faz uma eternidade desde que eu comi o último.

Nem Karn nem Thianna atreveram-se a respirar enquanto se entreolhavam.

-- Eu teria me apresentado antes -- ribombou a voz --, mas vocês estavam tendo uma conversa tão agradável e eu odiaria interromper.

Karn despertou primeiro da paralisia. Ele reuniu seu conjunto de Tronos & Ossos, completo agora com as novas peças, e o enfiou em sua mochila. Thianna balançou a cabeça, sem acreditar. Até mesmo sob a ameaça de morte iminente, ele não iria deixar seu precioso jogo para trás!

Ficar longe da parede aberta parecia uma boa ideia para os dois. Em silêncio, bem lentamente, eles se levantaram e começaram a se afastar, movendo-se em direção à porta que dava para o corredor.

-- A discussão foi bastante divertida -- a voz grave prosseguiu. -- Mas fiquei especialmente interessado quando a conversa se voltou para jogos de tabuleiro. Pode-se até dizer que eu próprio sou um pouquinho aficionado em jogos. Gostariam de adivinhar qual é o meu favorito?

Eles haviam acabado de alcançar a saída. Estavam quase conseguindo escapar. Então, uma grande forma ergueu-se do lado de fora, praticamente bloqueando a sua visão do céu. Era uma cabeça. Uma cabeça gigantesca. Coberta por escamas em tons de branco, cinza, prata e branco azulado. Algumas escamas cintilavam e outras eram opacas e escuras. A cabeça ostentava chifres longos e ameaçadores. Ela era emoldurada por orelhas onduladas como asas de morcego. Tinha uma boca que poderia engolir um cavalo inteiro de uma vez. Pior ainda, tinha dentes do tamanho de lanças. Com labaredas fumegando em suas grandes narinas e olhos chispantes, a cara toda brilhava à luz dura e furiosa proveniente da própria criatura.

— Vamos lá. Meu jogo favorito é... — Seus lábios monstruosos franziram-se em sinal de aborrecimento. — Nenhum palpite? Bem, acho que terei de dizer a vocês, então. — Os olhos do tamanho dos grandes punhos de Thianna os mantinham sob sua mira fixa. Olhos que pareciam abrir buracos com seu ardor. — O meu favorito é Gato e Rato.

— Orm — disse Karn, finalmente encontrando sua voz para falar.

A cabeça mergulhou formando um ligeiro arco, recebendo graciosamente o reconhecimento. Então, Orm Hinn Langi; Orm, o Maior de Todos os Linnorms; Orm, o Grande Dragão; Orm, a Destruição de Sardeth, sorriu para Karn e Thianna.

— Vocês sabem como funciona o jogo Gato e Rato, não? — perguntou o dragão com voz rouca. — Não sabem? Ora, vejam só que coisa. O que andam ensinando para as gerações mais jovens hoje em dia? As regras são bastante simples. O gato persegue. E ele sou eu, caso tenha ficado alguma dúvida. E os ratos — que seriam vocês dois, meus amiguinhos —, os ratos... correm.

Karn e Thianna saíram em disparada da sala. Karn hesitou no corredor do lado de fora, inseguro sobre que direção tomar. Thianna agarrou sua mão e puxou-o para a esquerda. Ela havia explorado o coliseu mais do que Karn, quando saíra para esfriar um pouco a cabeça. Ele esperava que isso significasse que ela tinha alguma ideia de para onde estavam indo.

— Ah, então vocês sabem as regras! — o dragão cantarolou com entusiasmo. — Que delícia! É sempre um prazer quando não preciso perder tempo ensinando um novato.

Karn e Thianna correram pelo corredor, seus pés ressoando muito alto ao tocarem o chão de pedra. Eles haviam deixado os restos fumegantes de sua tocha para trás. Agora, a única iluminação provinha do pouco que a luz do dia projetava através de portas ou derramava em poços através de buracos nas paredes de pedra em ruínas. Eles corriam o mais rápido que podiam e esperavam não tropeçar ou torcer um tornozelo.

Havia um grande arco logo à frente, outra saída para as arquibancadas. De repente, um focinho enorme e escamado enfiou-se pela abertura.

Orm torceu o pescoço para que pudesse olhar o corredor na direção deles.

O dragão abriu a bocarra, mas não disse nada. Apenas deixou bem aberta sua mandíbula.

Thianna puxou rápido Karn para o lado. Ele perdeu o equilíbrio por um segundo, recuperou-o, e viu que ela o havia puxado para o primeiro degrau de uma escadaria, que levava a um nível superior.

-- Vamos subir? -- questionou Karn.

-- Qualquer lugar é melhor do que ficar aqui, você não acha?

A sabedoria dessa ideia ficou clara quando um cone branco explodiu da boca do dragão. Karn teria pensado que era uma explosão de neve e gelo, se não tivesse sentido o calor escaldante. O fogo de Orm era tão quente que não queimava na cor vermelha ou laranja ou amarela, mas branca. As rochas do corredor de onde eles haviam fugido pouco segundos atrás fulguravam com o calor. Eles subiram correndo os degraus.

-- Vamos lá, subindo, subindo. Vocês estão indo bem! -- disse o dragão, oferecendo um encorajamento zombeteiro.

-- Vocês sabem o que dizem, lobo preguiçoso não pega cordeiro.

-- O quê? — ofegava Karn. -- Caramba, por que é que todo mundo está tão obcecado com cordeiros e lobos?

-- Não sei, não quero saber e tenho raiva de quem sabe -- disse Thianna.

Eles estavam no topo da escada agora, um andar acima. Corriam por esse novo corredor com o coração aos saltos cada vez que passavam por uma arcada aberta. Outra rajada de fogo de dragão explodiu.

Havia um buraco na parede, mais ou menos na altura de suas cabeças. Karn parou. Sentiu-se compelido a espiar por ele.

Ele pôde ver mais do corpo do dragão, não apenas a sua enorme cabeça. Orm havia se erguido das sombras do hipogeu e estava com a cara pressionada contra um arco. Seu corpo de serpente longo e branco enrolava-se ao redor do anfiteatro como uma imensa e pálida cobra — se as cobras tivessem escamas de placas sólidas ao longo da coluna e duas patas dianteiras com garras terríveis.

— Ele é tão... g-grande — Karn gaguejou.

— Deixa eu ver — disse Thianna. Ele não se moveu.

— Você realmente não vai querer ver isso — advertiu ele, incapaz de tirar os olhos de uma criatura tão extraordinária.

Orm puxou a cabeça para fora do arco. Então, sondou à sua volta girando o pescoço e um olhar frio encontrou o do próprio Karn.

O dragão sorriu. Rápido como um ataque de serpente, ele mergulhou na direção deles. Karn saltou para trás. Em seguida, empurrou Thianna para a frente, fugindo aos tropeções para sair do caminho do monstro.

As rochas arrebentaram da parede quando Orm investiu a cabeça direto contra elas. Uma nuvem de poeira preencheu o corredor e pedras soltas despencaram do teto. Orm balançou seu focinho de um lado para o outro para livrá-lo dos destroços.

— Eu estou vendo vocêêê-ês! — cantarolou o dragão.

Mais degraus que levavam a um nível superior. Eles os subiram, correndo como nunca haviam corrido antes. Karn ouviu uma grande resfolegada.

— Lá vem — disse ele.

Os degraus em seu rastro desapareceram num jorro de fogo branco.

Eles continuaram correndo.

As camadas circulares que constituíam as arquibancadas dos níveis superiores do coliseu naturalmente eram maiores do que as dos níveis mais baixos e os arcos para os assentos, mais afastados. Infelizmente, subir acabou se mostrando ser a direção errada.

— Temos que voltar para baixo — disse Karn. — Ele pode fazer esse jogo de gato e rato com a gente para sempre. E a luz sumirá em breve. Quando isso acontecer, ficaremos em mais desvantagem ainda.

— Por quê? Você acha que ele consegue enxergar no escuro?

— Bem, se consegue, seria pior para nós. Então, sim, acho que ele consegue sim. Além disso, você viu como os olhos dele refletem a luz. Como os de um gato. Mas se conseguirmos descer, podemos escapar. Ele terá mais dificuldade em nos encontrar se tivermos toda uma cidade para nos esconder.

— Se conseguirmos descer.

— Estou pensando em alguma coisa.

— Faça isso.

Eles continuaram correndo.

— Não há camarotes aqui em cima — Thianna observou.

— Sim — Karn concordou. — Estamos nos assentos mais baratos.

— Então, por que eu sinto que somos nós o espetáculo?

— Como eu disse, estou pensando em alguma coisa.

Através de outra fresta na parede, Karn teve um vislumbre do dragão enfiando a cabeça em outro arco. Graças aos céus, ele não estava próximo deles. Karn teve uma ideia. E começou a murmurar para si mesmo:

— Einn, tveir, þrír...

— O que você está fazendo? — perguntou Thianna.

— Shh. Contando. Fjórir, fimm. — Ele ouviu o dragão inspirar fundo e, logo em seguida, o estrondo das chamas.

Karn parou de contar e parou também de acompanhar a localização de Orm. Em vez disso, olhou para o anfiteatro, para as fileiras do outro lado. Ele não conseguia enxergar os arcos nas fileiras abaixo de sua própria posição, mas podia adivinhar onde elas deveriam estar posicionadas pelos arcos que conseguia ver do lado oposto da arena.

— Orm leva cinco segundos para realizar todo o processo. Enfiar a cabeça num buraco, respirar fundo, soprar uma rajada de fogo, tirar a cabeça do buraco. E sabemos quando ele está prestes a soprar fogo, porque tem que parar de falar e respirar fundo.

— Certo. Aonde você quer chegar com isso?

— Eu vou sair.

— Sair?

— Nós dois vamos sair. Da próxima vez que ele fizer isso, vamos correr para fora, em direção aos bancos.

— Lá fora? Com ele?

— Ele vai estar com a cabeça enfiada num buraco. Nós vamos ter cinco segundos para descer um andar e voltar para dentro.

— Isso parece arriscado. — Era verdade, mas Karn não tinha tempo para discutir. Então lançou mão de seu melhor sorriso, passando a confiança de um aficionado em jogos experiente em apostar.

-- Não se você for rápida, grandalhona -- ele provocou, com um leve tom de desafio em sua voz. Thianna o encarou, seus lábios se curvando para cima.

-- Ok, então.

Eles encontraram uma arcada com um pequeno buraco próximo a ela, grande o suficiente apenas para servir de olho mágico e perto o bastante para poder ser utilizado. Karn observou das sombras enquanto Orm considerava onde enfiar seu focinho na próxima investida. Quando o dragão escolheu e respirou fundo, ele pegou a mão de Thianna.

-- Lá vamos nós -- ele sussurrou.

Eles correram para fora do arco em direção à área dos assentos. O corpo colossal de Orm estava enrolado logo debaixo deles, seu pescoço forçando a cabeça num corredor.

-- Einn -- Karn murmurou para si mesmo enquanto eles se apressavam pelos degraus. Descer correndo os níveis dos assentos era mais difícil do que seria correr pela encosta de uma montanha. Um passo em falso e eles estariam perdidos, esparramados nos assentos sem nenhuma chance de retornar ao abrigo a tempo.

-- Tveir, þrír -- ele contou. Era difícil combater a sensação de estar totalmente exposto e evitar estremecer diante da visão do enorme volume do dragão. Nenhuma criatura tinha o direito de ser daquele tamanho.

-- Fjórir. -- Eles estavam agora acima do arco da fileira mais baixa. Karn deu três passos e então saltou o restante do trajeto.

-- Fimm. -- Seus pés atingiram as pedras. Thianna aterrissou ao lado dele. O dragão começou a retirar seu pescoço. Karn não esperou. Eles correram de volta para o abrigo dos corredores.

-- Oh -- exclamou o dragão. -- Alguém está usando a cabeça!

Karn espiou por cima do ombro. Lá fora, no anfiteatro, Orm se levantara bem alto, arqueando o pescoço quase como se estivesse sentando-se e reclinando-se para trás. Parecia que ele estava se divertindo até demais com aquilo tudo. Karn percebeu que uma parte dele mesmo realmente gostaria de corrigir isso.

Ali, nos andares mais baixos, as escadas, saídas e camarotes laterais eram mais numerosos. Eles desceram até outro andar utilizando as escadas internas.

Em seguida, havia um trecho de corredor escuro coberto de escombros. O dragão estava estranhamente silencioso. Quando eles alcançaram outro arco que conduzia aos assentos, Karn arriscou uma nova espiada.

Orm tinha ido embora.

— Como assim "ele foi embora"? — perguntou Thianna quando Karn sussurrou a notícia para ela. — Foi para onde? — Ela passou por Karn para espiar a arena por si mesma. Nenhum sinal do dragão. — Para onde ele foi?

— Como é que eu vou saber? Eu estava com você, não com ele. — Karn olhou para cima, mas não havia nenhum sinal de Orm no céu. — Talvez ele tenha saltado o muro e esteja nos esperando para, quando sairmos, poder lançar suas garras sobre nós.

— Ele poderia estar simplesmente acima de nós — sugeriu Thianna. — Nos assentos, quero dizer.

Não tinha como eles verificarem as fileiras sobre eles a menos que saíssem do abrigo da arcada e se virassem, e aí, se Orm realmente estivesse acima deles, seria tarde demais. Orm poderia devorá-los antes mesmo que tivessem tempo de gritar, que dirá correr de volta para o abrigo.

-- Não podemos nos arriscar a sair -- disse ele. — Não quando não sabemos onde ele está. Vamos ter que encontrar uma forma de descer por dentro.

Eles prosseguiram pelo corredor, passando por mais camarotes e câmaras laterais. O silêncio contínuo do dragão era enervante. Karn chegou a se perguntar se Orm tinha se cansado daquele jogo e ido embora. Ele sabia que isso era pedir demais, mas, então, como explicar o desaparecimento da criatura?

Por fim, eles chegaram a uma escada que conduzia ao andar inferior. Se Karn havia mapeado corretamente sua localização na cabeça, então aquele andar de baixo deveria estar ao nível do chão. Haveria saídas para a rua do lado de fora, bem como algumas passagens para o hipogeu logo abaixo. Qualquer das opções iria levá-los para fora do coliseu e conduzi-los a locais onde eles poderiam se esconder do colossal linnorm.

Estavam a meio caminho da descida quando perceberam algo. A luz do sol estava indo embora e os andares inferiores naturalmente estavam mais escuros do que os níveis superiores. Mas o chão além dos degraus, na verdade, não era chão. Eram escamas. Karn gelou.

Orm havia espremido sua longa massa em formato de serpente dentro do corredor. Preenchido a passagem com o seu corpo.

Eles correram de volta para cima, sem se incomodarem em ser silenciosos. O dragão era tão grande; parecia impossível que ele pudesse caber dentro do coliseu. Infelizmente, ele era longo, não largo.

Depois de seguirem por um quarto do caminho ao redor do anfiteatro, chegaram a outra escada. E o corpo do linnorm repousava ao pé dela também.

— Ele está enrolado em volta do andar inteiro — constatou Karn. — Ele circundou toda essa droga de arena. Não podemos descer para lugar nenhum. Ele nos encurralou.

Um som de risadas ressoou do nível inferior. De todos os lugares abaixo. Como é claro que aconteceria. O dragão estava rindo por toda sua longa e enrolada extensão.

— Eu lhes dei, meus dois cordeirinhos, uma grande oportunidade para fugir — disse Orm. — Esperei e esperei até preparar minha armadilha. Era mais do que uma chance razoável, tenho certeza que vocês concordam com isso.

— É dessa forma que você lida com todos os heróis que vêm aqui procurando por você, Orm? — Karn gritou. Estava frustrado com a injustiça daquilo tudo. — Com truques sujos?

— Calma lá! — argumentou o dragão. — Encurralar não é um truque sujo.

— Mas você faz o que for preciso, não é?

— Naturalmente.

— Assim como aquelas legiões gordianas que você devorou?

— É metido a historiador, garoto?

— Pode-se dizer que sim.

Karn estava matutando alguma coisa em sua mente. A palavra "encurralar" o fez pensar em táticas militares e nas legiões gordianas que Orm havia atacado quando ele chegara a Sardeth. As legiões gordianas trouxeram-lhe à mente o mapa do muro, que mostrava o império e o lugar de onde o povo de Thianna viera. E o povo de Thianna o fez pensar no chifre. Que faziam as wyverns atenderem a seu chamado. Répteis. Elas não eram linnorms, mas pelo menos primas distantes. Será que a magia do chifre poderia ser usada para irritar tanto linnorms como wyverns? Ou para controlá-los?

-- Faça-o continuar falando -- disse ele para Thianna.
-- Preciso de tempo para pensar.

-- Fazer o dragão continuar falando? -- espantou-se Thianna. -- Tudo o que eu já ouvi sobre dragões é que não é nada bom deixá-los falar com você.

-- Acha que deixá-los comer você é melhor? Faça com que ele continue falando.

-- E se ele me enfeitiçar ou me hipnotizar ou algo do tipo?

-- Fala sério! Duvido que ele consiga fazer isso. -- Se Karn sabia algo sobre Thianna, era que ela não se deixava levar por nada que não ela própria.

-- Hum... olá, senhor Dragão... -- Thianna gritou, com um tom hesitante.

-- O rato quer conversar? -- riu Orm. -- Você percebeu que perdeu e quer se render?

-- Afinal de contas, o que você quer com a gente? -- ela gritou.

-- O que eu quero com vocês? -- Ele parecia incrédulo.

-- Vocês, caçadores de tesouros, vêm até aqui, invadem a minha casa e perturbam o meu sono para roubar o meu tesouro. É mais do que justo que em vez disso terminem como minha brincadeira favorita.

-- Nós não viemos parar aqui por escolha própria -- explicou Thianna. Naturalmente, o dragão respondeu que não acreditava nela.

Enquanto isso, Karn pensava a respeito do chifre. Uma bela assoprada nele havia enlouquecido as wyverns. Embora ele não produzisse um som que os humanos -- ou os gigantes -- pudessem ouvir, para os répteis era obviamente doloroso aos ouvidos. Mas aquela era a única forma de utilizá-lo?

O mapa do muro havia mostrado que as wyverns respondiam ao chifre, como se fossem conduzidas e controladas por ele. Então, por que não tinha funcionado dessa forma quando Thianna o soprou?

— Seu verme gordo e estúpido! — a gigante do gelo estava gritando. — Se você não fosse tão grande, eu o assaria num espeto e daria você de comida para o meu...

É claro. Thianna soprou o chifre como fazia com todas as outras coisas. Bem alto, com audácia, e toda a força de sua personalidade. Seja lá qual fosse o som que estivesse saindo do outro lado certamente tinha de ser doloroso. E se ela tentasse um toque mais leve e mais suave?

— Thianna — ele chamou. Ela ainda estava batendo boca com o dragão. — Thianna! — Karn gritou mais alto até que ela calou a boca. — Use o seu chifre, mas desta vez não sopre com tanta força. Experimente... experimente tocar uma música.

— Experimente o quê?

— Tocar uma música.

— Eu não sei tocar nenhuma música.

— Bom, pelo menos sopre com mais suavidade.

— Mais suavidade?

— Confie em mim. Acho que sei como isso funciona.

Thianna olhou para ele com desconfiança. Mas tirou o chifre da mochila.

— Como quiser, garoto norrønur.

Thianna levou o chifre aos lábios. Tomou bastante fôlego. Karn levantou um dedo de advertência. Ela afastou o chifre da boca e soltou metade da respiração, lançando-lhe um olhar irritado enquanto fazia isso. Então, pressionou novamente o chifre contra os lábios.

— Suavemente — Karn recomendou outra vez.

Ela fez uma careta, mas assentiu. E então deu um sopro suave.

Como acontecera antes, o chifre não produziu som algum que Karn ou Thianna pudessem ouvir. Mas o linnorm ficou estranhamente em silêncio.

-- De novo -- instruiu Karn.

Thianna soprou outra nota tranquila, depois outra.

E foi então que ela ouviu. Uma vozinha tão fraca que soou como um de seus próprios pensamentos, exceto que não era nenhum pensamento que ela jamais houvesse tido.

O que é isso?, disse a voz. *Que presença é essa em minha mente?*

-- Quem é você? -- Thianna sussurrou de volta.

-- Quem é quem? -- disse Karn, pensando que ela havia falado com ele.

-- Shhh -- ela respondeu.

Rato?, perguntou a voz. *É você? Como você entrou aqui?* Thianna de repente foi tomada por uma onda de irritação, tão poderosa que a fez oscilar. *Você não tem o direito de estar aqui!*

-- Aqui? -- perguntou Thianna. -- Você quer dizer, na sua mente?

-- Com quem você está falando? -- quis saber Karn. -- Está falando com ele?

Saia!, Orm vociferou em sua cabeça. *Como ousa uma coisinha tão pequena e efêmera como você invadir a grandeza da minha mente? Você vive e morre no piscar dos meus olhos. Você projeta uma sombra vacilante na neve por um dia. Eu lanço minha sombra sobre impérios através de eras.*

A força do desprezo de Orm atingiu Thianna como um tronco de carvalho arremessado por um gigante. Ela foi golpeada e desabou no chão, chocando-se contra a parede do corredor. Karn correu até ela. Ela o afastou, mesmo que ele estivesse ajudando-a a se levantar.

Thianna cerrou os dentes. Estava farta de grandalhões enchendo-lhe o saco. O que havia de tão especial em dragões e trolls e até mesmo gigantes? Valentões. Fanfarrões. Ela tinha vencido Thrudgeizinho na base da inteligência. Tinha vencido os trolls da mesma maneira. E ali, na sua mente, tamanho não importava. Ela respirou fundo.

— Não muito forte — lembrou Karn, mas ela sacudiu a cabeça para silenciá-lo. Ela queria a atenção do dragão.

Ela soprou o mais forte que já havia soprado.

Orm rugiu. O coliseu balançou. O chão tremeu, derrubando Thianna e Karn no chão. Poeira e pedras soltas caíram do teto.

— Pare com isso! — vociferou bem alto o dragão, não mais falando em sua mente, mas gritando alto e claro suas palavras. Sua voz ecoou por todo o anfiteatro.

Thianna soprou novamente, tão forte como da primeira vez.

Mais pedras desabaram no chão enquanto Orm chocava violentamente seu corpo contra os corredores apertados.

— Ele vai fazer esse troço todo desabar bem em cima da nossa cabeça! — Karn gritou.

— Não, ele não vai fazer isso! — Thianna berrou, alto o suficiente para o dragão ouvir. — Ele viveu aqui por mais de mil anos, não é mesmo, grandalhão? É o único lugar nestas ruínas grande o suficiente para ele. O único lugar num raio de mais de mil quilômetros, aposto. Ele não vai arruinar o seu lar só por causa de uma dorzinha de ouvido causada por um rato.

— Eu não apostaria nisso — rosnou o dragão.

— Bem, eu sim! — desafiou Thianna. — Especialmente porque há uma alternativa muito melhor.

Ela soprou o chifre de novo, suavemente desta vez.

O que é isso? O que lhe dá acesso aos recônditos mais íntimos da minha mente?

-- Algo que minha mãe roubou, há muito tempo, de terras muito distantes. Agora o seu povo veio até aqui, procurando pelo objeto. Eu não compreendo muito bem tudo que está rolando, mas acho que ela não gostava do uso que seu povo pretendia dar ao objeto. E acho que ela estava tentando mantê-lo longe deles. Acho que é por isso que ela deixou seu lar. Elas a perseguiram. Agora estão me perseguindo. Eu lhe disse que não viemos parar em Sardeth por escolha própria. Estamos tentando evitar que o chifre caia nas mãos delas. Acredite em mim, seja lá qual for o motivo para elas quererem o chifre, não deve ser boa coisa para a sua espécie.

Thianna sentiu a extraordinária mente do dragão sondar a dela, percorrendo seus pensamentos. Mas de maneira gentil.

Eu acredito em você, Rato. Mas não posso deixar um caçador de tesouros partir daqui ileso. Afinal de contas, tenho uma reputação a zelar.

-- Eu te disse, nós não somos caçadores de tesouros.

Não? E que espada é essa que você carrega na bainha? Não me diga que você já a possuía quando chegou aqui.

Thianna olhou para a espata gordiana. Ela a havia apanhado, mas não sabia que pertencia ao dragão. E por acaso ele não a tinha roubado primeiro? Não achou que qualquer um dos argumentos a levaria muito longe. Mas teve outra ideia.

-- Vamos dizer que isso é um empréstimo -- disse ela. Ao seu lado, Karn ouvia atentamente, tentando captar o que estava acontecendo com base em apenas um lado da conversa.

Um o quê?

— Um empréstimo. Não a estou roubando. Você está emprestando ela para mim. Um dia vou devolvê-la.

Você vai devolvê-la? E quando você vai fazer isso?

— Você conta os dias em eras. Eu sou meio-gigante. Medimos os nossos em séculos. Tenho bastante tempo para cumprir minha promessa.

E o chifre, você vai destruí-lo?

Thianna hesitou. Isso era mais difícil de prometer. O chifre era sua única conexão com a mãe.

— Não posso.

É uma coisa detestável.

— Quando eu terminar com isso. Quando eu souber o que ele tem para me ensinar sobre a minha mãe.

Mais uma vez, ela sentiu os pensamentos do dragão deslizarem por entre os dela.

Eu poderia engoli-lo agora, e você com ele. Eu poderia fazer desabarem as pedras deste lugar sobre você.

— Eu poderia soprar novamente.

Ela sentiu a ira do dragão derramar-se sobre ela como uma onda. Mas foi uma onda que se quebrou e se dissipou. Então, ela sentiu algo mais. Divertimento.

— Você me ofereceu algo novo — Orm falou em voz alta. — Em mil e quinhentos anos, nunca emprestei nada a ninguém. Já conquistei e já devorei. Por uma ou duas vezes eu até mesmo dei conselhos a jarls e magos que vieram em busca disso. Mas emprestar alguma coisa... Admito, estou curioso para ver se você vai cumprir a sua promessa. A novidade vale uma mera espada. — Orm fez uma pausa, e Thianna captou irritação no linnorm. — Acredito que a resposta apropriada seja "Obrigada".

— Obrigada — disse ela, com sinceridade.

Eles encontraram uma fresta nas paredes e viram o dragão deslizando do corredor até a arena, mas ele não permaneceu em campo aberto. Apenas deslizou para as sombras do hipogeu e desapareceu de vista.

- - Agora vão - - ele bradou. --- Vão agora antes que eu mude de ideia. E jamais soprem novamente essa coisa detestável na minha presença, ou eu juro pelo meu fogo sagrado que o engolirei por inteiro e seu portador junto.

Eles não precisavam ser advertidos mais de uma vez. Enquanto a noite caía, Karn e Thianna correram do coliseu para as ruas da Cidade Arrasada. Para bem longe do poder de Orm.

CAPÍTULO DEZESSEIS

O retorno

A quilômetros de distância dali, no Baile dos Dragões, o tio de Karn desceu aliviado da sela da wyvern. Ori estava feliz por ter novamente solo firme sob os pés, depois de passar por uma viagem angustiante agarrado às costas de uma das guerreiras de Sydia. Embora não fosse demonstrar isso para as estrangeiras, tinha ficado com medo de estar tão alto no ar. E aquelas criaturas escamosas o deixavam nervoso. Ele nunca foi muito amante dos animais — decerto um inconveniente para alguém que nasceu para trabalhar numa fazenda — e uma wyvern parecia estranhamente inteligente para um animal que não falava. A besta não se preocupou em esconder a sua antipatia por Ori.

— Minha líder o aguarda no topo da colina — informou a guerreira. Mas não fez menção de acompanhá-lo. Ori subiu sozinho a encosta até o topo. À noite, quando o acampamento estava vazio de norrønir barulhentos, era um lugar horripilante. As estacas cruzadas com as cabeças de dragão de pedra projetavam sombras estranhas. Como se ele estivesse num cemitério. Não que ele tivesse algo a temer dos montes sepulcrais.

Uma luz ardia numa das cabanas de pau a pique no cume.

— Mas é claro que essas estrangeiras nem saberiam como montar uma tenda decente — zombou.

Ergueu o punho para bater na porta da cabana.

Uma wyvern esticou a cabeça de trás da lateral da cabana. Sibilou para ele. Ori sobressaltou-se. Mas se recompôs a tempo de sorrir de volta para a besta com escárnio.

A porta da cabana se abriu antes que ele pudesse bater de novo.

Sydia saiu. Pelo doce amor de Neth, será possível que a mulher dormia de armadura?

— Você queria conversar — disse ele, odiando como suas palavras a colocavam numa posição de superioridade. — Não é fácil sair de uma casa comunal no meio da noite sem ser notado.

— Você foi bem pago por suas informações — respondeu com desdém Sydia. — O que é um pequeno inconveniente agora que você é o hauld da fazenda de seu irmão?

— Sim, bem, obrigado por isso — disse Ori, imaginando como ele poderia virar essa convocação a seu favor. — Mas o dinheiro já acabou. Nem todos os homens livres ficaram felizes com a mudança na liderança. Tive que dipensar alguns deles e substituí-los por escravos. São mais submissos, sabe? Não precisam ser pagos, é verdade, mas ainda têm de ser alimentados.

Sydia estreitou os olhos.

-- Nem pense que você pode extrair mais ouro de mim, norronur. É por causa da interferência da sua raça que eu ainda estou neste maldito buraco gelado que vocês chamam de terra.

-- Interferência? -- espantou-se Ori, seus pelos se arrepiando com o tom da estrangeira.

-- Seu sobrinho, aquele que se chama Karn.

-- O que tem ele? -- retrucou Ori com petulância. Mas por dentro sentiu um frio na barriga. Karn deveria estar morto faz tempo. Eliminado pelos asseclas de Helltoppr ou por condições climáticas extremas. Ele até podia ser um bom jogador de Tronos & Ossos, mas seu sobrinho dificilmente fazia o tipo sobrevivente durão.

-- Ele e Thianna estão viajando juntos. Ajudando um ao outro.

-- Eles estão o quê? -- gritou Ori.

-- De alguma forma, os dois jovens tolos estão conseguindo escapar das minhas guerreiras.

-- Como você sabe que eles simplesmente não partiram de Norrøngard? -- Ou foram mortos por um draug, ele pensou.

Sydia fechou a cara.

-- Eles foram avistados. Quase capturados uma ou duas vezes.

Agora foi a vez de Ori fazer cara feia. Então quer dizer que aqueles Mortos Ambulantes incompetentes não tinham feito o seu trabalho. No fim das contas, talvez houvesse em Karn um pouco da grandeza de seu irmão. De todo modo, isso não seria suficiente para salvá-lo.

-- E você recorreu a mim para...? -- Ele deixou a pergunta no ar.

— Estou tentando uma nova tática — Sydia respondeu. Ela apontou para os três grandes menires no topo da colina.

As pedras estavam na sombra, mas... havia outras formas amontoadas em suas bases? Formas *gigantescas*? Ori ergueu uma sobrancelha.

— Garantias — Sydia continuou. — Algo para conquistar a cooperação da menina. Karn também deve ter alguém na fazenda que ele odiaria ver ferido.

Ori não gostou do rumo que aquilo estava tomando. Sua cunhada ainda estava sofrendo com a notícia das mortes de Korlundr e de Karn. Tinha sido fácil culpar trolls pelo ataque. E ela era uma mulher norrønur forte, criada na dura realidade de uma terra fria e implacável. Ela acabaria se conformando com a nova ordem das coisas. Quanto à irmã de Karn, Nyra, livrar-se dela não seria tão ruim.

— Seria difícil convencê-los com outra história sobre um terceiro desaparecimento logo após os dois últimos. Haja troll para comer tanto assim. Os escravos, por outro lado, comem todos os dias...

Sydia cuspiu no chão.

— Você só quer saber de ouro?

— De ouro e o que ele pode comprar para mim. — Ori lançou seu sorriso mais encantador.

— Ajude-me com o seu sobrinho incoveniente — Sydia respondeu —, e nós conversaremos sobre mais ouro.

Agora era ele quem estava em posição de superioridade, e Ori sabia como tirar partido da situação. Ele olhou para a wyvern sibilante ao lado da cabana. Talvez fosse a vez dele de apavorar as estrangeiras.

— Combinado — concordou ele. — Mas, antes de plane-jarmos qualquer coisa, dê uma volta comigo.

Sem aguardar uma resposta, ele começou a descer a colina, caminhando na direção dos montes sepulcrais.

— Aonde você está indo? — a mulher gritou para ele.

— Não fica muito longe — Ori respondeu. - - Há alguém que você deveria conhecer.

As terras ao sul de Sardeth eram repletas de colinas, mas nada do porte de Ymiria. O trajeto tinha sido fácil nos últimos dias. Fácil fisicamente, pelo menos. Agora que a emoção do dragão havia sido deixada para trás, Karn não parava de pensar na partida de Tronos & Ossos com Thianna. Quando a peça do Draug Negro era capturada, todos os seus asseclas eram "libertados". Será que isso realmente poderia significar que, se Helltoppr de algum modo fosse derrotado, seu pai poderia voltar à forma humana? Mas como Karn iria derrotar Helltoppr? Mesmo com uma arma como a Clarão Cintilante, ele era um zero à esquerda no manejo da espada.

Cada passo que dava na direção sul o levava cada vez mais longe de seu pai. Karn simplesmente parou.

- - Tenho que voltar - - disse ele.

- - O quê? Tá maluco? Nós acabamos de escapar de Orm!

Thianna estava olhando para ele horrorizada.

- - Não para Sardeth - - explicou ele. - - Para Norrongard. Para o monte sepulcral. Tenho que resgatar o meu pai.

- - Karn, você não é páreo para Helltoppr.

- - Como posso não voltar? - - argumentou Karn. - - Se houver uma chance, mesmo que mínima, de meu pai não estar morto?

- - Mas...

— Você faria isso. Se Magnilmir estivesse em apuros, você voltaria.

Thianna encarou-o com firmeza.

— Sim, eu voltaria.

— Então...

— Mas, Karn — a gigante continuou —, não posso ir com você. Tenho que manter este chifre longe de Ymiria. Longe de Sydia. Não sei por que ela quer tanto esse treco, mas seja lá o que ela pretenda fazer com isso, não pode ser boa coisa.

Karn assentiu.

— Então, isso é um adeus. — Ele sentiu-se estranhamente formal. Estendeu a mão para Thianna. Ela olhou fixamente para ele, o vento soprando-lhe os cabelos sobre os olhos escuros. — Eu agradeço tudo o que você fez por mim — Karn continuou.

Thianna atirou-se sobre ele, agarrando-o num abraço apertado.

— Minha coluna! Quebrando! — ele gritou, mas estava rindo. E pensar que alguém tão estranha e irritante tornara-se tão próxima a ele...

Thianna colocou-o no chão. Então esfregou as bochechas.

— É o vento no meu olho — murmurou, envergonhada.

— No meu também.

— Boa sorte, Tampinha — disse ela, dando-lhe um soquinho amigável no ombro. Ele escorou o corpo para evitar cair. Seria difícil viajar sozinho, sem ela, mas agora que já tinha se decidido, não havia outra escolha.

Ele apontou os pés na direção de seu lar. Podia sentir os olhos de Thianna observá-lo, mas não se virou. Depois de alguns instantes, pôde ouvir as passadas dela levando-a para longe.

A gigante do gelo caminhou uns bons dez passos para o sul antes de parar.

Ela sabia que Karn não conseguiria sem sua ajuda. Teve que resgatá-lo da neve, dos trolls, da avalanche, do despenhadeiro, da água. Mas ele também a havia salvado. De Sydia. E do dragão. Claro, ela o tinha resgatado mais vezes do que ele a salvara, mas, teve que admitir, o dragão contava por várias vezes.

O que era enfrentar alguns míseros draugs quando você já tinha vencido Orm? Ela precisava manter o chifre longe de Sydia, mas a mulher já sabia que ela estava indo para o sul. Refazer a trilha para o lado oposto talvez pudesse despistar Sydia. Thianna teria simplesmente atirado o chifre no mar, se ele não fosse seu único elo com o passado de sua mãe. Ela nunca havia se importado com esse passado enquanto crescia, mas agora...

Thianna correu para Karn antes mesmo de perceber que havia mudado de ideia. Ele deu um grito de susto quando os dois trombaram e caíram no chão.

— Surpresa, garoto norronur! Vou com você!

Thianna ajudou-o a se levantar, limpando a terra de suas roupas de um jeito quase protetor.

— Vamos enfrentar nossas ameaças juntos — disse ela. — Quaisquer que sejam.

— Está certo, então. — Ele sorriu. — Vamos para casa.

— Esplêndido! — disse uma voz. — É para lá que planejamos levar vocês.

A mulher de armadura bronze e negro estava com a lança em punho, apontada diretamente para eles. Ainda assim, Thianna segurou o chifre, pronta para usá-lo e atormentar a montaria.

— Já estivemos neste impasse antes — disse Thianna.

— Não há nenhum despenhadeiro para você pular desta vez — zombou a mulher guerreira.

— Nunca tem um penhasco quando precisamos de um — queixou-se Karn.

Thianna deu uma rápida assoprada no chifre.

A wyvern estressou-se, empinando, quase derrubando sua amazona da sela. Ela lançou uma rajada de fogo no ar sobre a cabeça deles. Os dois se protegeram do calor recuando.

Eles começaram a correr, ao mesmo tempo desembainhando suas espadas.

— Continue soprando essa coisa — pediu Karn. — Impeça a mulher de controlar a montaria.

— Já estou fazendo isso — informou Thianna entre um sopro e outro. — É difícil correr e soprar ao mesmo tempo.

— Mas ela só precisava manter a wyvern desorientada o suficiente para que não pudesse persegui-los.

Decidiram escalar uma colina baixa. Havia um pequeno rebanho de gado selvagem em sua base. Os animais moveram-se inquietos quando Karn e Thianna se enfiaram no meio do rebanho intempestivamente.

Algo disparou pelo chão em direção aos pés deles. Era um gato com o pelo estranhamente molhado. Quando Karn passou por ele, uma mão agarrou o braço que segurava a espada. Uma mão úmida. Ela o segurou até fazê-lo parar.

— Buuu! — exclamou Snorgil, olhando-o maldosamente através de seus dentes podres.

Karn tentou puxar com força o braço para libertá-lo das garras da criatura, mas o aperto do draug era firme. Com o braço livre, ele deu um soco no rosto de Snorgil. A sensação da carne macia e em decomposição em sua mão era repugnante, mas o golpe não pareceu ter machucado nem um pouco o

Morto Ambulante. O rebanho deslocava-se à sua volta, nervoso. Onde estava Thianna?

Karn relanceou os olhos em torno e avistou a gigante do gelo lutando com duas das vacas. Como assim, num momento como aquele? Não, não eram vacas. Era um touro. E um cavalo. Seus pelos estavam imundos e também encharcados. Assim como o gato... Um gato, um cavalo e um touro — eram os animais do seu sonho. Aqueles que haviam entoado "A Canção de Helltoppr" para ele. Ele conseguia identificar a umidade em seus pelos agora. O que escorria em seus flancos era sangue, um sangue preto e espesso.

-- Draug -- disse ele. E olhou para Snorgil: -- Você era o gato.

Snorgil sorriu.

-- Uma forma conveniente de entrar nos sonhos. -- O draug lançou um olhar hostil para o céu. -- E de viajar durante o dia.

Thianna brandia no ar sua espada para o touro. Ele estava com as ancas para o alto e desferia-lhe coices com os cascos poderosos. Ao menos um deles atingiu de raspão o ombro dela, mas nem chegou a fazer cócegas na grandalhona, que apenas deu de ombros. No quesito vigor físico, a força de Thianna era uma categoria à parte.

Inspirado por sua amiga, Karn chutou Snorgil violentamente na perna. O draug quase perdeu o equilíbrio, mas agarrou-se ao garoto e se manteve em pé.

-- Nada disso, rapaz -- ele rosnou. -- Você já teve sua diversão, mas agora acabou. Já causou problemas suficientes para me manter ocupado pelo próximo século ou mais. -- O Morto Ambulante, então, deu-lhe uma cabeçada, derrubando-o com força no chão.

Então, uma lança cutucou Karn na garganta.

— Já chega — cuspiu a guerreira, que havia desmontado e estava no solo, com o dedo no gatilho. Ela pressionou a ponta de sua lança de fogo enfaticamente na carne de Karn. — Tenho certeza absoluta de que não vou errar a essa distância.

Era o fim. Tinham-no capturado. Karn assentiu. Ele viu que o touro continuava sendo um touro, mas o cavalo havia se transformado em Rifa. Isso significava que o touro era Visgil.

— Já chega! — advertiu novamente a mulher, gritando agora para Thianna. — Vou fritar esse menino se você não baixar as armas!

Foi um banho de água fria para Thianna quando viu a situação em que Karn se encontrava. Ela rosnou para a guerreira, mas baixou a espada.

— Largue a arma — a mulher insistiu. — No chão. — Com relutância, Thianna obedeceu. — Agora o chifre. Largue o chifre também.

Thianna hesitou.

— Largue-o agora! — a mulher mandou. Seu polegar roçou o gatilho da lança.

Thianna atirou o chifre no chão.

Rifa sorriu e o apanhou.

— Me dá isso aqui! — comandou a mulher.

— Quando chegarmos ao Monte Sepulcral de Helltoppr — Snorgil disse —, todos nós poderemos ter o que queremos. — Ele olhou para Karn e abriu um sorriso desagradável. — Bem, não o que *você* quer, obviamente. Mas o que o aguarda.

Karn cuspiu no draug.

— Ah, anime-se, garoto! — disse o norrønur zumbi. — Você quer se reunir com o seu velho, não é? Agora, você e ele vão ficar juntinhos por toda a eternidade.

☆ ☆ ☆

Karn foi jogado sobre o dorso do touro, seus pulsos e tornozelos amarrados por uma corda esticada sob a barriga putrefata da criatura. Era repugnante. Mas o pior mesmo era o sentimento de desesperança e fracasso.

A posição de estar amarrado sobre o dorso de um touro também lhe proporcionava uma bela vista do chão. Ele estava passando a uma velocidade alarmante. Nenhum animal de verdade poderia se mover assim tão rápido.

Ele sentiu as garras do gato cravarem em sua carne para firmar-se. Snorgil havia se transmutado numa forma menor para a viagem.

— Cuidado! — Karn reclamou.

— Foi mal, garoto — respondeu o gato, não parecendo nem um pouco arrependido. — Não gostaria de lhe causar nenhuma dor desnecessária. Só que foi você mesmo que nos obrigou a sair nessa grande perseguição. Então, não vejo nada de mais numa dor necessária.

As garras cravaram-se novamente nas costas de Karn. Talvez ele devesse ficar de boca fechada. A raiva é má conselheira. Ele precisava manter o juízo. Já tinha mesmo a intenção de voltar e agora estava indo para casa, e bem rápido. Tudo que precisava fazer era planejar a sua próxima jogada. O draug havia deixado a Clarão Cintilante em sua bainha. Eles pareciam temer tocar na arma, mas ela não era de muita ajuda se suas mãos estavam amarradas. Infelizmente, sua mochila tinha sido abandonada, junto com todas as suas provisões e seu estimado jogo. Ele sempre achou que seria enterrado com ele. Até mesmo Helltoppr tinha um jogo de Tronos & Ossos entre o seu tesouro no monte sepulcral. Karn afastou o pensamento:

conseguir um novo jogo era a menor de suas preocupações se queria chegar ao fim do dia vivo. Mas então ele teve uma ideia. Ainda não estava totalmente pronta, era somente o início de um plano, mas era um raio de esperança na escuridão.

Thianna estava montada na frente da guerreira, com as mãos amarradas para trás. Era constrangedor. A mulher tinha afrouxado bastante o aperto. Thianna perguntava-se quanto a mulher estaria encrencada se ela caísse. Talvez a guerreira estivesse pensando a mesma coisa. Provavelmente, era melhor manter a boca bem fechada e não provocar a mulher.

— Fica abaixada! — disse ela, gritando em seu ouvido contra o vento.

— O quê? — Thianna berrou por cima do ombro.

— Não fique sentada tão ereta. Não consigo ver para onde estamos indo com o seu corpo na minha frente.

— A culpa não é minha se vocês estrangeiros são tão baixinhos — Thianna respondeu. Era assim que manteria a boca bem fechada e não provocaria a mulher? A guerreira empurrou -a com força, curvando-a na sela.

— Tá bom, tá bom. — Thianna inclinou o tronco sobre o pescoço da wyvern. Não era muito confortável, mas era melhor do que mergulhar para a morte.

É uma bela queda, disse uma voz em sua mente.

— O quê? — Thianna respondeu.

Não fale em voz alta. Ela vai te ouvir. Basta pensar para mim.

Pensar para quem?

Para mim, idiota.

Você é a montaria, digo, a wyvern?

Está vendo mais alguém aqui em cima?

Não precisa ser sarcástica.

Preciso sim. Você permite que o instrumento da nossa escravidão retorne para os nossos mestres.

Você está falando do chifre?

Claro que é do chifre. Todos os gigantes são cabeças-duras como você?

Thianna refletiu sobre isso: provavelmente são. Mas o chifre, ela perguntou para a wyvern, o que tem ele?

Eu te disse. É a ferramenta de nossos mestres.

Sim, mas como ele funciona?

Você já sabe. Ele nos comanda. Sem ele, poderíamos nos libertar de seu jugo.

Mas ele está desaparecido há anos.

Uma canção, tocada por um mestre com a habilidade adequada, dura bastante tempo.

Esteve desaparecido por toda a minha vida!

Eu disse bastante tempo, não disse?

Então, o que acontece sem ele?

Seu efeito começa a se desgastar. Começamos a pensar por conta própria. Esperávamos que ele continuasse desaparecido. Aí você chegou e estragou tudo.

Então, por que está ajudando Sydia a recuperá-lo?

Lá vem você de novo, mostrando como é cabeça-dura! Eu disse que ele nos comanda.

Então, aonde quer chegar? Aliás, por que você está me contando isso?

Você já soprou o chifre várias vezes. Você o carregou durante dias.

Sim, bem, me desculpe por isso.

Bah, me poupe da sua pena. Você não entende aonde quero chegar. Você também nos comanda.

E daí?

E daí que você é uma mestra. E nossos mestres nunca tiveram objetivos contrários.

— Ah... — soltou Thianna em voz alta.

Fique quieta.

Desculpe. Mas você está dizendo que enquanto vocês ainda tiverem que obedecer aos seus mestres...

Ter dois mestres em desacordo um com o outro me dá alguma margem de erro na interpretação das minhas ordens.

O que você quer que eu faça?

Não posso fazer você querer nada. Não está prestando atenção? Mas você pode me fazer querer alguma coisa. Se você der a ordem para mim agora, enquanto a minha montadora não está me dando outras ordens.

Ah. Está certo. Bem, então, deixe-me ir.

Não posso. Estou sob a compulsão de levá-la para Sydia.

Então, para que você serve?

Você pode me dar ordens, contanto que não entrem em conflito com as minhas outras ordens.

Entendi.

Entendeu nada.

Estou começando a entender. Me dá um segundo.

Thianna sorriu.

Aposto que você é uma exímia voadora.

Claro. Mas isso é pouco relevante.

Ah, pois eu discordo. Gostaria de ver uma demonstração.

Ela pressionou bem forte os calcanhares nas laterais da wyvern.

Mostre-me como você dá um giro no ar.

Dentro de sua mente, Thianna achou que quase conseguia sentir a besta sorrindo. Então, a wyvern bateu as asas e empinou, tão abruptamente que a gigante do gelo foi jogada contra a mulher. Isso não iria funcionar se a guerreira se agarrasse nela. Thianna jogou a cabeça para trás o mais violentamente que pôde, com os dentes cerrados para aguentar a dor ao esmagar o rosto da mulher com o próprio crânio. Cabeça-dura, de fato.

Em seguida, elas estavam de cabeça para baixo. Thianna arquejou quando viu o mundo acima de sua cabeça. Ela tentou se segurar apertando os joelhos, mas manter-se firme no lugar era mais difícil do que imaginava. Sentiu os flancos do réptil escaparem debaixo dela. Então Thianna, como sua mãe antes dela, estava caindo do céu.

CAPÍTULO DEZESSETE

O jogo

O ar frio chicoteava ao seu redor. Thianna estava paralisada num momento de puro terror. Abaixo dela, a terra branca aproximava-se rápido demais.

Então era assim? Sem suas "mestras", a wyvern estava livre para voar para onde quisesse? Ou ainda era obrigada a voar para o norte até Sydia, carregando o chifre em seu alforje, levando-o para os seus escravizadores? Fosse como fosse, Thianna não estaria lá para descobrir.

Em pânico, ela se perguntou se a mãe tivera essa mesma sensação havia treze anos, quando caíra do céu. Será que mergulhar para a morte estava no sangue da família?

O chão se avultava à sua frente. Era o fim.

Então grandes garras arrebataram Thianna no ar. Garras enormes e escamosas.

Ela ficou dependurada pelos ombros naquelas garras, com os pés balançando no vazio.

— Não tinha certeza se você iria me pegar — disse ela, tanto em voz alta quanto em sua mente.

Não posso deixar a minha mestra cair.

— E quanto à sua outra mestra? — ela perguntou. Não havia sinal algum da mulher guerreira. Thianna olhou para o chão lá embaixo e estremeceu.

Só posso apanhar uma de cada vez, respondeu a wyvern com um encolher de ombros mental.

A criatura planou lentamente em direção ao chão, soltando Thianna quando ela estava a uns dois metros ou menos de distância do solo, e então bateu suas asas para pousar diante dela.

Thianna levantou-se, feliz por estar viva e inteira.

— E agora? — perguntou ela.

Ainda estou sob a compulsão de retornar para Sydia.

— Não tem problema. Estamos mesmo indo naquela direção. Karn vai precisar de alguém para resgatá-lo.

Ela se virou de costas para a wyvern, erguendo os punhos amarrados para mostrá-los à besta.

— Mas antes de irmos, você poderia usar suas garras para cortar estas cordas?

A noite já estava caindo quando Karn chegou ao Baile dos Dragões. Havia luzes no topo da colina. Não era uma iluminação fantasmagórica, mas luzes de um acampamento. O brilho amarelo de fogueiras naturais confortou seu coração com a saudade de seu pai e de uma época em que sua única reclamação era alimentar os porcos com lavagem malcheirosa. Mas aquilo não era um acampamento norronur.

O touro saltou o pequeno muro de pedra que circundava a colina sem se deter. Conforme se aproximavam do topo, Karn teve um vislumbre de figuras amontoadas na base dos três menires, quando o falso animal parou de repente. Karn sentiu as cordas que o prendiam à criatura se afrouxarem; então, ele foi derrubado sem cerimônias das costas do touro no chão.

Visgil transmutou-se em sua forma de cadáver em processo de decomposição, agarrando Karn pelo braço e arrastando-o a seus pés. Seus pulsos ainda estavam amarrados, embora a sensação de ter as pernas livres fosse boa. Ele se perguntou quão longe chegaria se tentasse correr.

A porta de uma das cabanas de pau a pique se abriu. Sydia.

- - Finalmente esse aborrecimento chegou ao fim - - ela comemorou em seu estranho sotaque. - - Você deveria dar ouvidos ao seu tio, garoto, e ficar bem longe de gigantes.

Karn afastou bruscamente a mão de Visgil e endireitou bem o corpo.

- - Meu tio! Fique feliz por meu tio não estar aqui, ou ele teria umas coisinhas a dizer a você sobre raptar membros da família.

- - Duvido muito disso — disse Sydia, sorrindo cruelmente. - - Mas você mesmo pode perguntar a ele.

Ela afastou-se para o lado da porta da cabana. Atrás dela, um norronur deu um passo à frente sob a luz da lua.

- - Tio Ori! -- Karn exclamou com animação. Sim, era verdade, Ori o havia advertido a fugir e nunca mais voltar. Mas assim que lhe explicasse que Korlundr não estava realmente morto, então eles poderiam encontrar uma forma de consertar juntos as coisas. Mas o que Ori estava fazendo com Sydia?

— Karn, Karn, Karn. — Ori estava balançando tristemente a cabeça. — No que você foi se meter? Eu te avisei para ficar bem longe, sobrinho. Poderia ter escapado para Araland ou qualquer outro lugar. Quanto mais distante, melhor. Mas você tinha que meter o nariz em coisas que não são da sua conta.

— Do que você está fa-falando? — Karn gaguejou. — Essa mulher maluca estava perseguindo a gente... Olha só, Korlundr não está morto. Se conseguirmos derrotar Helltoppr, podemos trazê-lo de volta. — Mas Ori não estava escutando.

— Você nunca se importou com nada antes a não ser seu precioso Tronos & Ossos, garoto — seu tio continuou. — Por que começar a se preocupar com os assuntos da fazenda agora? Oh, o que vamos fazer com você? O que é que vamos fazer com você?

— Tio?

— Por aqui nós não somos muito gentis com quem mata alguém da própria família — disse Ori, falando para Sydia como se estivesse se desculpando pelos modos grosseiros de seu povo rude. — Olho por olho e tudo mais, entende?

Sydia assentiu.

— Mas... mas Korlundr não está morto. Podemos libertá-lo.

— Então, como ele fez o pai ser transformado numa pedra rúnica... — continuou Ori. — A coisa certa a fazer é colocar o filho ao lado do pai.

— Não está me ouvindo? — Karn gritou. — Estou te dizendo que o meu pai não está morto!

— Que ótimo! — Ori respondeu. — Então você não tem nada a temer ao partilhar com ele do mesmo destino.

Ori acenou com a cabeça para Visgil, que agarrou Karn por trás. O garoto lutou para afastar o draug, mas Snorgil e Rifa surgiram ao lado deles, de novo em suas formas cadavéricas.

-- Haha, o velho e preguiçoso Ori... -- riu Snorgil. -- Sempre nos mandando fazer o seu trabalho sujo. Não faz mal. Tudo fica bem quando acaba bem, é o que dizem.

Karn olhou do draug para o tio.

-- Você *conhece* eles?

-- Sempre achei que seria útil ter amigos em posições inferiores -- zombou Ori dando de ombros.

-- Eles são zumbis!

-- Ninguém é perfeito --- murmurou Snorgil, parecendo genuinamente ofendido.

A boca de Karn se mexeu, mas ele estava sem palavras.

-- Ah, não leve isso tão a sério, sobrinho! — disse Ori. -- Não é que eu não goste de você. Basta pensar nisso como um jogo. Eu te avisei que não gosto de perder.

O fogo ardia nos olhos de Karn.

De repente, um fogo bastante real explodiu do céu, colocando em chamas a cabana de pau a pique. O fogo subiu imediatamente, consumindo a cabana tão rápido que só poderia ter uma origem.

Enquanto Ori e Sydia afastavam-se da fogueira com um pulo, Karn voltou sua atenção para o céu.

Thianna segurava habilmente a lança numa mão e as rédeas da wyvern com menos segurança na outra. Ainda assim ela deu um jeito de parecer heroica pairando sobre a cabeça de todos.

-- Soltem Karn! -- ela ordenou, apontando a lança para Sydia.

Para a surpresa de Karn, Sydia não parecia abalada.

-- Thianna, que bom que apareceu! Estávamos esperando por você --- disse a mulher. --- Na verdade, estivemos providenciando uma recepção para o seu regresso. Para vocês dois. — Ela apontou com o queixo o alto da colina, onde os três menires marcavam o cume do Baile dos Dragões.

Uma segunda lança cuspiu chamas na noite. A guerreira restante de Sydia acendeu uma fogueira no meio dos menires. Conforme o fogo aumentava, as pedras iam sendo iluminadas, revelando três figuras em suas bases. Karn e Thianna engasgaram em uníssono.

Magnilmir, Eggthoda e a irmã de Karn, Nyra, estavam amordaçados e amarrados às pedras. Nyra os fitava com um olhar de desafio, mas os dois gigantes do gelo se contorciam com o calor indesejável.

Alguém ergueu uma vara ardente perto do rosto dos gigantes.

O recém-chegado era imenso, ele próprio também um gigante.

— Thrudgeizinho — disse Thianna.

Thrudgelmir deu um sorriso malévolo para ela.

— Você é um traidor da sua raça! — Thianna rosnou.

— Você não é da minha raça! — ele cuspiu de volta. — E eles são traidores de sua própria raça por não enxergarem isso. Com você morta, ficaremos livres para viver nossas vidas sem que qualquer uma dessas pessoas pequenas interfira novamente.

— Você é um tolo, Thrudgeizinho! — disse Thianna. A razão pela qual ela havia ansiado conquistar o respeito de gigantes como ele estava além de sua compreensão.

— Pouse! — ordenou Sydia.

— Posso fritá-la de onde estou — respondeu Thianna.

— Não pode queimar a todos nós, não antes de seus familiares ficarem em chamas. Agora, pouse.

Thianna fervia de raiva. Então, ela encarou Karn.

— Você me diz o que fazer — disse ela.

— Vá em frente e pouse — respondeu ele. Karn percebeu a confusão de Thianna. — Confie em mim, vai ficar tudo bem.

— Haha — bufou Snorgil ao lado dele. — Você tem uma definição engraçada de "ficar tudo bem", não é mesmo, garoto?

— Não se preocupe — disse Karn. — Ainda restam alguns movimentos neste jogo.

Thianna olhou nos olhos do garoto norronur. Entregar-se numa luta nunca fora o estilo dela. Mas Karn não parecia estar se entregando. Ela se lembrou de como ele às vezes fazia sacrifícios num jogo de Tronos & Ossos. *Espero que você saiba o que está fazendo*, ela pensou.

Thianna baixou a lança e guiou a wyvern até o chão.

Karn e Ori pararam diante da porta de cadáver esfacelada na rampa de terra que conduzia à entrada do monte sepulcral. Não muito longe dali, Thianna era contida entre Thrudgelmir e dois outros gigantes do gelo. Atrás deles, e montando guarda contra qualquer fuga, estava a guerreira remanescente de Sydia, os três draugs, e quatro homens com aparência de durões que respondiam somente a Ori, ou pelo menos ao que ele pagava a eles.

— Agora, sem gracinhas, sobrinho! — disse Ori. — As regras dizem que é você que tem que bater na porta, então tenho que liberar suas mãos.

Karn assentiu. Tudo se resumia em, nos próximos instantes, ele ser capaz de realizar com sucesso o que pretendia.

— Sem gracinhas! — ele repetiu. Karn ergueu para o tio os seus pulsos, para que ele os desamarrasse. Ori adiantou-se para desatar os nós. Karn olhou para cima, para a lua e sua própria lua menor, tanto uma quanto outra cheia lá no céu. Mentalmente, ele sussurrou uma breve oração para Kvir. Ele esperava que fosse verdade que o deus da sorte favorecia estratégias ousadas.

— Você tem que bater três vezes, lembra? — disse Ori.

— Aí você entra. Anime-se, Karn. Você pode vencer Helltoppr numa luta de espadas.

Karn assumiu sua mais confiante expressão de jogador.

— Talvez eu vença — disse ele. — Obrigado por me deixar com a minha espada, tio. Nenhum dos draugs parece gostar da Clarão Cintilante. E eu pratiquei pra caramba com ela.

Ori lançou um olhar para a espada na cintura do sobrinho. Com muito cuidado, Karn segurou o punho e puxou a lâmina parcialmente para fora da bainha. O metal resplandeceu com um brilho vermelho dourado ao luar. Era fácil acreditar que era uma arma encantada.

— Thianna disse que é uma espada especial — Karn continuou, forçando-se a soar grato e ingênuo. — Feita por anões ou elfos. É mais leve do que armas um pouco mais curtas. E perfeitamente proporcional.

Ele podia ver a cobiça nos olhos de seu tio. O homem já tentara tomar-lhe das mãos a Clarão Cintilante.

— Desculpe, sobrinho — disse o tio. — As regras dizem que você pode pegar outra arma lá dentro. — Ele afastou a mão de Karn do punho da Clarão Cincilante, e então desembainhou a espada.

Karn fingiu parecer relutante enquanto permitia que seu tio tirasse a Clarão Cintilante dele. Ori girou a lâmina, testando-a no ar.

- - Cai muito bem uma arma como esta nas mãos do hauld da fazenda, você não acha? - - Ele baixou a espada e fez um gesto para Karn com a ponta da lâmina. — Agora bata. Três vezes. Odiaria ter que espetá-lo com a espada do seu próprio pai, mas farei isso se você tentar algum truque.

- - Nada de truques — disse Karn, erguendo o punho para bater. Pelo menos nada de truques *depois desse*.

Ele bateu na porta. Uma, duas, três vezes.

Ao longo do escuro corredor, duas chamas verdes fantas-magóricas iluminaram-se. O som de velhos ossos rangendo chegou até ele.

- - Ora, ora, ora! -- retornou uma voz seca e rouca. -- Bem-vindo de volta!

Karn torceu o nariz para o cheiro enjoativo de podridão dentro do monte sepulcral. A presença aberrante do capitão de dracar zumbi o estava deixando aterrorizado. Mas apesar de seu medo, sua mente trabalhava rápido.

Ele desembocou do túnel para dentro da câmara redonda de teto baixo. Helltoppr estava em sua cadeira de pedra com feitio de trono, ainda vestindo sua armadura enferrujada e couros apodrecidos. Karn limitou-se a lançar-lhe apenas um olhar, depois correu os olhos ao redor do aposento. Ele pôde vislumbrar espadas, machados, escudos, lanças e armaduras, taças e pratos. Todos os tesouros que o draug havia acumulado durante sua vida de batalhas e pilhagem.

- - Impressionante, não? -- disse Helltoppr. -- Dizem que não se pode levar sua riqueza com você ao morrer. Talvez seja por isso que eu me recusei a ir. Hu, hu, hu. — O Morto

Ambulante riu, a poeira acumulada rodopiando por entre os dentes podres.

Com um ranger de ossos velhos, Helltoppr alavancou-se de seu trono, pondo-se de pé. Mais poeira caiu do draug enquanto ele caminhava para a frente. As articulações estalaram quando ele apanhou seu grande machado com as mãos mortas e balançou-o no ar.

Karn sorriu de orelha a orelha. Encontrou o que estava procurando.

— Por que o sorriso, garoto? Está assim tão ansioso para morrer?

— Ansioso para vencer — respondeu Karn, encarando os olhos flamejantes de Helltoppr pela primeira vez. As chamas verdes queimando ali não eram tão diferentes dos olhos de outras pessoas excessivamente confiantes que Karn já havia enfrentado.

— Então, puxe sua espada — disse Helltoppr, engasgando com outra risada. Ele apontou com o cabo do machado para a bainha de Karn.

Karn afastou o casaco para o lado, mostrando ao draug sua bainha vazia.

— Parece que perdi a minha arma em algum lugar — disse ele. — Acho que isso significa que a luta acabou.

— Acabou? Pelo amor de Neth, ainda não consegue se lembrar das regras! Se você não vier com uma arma, está livre para escolher uma do meu tesouro.

Karn olhou em volta para as pilhas de tesouros, propositalmente lançando os olhos sobre as espadas e lanças mais impressionantes.

— Qualquer coisa? — perguntou ele.

- - Qualquer coisa - - respondeu o draug. - - Você tem a minha palavra. Mas seja rápido. Estou ansioso para enterrar o machado no seu crânio.

- - Não se preocupe - - disse Karn. - - Já escolhi.

Ele caminhou até uma pequena mesa encostada contra a parede. Sobre a mesa estava o dourado e reluzente jogo de Tronos & Ossos do qual ele se lembrava.

- - Espero que você consiga jogar uma partida decente - - provocou Karn. - - Não quero ficar muito entedidado.

- - O quê? -- rugiu o draug. -- Isso não é uma arma.

— Eu discordo — disse Karn. -- Nossas histórias dizem que uma partida de Tronos & Ossos pode ser tão cruel quanto qualquer outra batalha. E você sabe que não é considerado um verdadeiro norronur aquele que não tenha brandido uma espada, lançado um insulto e jogado uma boa partida de Tronos & Ossos. Você é um verdadeiro norronur, Helltoppr?

- - Ninguém é mais verdadeiro -- resmungou o Morto Ambulante. — Eu era o maior jarl dentre eles. Ora, o trono de Alto Rei estava quase ao meu alcance. Sou um filho respeitável de Norrongard, não como esses fracotes amantes da paz que mancham suas neves nos dias de hoje.

- - Então tem medo de quê? -- Karn apontou para o tabuleiro. - - Prove a sua ascendência. Prove o seu valor e me vença no tabuleiro do jogo. Tendo comandado tantas batalhas como você comandou, essa deve ser fácil para você. E você me deu a sua palavra de que eu poderia escolher qualquer arma do monte sepulcral.

As chamas verdes dos olhos de Helltoppr arderam de ódio. Mas então os lábios mortos do draug se curvaram.

— Muito bem, Karn Korlundsson. Vou vencê-lo neste jogo, e então você vai assumir o seu lugar como a última pedra rúnica na minha embarcação. Minha coleção estará completa e assim também estará a minha vingança sobre os filhos de meu inimigo. — Ele caminhou até a mesa.

— Vou ser os ossos — informou ele.

— Eu meio que já esperava por isso.

Magnilmir estava em grande parte furioso consigo mesmo. Se ele nunca houvesse dado o chifre a Thianna, nada daquilo teria acontecido. Ele não tinha percebido que o objeto era importante para alguém mais além de si mesmo. Sequer tinha se dado conta de que se tratava de algo mais do que apenas um chifre de beber. Tudo o que queria era que Thianna apreciasse sua herança humana, e agora essa mesma herança iria acabar fazendo com que todos eles fossem mortos.

Ele deveria tê-la mantido escondida, no topo congelado do mundo onde ninguém jamais poderia encontrá-la. Mas Thianna merecia uma vida maior do que seu pequeno mundo lhe proporcionaria. Ele flexionou os grandes músculos e novamente investiu contra as cordas que atavam os seus pulsos.

— Quer ficar parado? — reclamou uma voz atrás dele.

— Como espera que eu desamarre você, se não para de se mexer? Vou acertar o seu cabeção desgrenhado com o meu martelo se você esmagar os meus dedos, juro que vou.

— Tem alguém aí? — perguntou Magnilmir, ou pelo menos foi o que tentou fazer. Sua voz estava terrivelmente abafada pela mordaça em sua boca. Houve um ruído em seu pescoço e de repente a mordaça foi retirada.

- - Obrigado - - ele agradeceu. -- Eu disse: tem alguém aí? - - Bem, é claro que tem alguém aqui, seu grande miolo--mole - - zombou a voz. -- Senão quem você acha que tirou a sua mordaça? Tive que ficar na ponta dos pés para fazer isso. Tenho ficado de olho em Sýdia desde que ela apareceu em Bense. Sim, você pode me agradecer profusamente pela minha previdência depois. Agora cale a boca e não faça eu me arrepender por ter liberado primeiro a sua boca.

Magnilmir sorriu. Ele sabia quem era o seu salvador. A frase sobre ter que ficar na ponta dos pés era o que havia dado a dica.

- - É bom ver você também, Gindri, meu amigo - - disse ele.

- - Bem, vamos esperar para ver se *tudo* está bem quando eu desamarrar os outros -- respondeu o faz-tudo anão errante. - - Mas eu diria que tem uma chance de ficar melhor.

Karn encarou o Morto Ambulante putrefato do outro lado do tabuleiro. Ele estava empoleirado na beirada de uma cadeira de madeira que havia arrastado junto com a mesa para perto do trono do draug, onde este se assentava reclinado. O rosto morto de Helltoppr não entregava nada, mas as chamas verdes de seus olhos ardiam num fogo baixo. A câmara estava mais escura, a luz bruxuleante criando sombras enervantes. Era esse o objetivo, Karn sabia, assustá-lo e desestabilizar o seu jogo. Conhecer a estratégia, entretanto, não a tornava mais fácil. A parte em que ele o assustava estava funcionando.

Pior, Helltoppr estava provando ser um adversário à altura. Karn pensou inclusive que ele poderia ser o mais difícil que já enfrentara. Claro, ele também nunca havia jogado para salvar a sua vida.

Helltoppr jogava com segurança. Não hesitava quando chegava a sua vez. Seus dedos ossudos movimentavam as peças imediatamente após Karn completar os próprios movimentos.

Quando chegava a vez de Karn, ele mal conseguia se concentrar em sua próxima jogada.

— Vamos lá, garoto! Joga logo — retrucava Helltoppr quando Karn não estava pronto instantaneamente. Pressionar o oponente dessa forma pegava muito mal. Era exatamente o que Karn esperava do draug. E surtia o efeito desejado: Karn estava no limite e tomava decisões precipitadas.

Uma a uma, Helltoppr estava eliminando as donzelas escudeiras de Karn, privando-o de seus defensores. Karn sentiu uma gota de suor frio formar-se em sua têmpora e lentamente escorrer pela bochecha. Toda tentativa de Karn em deixar o tabuleiro era interceptada.

A estratégia de Helltoppr era encurralar o Jarl de Karn. O lado do atacante tinha quase o dobro de draugs do número de donzelas escudeiras que Karn possuía. Helltoppr não tinha medo de sacrificar suas próprias peças para obter uma vantagem. Karn suspeitava de que havia sido assim também em vida. Você conseguia dizer muito sobre um norrønur observando o seu jogo. Aqui, Karn estava desesperado para tirar o seu Jarl do tabuleiro, para escapar. Assim como ele ficara desesperado para fugir da Fazenda de Korlundr e da vida de um hauld.

Karn se perguntou quanto do jogo de Helltoppr combinava com a sua personalidade. Devia ser estranho ser um draug jogando Tronos & Ossos. Helltoppr era um draug jogando como um draug.

Foi aí que Karn percebeu. Helltoppr estava relutante em mover o Draug Negro para além dos limites da proteção dos

Montes Sepulcrais. Por uma ou duas vezes sua mão pairou sobre a peça, somente para resolver depois fazer algum outro movimento com um de seus asseclas. Foi uma revelação. Helltoppr identificava-se com a peça do Draug Negro de uma forma que Karn não se sentia em relação ao seu próprio Jarl.

"Todas as criaturas se comportam de acordo com a sua natureza", Thianna lhe havia ensinado. Ele tinha presumido que Helltoppr jogaria de maneira lógica, como qualquer jogador que se preze. Ele não esperava que o draug pudesse perder oportunidades por razões sentimentais. Para vencer, Karn teria que pensar como o seu adversário.

Era a sua vez. Em vez de movimentar uma peça, ele se reclinou para trás na cadeira. Forçou-se a parecer descontraído.

-- Aposto que já faz uns cem anos que você não disputa um jogo como este — disse ele. -- Não consigo imaginar Snorgil oferecendo-lhe um grande desafio numa partida.

-- É sua vez, garoto -- o draug rosnou.

-- Por que a pressa? Está tão ansioso para voltar a espreitar na escuridão? Quando você terá a oportunidade de jogar outra partida como esta? Não vai ser com Snorgil. E aposto que Rifa é pior ainda. Já Visgil é um sujeito tranquilo. Talvez ele seja um profundo pensador. Visgil pode propocionar uma boa partida?

-- Dificilmente -- bufou Helltoppr. -- São todos uns tolos, mas eles têm sua utilidade.

-- Têm é? Que estranho. Snorgil não estava dizendo o mesmo para mim. Veja bem, enquanto eles estavam me perseguindo por toda a Norrongard, curtindo a paisagem, desfrutando da caçada, você estava aqui se escondendo. Sentado em sua cadeira, sozinho no escuro, apodrecendo. Snorgil não parece tão tolo para mim.

— Eles fazem o que eu mando. Sempre fizeram. Por que deveria me extenuar se tenho seguidores para fazer isso?

— Ah, não há razão alguma. Especialmente se você tem medo de ir lá fora...

— Medo? — o capitão de dracar zumbi rugiu. — Cuidado com a língua, garoto, ou você pode acabar ficando sem ela.

— Pelo jeito você ainda tem nervos — Karn provocou —, porque eu acabei de atingi-lo num ponto sensível. Então é isso, não é? Snorgil e seus amigos ficam com toda a diversão, enquanto você se esconde debaixo da terra.

— Bobagem. — A mão de Helltoppr desviou-se do tabuleiro, pairando sobre o cabo de seu machado. Karn perguntou-se se havia ido longe demais, provocando-o daquele jeito. Fingiu estudar o tabuleiro.

Karn afastou uma donzela escudeira de um monte sepulcral, abrindo caminho para o seu Jarl bem na frente do Draug Negro de Helltoppr. Karn gesticulou para a jogada óbvia.

— Dizem que você pode saber muito a respeito de uma pessoa pela forma como ela joga. Eu digo que você está com medo de deixar o seu monte sepulcral do mesmo modo que está com medo de trazer o seu Draug Negro para o jogo.

As chamas nos olhos de Helltoppr queimaram. Então, a mão de Helltoppr apanhou o Draug Negro e o deslizou para fora de seu monte sepulcral, correndo-o ao longo do tabuleiro.

— O que isso lhe diz agora, rapaz? — disse o draug.

Isso me diz que eu estou certo, Karn pensou.

No entanto, Karn poderia ter abocanhado mais do que conseguia mastigar. Helltoppr movera habilmente o Draug

Negro. Ele usou suas habilidades especiais para ir abrindo caminho pelos defensores de Karn, capturando-os uma jogada após a outra. Karn estava perdendo, e perdendo rápido. Helltoppr soltou uma gargalhada exagerada.

-- Você despertou um dragão adormecido, garoto.

Foi uma escolha infeliz de palavras por parte do draug. Karn colocou as mãos nas laterais do tabuleiro e se levantou. Ele se forçou a inclinar-se sobre a mesa, se aproximando do rosto de Helltoppr.

-- E daí? -- disse. -- Eu já despertei um dragão no começo desta semana.

Karn moveu uma donzela escudeira pelo tabuleiro, capturando um dos draugs de Helltoppr e ameaçando também o Draug Negro.

Karn se sentou. Ele estava contando que Helltoppr acreditasse no seu blefe.

Como era de se esperar, os movimentos do Morto Ambulante começaram a se tornar cada vez mais rápidos. O exército de Karn estava dramaticamente desfalcado. Mas sua estratégia estava funcionando. O draug estava partindo para os abates instantâneos, não jogando uma partida lenta.

Então, o jogo estava quase no fim. Karn viu que Helltoppr poderia ganhar com apenas mais duas jogadas. Mas se ele estivesse furioso o bastante, não estaria enxergando com clareza...

Karn mudou de estratégia. Estivera jogando como se a fuga fosse tudo o que importava. Agora ele sabia que algumas coisas eram mais importantes. Fugir não era a única maneira de vencer. Ele colocou propositalmente uma donzela escudeira na linha de fogo. Era uma isca. O draug arrebatou com triunfo a donzela escudeira do tabuleiro. Um triunfo equivocado. Ao fazê-lo, ele expôs o Draug Negro.

Karn deslizou seu Jarl pelo tabuleiro, prendendo o Draug Negro entre duas peças. Ele o retirou do tabuleiro. Pronto. Karn havia ganhado.

— Fim de jogo — disse ele.

— O quê? — rugiu Helltoppr.

Karn mostrou-lhe o Draug Negro na palma da mão.

— Eu ganhei. Eu te venci.

Helltoppr pegou a peça de sua mão. O capitão de dracar olhava para ela como se não pudesse acreditar no que Karn havia feito.

— Agora, liberte o meu pai — disse Karn. Chamas verdes viraram em sua direção. — Essa é a recompensa que eu escolho. Como dizem as regras. Liberte o meu pai. Liberte todos eles.

Mas o draug não fez isso. Pelo contrário, estendeu a mão e apanhou o seu machado. Ele o ergueu e o manteve suspenso sobre o tabuleiro. Então, voltou a se sentar em seu trono. Baixou o machado com um cansaço palpável, reclinando-se contra o assento de pedra fria.

— Tudo bem. Está feito — disse ele, fazendo um gesto de desdém com a mão. — Agora vá.

— Está mesmo? — perguntou Karn, hesitante.

— Sim, está. Tudo feito. Agora vá e veja por si mesmo.

Karn assentiu. Sem se virar de costas para a criatura, ele andou em direção à saída.

— Karn — o draug o chamou quando ele entrou no túnel. Sua voz soava melancólica. — Você está certo. Sobre o que disse. Já faz um tempo que eu não enfrento um adversário digno. Posso não gostar da dor da derrota, mas um monte sepulcral às vezes é um lugar enfadonho, e até mesmo uma dor como essa tem o seu toque de emoção vital e de desafio. Uma boa partida talvez seja melhor do que um resultado garantido. E palavra de honra que você jogou uma boa partida.

Karn acenou com a cabeça para o draug. E, então, saiu pela porta e para o mundo lá em cima.

CAPÍTULO DEZOITO
A batalha

Não havia sinal de Ori ou dos outros. Karn deu-se conta de que uma partida de Tronos & Ossos levava consideravelmente mais tempo do que uma luta de espadas. Talvez tivessem presumido que o sobrinho perdera e foram embora. Mas ele não tinha perdido. Escalou a rampa do monte sepulcral e olhou em volta.

As pedras rúnicas permaneciam imóveis no ar da noite. Elas não tinham mudado. Seu pai ainda era uma pedra.

Ele realmente havia acreditado que poderia trazer Korlundr de volta. Helltoppr não tinha cumprido sua palavra? Karn havia entendido mal a maldição?

Com os olhos fechados, Karn inclinou-se para a frente e descansou a testa contra a pedra fria. Só que a pedra não estava fria. Estava esquentando, bem debaixo da sua testa. Ele afastou rapidamente a cabeça e abriu os olhos.

Cores estavam surgindo nos entalhes na superfície cinzenta da pedra. Então, a maior das pedras rúnicas começou a rachar. A imagem de seu pai tornou-se mais realista, a representação bruta ganhando profundidade e cor.

De repente, a pedra rúnica explodiu em grãos de poeira. Um vento estranho, soprando do nada, afastou a poeira para longe. Quando ela se dispersou, Korlundr estava ali, piscando os olhos à luz da lua.

— Pai! — gritou Karn, atirando-se em Korlundr.

— Karn! — Kornlundr estreitou o filho nos braços. — O que aconteceu? Onde está Helltoppr?

— Você foi transformado em pedra. Você foi transformado em pedra e eu pensei que estivesse morto. Mas derrotei Helltoppr, pai. Eu o venci e o fiz trazer você de volta.

— Pedra? Você o derrotou? — exclamou o pai, incrédulo.

— Uma pedra rúnica — explicou Karn. — Como eles.

Ele apontou para as outras pedras da embarcação, mas elas também estavam rachando e se despedaçando. O estranho vento novamente soprou do nada e um grupo de mais ou menos dez homens e mulheres viram-se libertados de seus menires.

— O que está acontecendo? — perguntou um norrønur corpulento que poderia facilmente ter sido um dos invasores de Helltoppr mais de um século antes.

— Isso vai levar um tempo para explicar — Karn começou.

— Meu filho salvou você — seu pai os interrompeu. — Ele enfrentou Helltoppr e libertou todos vocês. — Korlundr se inclinou e sussurrou no ouvido de Karn: — Quando chegarmos em casa, você vai ter que me dizer como conseguiu fazer isso.

Karn assentiu, ainda formigando de alívio por ter salvado o pai. Então, a lembrança de casa desencadeou uma nova preocupação.

-- Pai, foi o tio Ori. Ele nos enganou para que pudesse ficar com a fazenda.

-- Ori! -- disse Korlundr, apertando os olhos.

-- Não há tempo. Ele está sendo ajudado. E eles estão com Nyra.

-- Nyra?

-- E Thianna. Devo minha vida a ela. Temos que ajudá-la.

Karn virou-se para as almas recém-libertadas, que estavam se agrupando em torno deles.

-- Temos uma dívida com vocês -- reconheceu o homem corpulento que tinha ouvido o fim da conversa. -- Está dizendo que precisa de ajuda agora?

Karn sorriu.

-- Uma amiga minha está em apuros -- disse ele, erguendo a voz. -- Ela precisa ser resgatada. A família dela também. E tem um tio meu, traidor, que precisa ser capturado, assim como alguns outros vilões também.

-- Eu não entendo -- disse uma mulher que segurava um machado de aparência assustadora.

-- O que há para entender? -- disse o homem corpulento. -- Há uma batalha para ser travada e vigança a ser distribuída.

-- Ele se dirigiu novamente a Karn. -- Mostre-nos o caminho, rapaz. Nós o seguiremos. -- Houve grunhidos de concordância por todo lado. Todos eram norrønir, cada um deles. Compreendiam o que era uma dívida de honra, compreendiam o que era vingança, e, após décadas congelados em pedras, estavam ansiosos por um pouco de ação de verdade.

— Vamos lá! — chamou Karn, conduzindo-os na descida do monte sepulcral, em direção à floresta. — Eu explico tudo no caminho.

Thianna estava parada no topo do Baile dos Dragões com a cabeça baixa. Karn tinha entrado no monte sepulcral e não havia saído. Ela não podia suportar admitir isso, mas o fato é que ele nunca mais sairia de lá. Karn tinha dito a ela que tudo ficaria bem, que o jogo ainda não tinha acabado. Obviamente, tinha acabado sim.

Karn estava morto e Sydia estava com o chifre. Ori havia ordenado a Rifa que o entregasse assim que viu que o assunto referente ao seu sobrinho era um "caso encerrado". Ainda assim, a líder e sua guerreira remanescente, furiosas quando descobriram que o terceiro membro de seu grupo havia perecido, planejaram arrastar Thianna de volta com elas para encarar a "justiça".

As duas mulheres levantaram acampamento rapidamente. O tio traiçoeiro de Karn, Ori, ficou esperando, obviamente aguardando alguma coisa. Thianna ficou enojada, mas nem um pouco surpresa, quando viu um saco de moedas trocar de mãos.

Durante todo esse tempo, Thrudgelmir ficou por perto, com uma atitude arrogante. Ela achava que o gigante era ainda pior do que Ori. Ori traíra seu próprio sangue por dinheiro. Thrudgelmir não havia recebido nenhuma recompensa por sua traição, a não ser atiçar as chamas do seu ódio.

Sydia dirigiu-se a Thianna.

— Estamos prontas para partir — comunicou ela. — Se nos causar algum problema, vamos deixá-la no meio do caminho.

- - Isso quer dizer que vamos jogá-la lá do alto - - acrescentou sua companheira, anunciando o óbvio.

Elas empurraram Thianna em direção a uma wyvern. Desta vez, ela seria amarrada no réptil, e a besta seria guiada por uma corda presa a uma das outras montarias. Elas não queriam correr riscos.

- - Estenda os pulsos - - ordenou Sydia, preparando-se para amarrar as mãos de Thianna.

A gigante do gelo hesitou. Isso a irritava, depois de ter chegado tão longe.

- - Faça o que é ordenado! - - advertiu a outra mulher, empunhando sua lança de fogo.

- - Nunca fui muito boa nisso - - retorquiu Thianna, recusando-se a demonstrar medo.

Foi então que gritos de guerra norronir de arrepiar os cabelos espocaram da floresta. Um bando de homens e mulheres estranhos irrompeu das sombras. Eles brandiam espadas, lanças e machados. E estavam correndo em direção à colina.

- - Quem diabos são esses? - - exclamou a guerreira de Sydia.

- - Não importa — a líder respondeu. Ela apontou a lança para os recém-chegados. - - Vão queimar bem fácil com todo aquele cabelo.

Thianna chutou com a sola de sua bota, arrancando a lança da mão de Sydia. A outra mulher rosnou e puxou sua espada. Thianna ergueu os punhos nus.

Magnilmir e Eggthoda saltaram de trás dos menires. Balançavam no ar imensas clavas, feitas com as estacas de cabeça de dragão que haviam arrancado do chão.

Uma clava de pedra atingiu a guerreira na cabeça e ela desabou no chão. Sydia saiu-se melhor, mas estava sendo encurralada pelas investidas das clavas dos gigantes. Thianna aproveitou a oportunidade para se abaixar e apanhar a espada da guerreira abatida. Ela ficou encantada ao se dar conta que, além de sua mais recente arma, a mulher também carregava a antiga espata que Thianna havia encontrado sob o coliseu. A gigante do gelo levantou-se, segurando uma espada em cada mão. Parecia que haviam sido feitas especialmente para ela.

Ori e seus capangas correram em direção a ela, mas um segundo grupo surgiu repentinamente por trás da cabana de pau a pique.

— Karn! — Thianna gritou de alívio. Ao lado do garoto, ela viu o pai dele e um grupo de norrønir que não reconheceu.

Ela apontou uma espada para o primeiro grupo de estranhos.

— Eles também estão com vocês? — perguntou ela.

— Insistiram em vir quando contei sobre toda a diversão que estavam perdendo. — Ele sorriu de volta.

Karn havia dividido os norrønir em dois grupos. O primeiro tinha proporcionado a barulhenta distração, permitindo que o segundo grupo escalasse de fininho a colina pelo outro lado. Foi uma boa estratégia, refletiu Thianna, mas ela não esperava menos de um hábil jogador de Tronos & Ossos.

Então os capangas de Ori travaram uma luta contra os guerreiros de Karn e a batalha espalhou-se ao redor deles. Espadas, machados e lanças giravam no ar por todos os lados. Berros e gritos de guerra soavam na noite.

Uma clava zuniu no ar sobre a cabeça de Thianna. Ela se abaixou e girou, e viu Thrudgelmir erguendo-se sobre ela.

— Fui um idiota em pensar que humanos poderiam resolver os meus problemas — disse ele. — Agora, eu mesmo vou ter que me livrar de você.

Ao lado dele, os dois outros gigantes traidores movimentaram-se para cercá-la, mas Magnilmir e Eggthoda correram para eles. Eram três contra três.

Thrudgelmir foi rápido em direção a Thianna, brandindo sua grande clava, correndo atrás dela. Bastaria um único golpe daquela arma para acabar com a gigante.

Ela não bobeou. Em vez disso, mergulhou por entre as pernas dele. Então, virou-se e chutou com ambos os pés a parte de trás de seus joelhos. Ele desabou.

-- Quantas vezes mais, Thrudgeizinho, você vai cair nesse truque?

Ele nem teve chance de responder. Gindri desceu o martelo sobre a cabeça de Thrudgelmir com toda a força de um braço acostumado a golpear metais nas bigornas dos anões. Os olhos de Thrudgeizinho reviraram nas órbitas e ele saiu do ar.

- - Obrigada - - Thianna disse ao anão.

-- O prazer foi meu -- respondeu Gindri.

Em seguida, ela estava de volta à briga. Tirou de combate alguns dos homens de Ori e correu para ajudar seu pai e Eggthoda. Não que eles precisassem. Não bastasse os gigantes mais jovens estarem vencendo até os adultos mais experientes, Gindri ainda corria por entre as pernas deles, acertando o martelo sem piedade em seus pés, e a irmã de Karn lhes arremessava pedras com vontade.

Em outro ponto, Karn viu que Korlundr havia encontrado uma arma. Mesmo sem uma espada mágica, ele era mais do que páreo para os capangas que o enfrentavam. Eles não duravam muito.

Karn ainda não tinha encontrado uma arma, mas agora seu tio corria em direção a ele, desembainhando a própria espada de Korlundr e uivando.

— Você deveria ter ficado longe! Eu te avisei, Karn! — ele gritou. — Não gosto de perder. Você me fez perder, garoto. Mas não vou cair sozinho.

Ele girou a Clarão Cintilante no ar com selvageria, obrigando Karn a correr colina abaixo. A espada não acertou o garoto, mas arrancou um pedaço da viga de sustentação de uma tenda. Karn passava correndo aos tropeções pelos dragões de pedra, enquanto procurava evitar os golpes de Ori.

Ele sabia que dentro de alguns instantes estaria encurralado contra o muro baixo de pedra, uma péssima posição ao enfrentar alguém que o ataca da encosta de uma colina. Mas a ira de Ori o fazia avançar rápido demais e golpear sem controle. Ori estava desequilibrado. Isso tornava a vantagem da encosta uma desvantagem. Karn esperou por um golpe particularmente ensandecido, então deu um passo à frente, agarrou a camisa de Ori e se jogou para trás.

Karn caiu na colina e rolou, um movimento que ele havia aprendido com a gigante. Eles rolaram e continuaram rolando.

Karn virou o jogo.

Desferiu um belo soco no nariz do tio.

Ori soltou um grito e derrubou a Clarão Cintilante.

Karn agarrou rapidamente a espada e saltou, livrando-se dos braços do tio.

Ori olhou em volta desesperadamente buscando por seus seguranças norrønir. Foi tomado pela decepção quando percebeu que estava sozinho.

— Karn — ele disse, sua voz assumindo um tom de súplica. — Meu querido sobrinho.

- - Não venha com essa de "querido sobrinho" pra cima de mim - - respondeu Karn.

- - Vamos lá, certamente você compreende, não? Toda aquela conversa no caminho para Bense sobre a injustiça do meu nascimento. Meros segundos me impediram de ser o primogênito no lugar do meu irmão gêmeo. Você sabe que eu não tinha escolha. Não podia esperar ser despachado e ficar por conta própria sem todos os trabalhadores aos quais já havia me acostumado. Só eu e alguns mercenários. E mais, eu teria que realmente... cultivar, criar animais...

- - Você tentou matar o meu pai. Tentou me matar.

— Mas eu não fiz isso, fiz? Você está aí. E olhe só para você. Veja como está mais engenhoso e responsável. Tudo está bem quando acaba bem, não é? Você não poderia simplesmente olhar para o outro lado, enquanto eu dou o fora de mansinho? Não machucaria o seu próprio tio, machucaria?

Karn hesitou. Ele sentiu o peso da Clarão Cintilante na mão. Queria golpear com ela agora, mas como poderia se vingar de um homem desarmado e ajoelhado aos seus pés?

- - Não sou um fazendeiro, Karn, nós dois sabemos disso. Eu realmente não conseguia aguentar toda aquela... imundície.

De repente, a mão de Ori se ergueu e ele arremessou um torrão de lama incrustada de gelo no rosto de Karn. Momentaneamente cego, Karn ergueu a mão livre para limpar os olhos. Ori pôs-se de pé e correu colina abaixo. Agarrando com firmeza o punho da Clarão Cintilante, Karn mergulhou na floresta atrás de seu tio traidor.

Thianna era mais alta do que o maior dos homens de Ori. Enfrentar tantas dificuldades e perigos em sua fuga a deixara mais durona ainda. Ela os tirava da frente como se fossem bonecos de neve enquanto procurava por Sydia em meio ao caos.

A guerreira estrangeira viu Thianna vindo em sua direção, e seus olhos se estreitaram. Por todos os lados, os aliados de Sydia estavam sendo derrotados. Thianna podia vê-la avaliando a situação. A batalha ali estava perdida. Mas nunca havia sido realmente dela essa batalha.

Thianna observou a mulher segurar o chifre de Talária onde se encontrava dependurado por uma alça em seu ombro. Ela já se apossara do que viera buscar. Sydia se virou e fugiu da batalha, correndo para sua montaria, onde ela a esperava, ao lado da cabana.

Thianna apressou-se em ir atrás dela. Se Sydia ficasse com o chifre, tudo aquilo teria sido em vão.

Sydia saltou para a sela. A wyvern bateu as asas uma vez. A súbita rajada rodopiante de neve e a corrente de ar afastaram Thianna. Quando ela retirou a mão dos olhos, viu que a wyvern tinha alçado voo. Thianna foi tomada pela tristeza.

Um pouco longe dali, escavando impacientemente a terra congelada com a garra, estava a besta que Thianna havia montado. Ela inclinou a cabeça para a menina com expectativa.

Minhas ordens daqui para a frente estão um pouco nebulosas, ela falou em sua mente.

— O que quer dizer? — Thianna perguntou em voz alta. A wyvern contraiu suas asas, obviamente irritada.

Ela está com o chifre. Pretende fugir deste país. Disseram-me para trazê-la aqui, mas não me disseram o que fazer depois.

— Você quer dizer que eu posso mandar que a siga? Ela não lhe deu nenhuma instrução que a impeça de me ajudar?

Aleluia, até que enfim! A garota não é tão cabeça-dura para entender as coisas.

-- Não precisa ser sarcástica -- respondeu Thianna, aproximando-se da criatura e estendendo a mão para a sela. Ela montou nas costas da besta e enfiou os pés nos estribos.

-- Nem há tempo para isso. Vamos lá.

Era exatamente o que eu estava pensando.

Com um guincho triunfante, a wyvern decolou para os céus.

CAPÍTULO DEZENOVE

Xeque-mate

Ori levou Karn a uma veloz perseguição. Era difícil enxergar o tio na floresta escura, mas não segui-lo. Ori fazia tanto barulho quanto um urso, se o urso estivesse ofegante e choramingando. Além disso, Karn achava que sabia exatamente para onde Ori estava indo. Ele continuou no rastro do tio, segurando a Clarão Cintilante à sua frente.

Karn temia deixar que Ori alcançasse o monte sepulcral, mas estava tendo dificuldade em diminuir a distância entre eles. Ele já tinha feito um esforço considerável naquele dia, enquanto Ori grande parte do tempo só havia assistido os outros lutarem. Karn conseguiu se aproximar dele, mas não o suficiente para agarrá-lo.

Eles emergiram da floresta para a clareira iluminada pela lua. Como ele havia imaginado, Ori estava indo direto para o Monte Sepulcral de Helltoppr. Os pés de Karn golpeavam o chão com força enquanto ele dava tudo de si para vencer a distância entre ele e o tio.

Karn saltou para Ori, seus dedos roçando as vestimentas do tio assim que alcançaram a entrada para o monte sepulcral.

Desesperado, Ori bateu na porta.

— Helltoppr, venha até aqui! — ele gritou. Ele olhou em pânico para o sobrinho. Karn preparou-se e segurou firme o cabo da Clarão Cintilante.

— Vamos embora, tio — disse Karn, baixando a espada para apontá-la para Ori.

— Pelo amor de Neth, Helltoppr! — o tio implorou. — Levanta o traseiro esquelético dessa cadeira e venha me ajudar. — Ele encarou Karn com olhos que refletiam um brilho tanto de medo quanto de raiva. — Eu trouxe Karn para você. Venha pegar o fedelho intrometido.

Do interior da câmara do monte sepulcral, o brilho esverdeado das chamas se intensificou. Karn ouviu o ranger de ossos velhos e da armadura enferrujada. Helltoppr estava vindo.

Karn recuou um passo, só para sentir uma mão ossuda aproximar-se de seu ombro.

— Ah, eu acho que você vai querer ficar aqui para ver isso — disse Snorgil no ouvido de Karn. Ele olhou para o draug, surpreso em perceber que a atenção de Snorgil estava voltada para Ori, mesmo enquanto sua mão o mantinha firmemente no lugar.

Rifa apareceu do outro lado dele, com um largo sorriso debaixo de seu nariz perpetuamente quebrado. Ele também estava olhando para Ori com expectativa. Um farfalhar atrás dele deixou Karn consciente de que Visgil havia completado o triângulo que o encurralava.

Helltoppr surgiu do monte sepulcral empunhando o seu grande machado.

-- Já era hora -- Ori reclamou. — O garoto quase me pegou. Se os incompetentes dos seus Mortos Ambulantes tivessem feito seu trabalho direito, eu não teria que conduzi-lo até aqui eu mesmo. *Duas vezes.*

Helltoppr não disse nada. Karn notou que, assim como seus asseclas, o olhar do capitão de dracar zumbi estava fixo em seu tio, e não nele.

-- O que está esperando? — Ori exigiu. -- Leve-o! Ele está perturbando o seu descanso, então o desafie para outra luta.

-- Isso é verdade? -- Helltoppr finalmente perguntou, dirigindo-se a Karn. — Você veio me desafiar de novo?

-- Lógico que não! -- negou Karn. — Foi o tio Ori quem bateu na porta.

-- O quê? — exclamou Ori, um olhar repentino de medo manifestando-se em seu rosto. -- Não! Conduzi Karn até aqui. Eu o trouxe para você. Só bati para fazê-lo sair, eu... -- Ori parou, percebendo que havia acabado de admitir que fora ele quem batera na porta.

-- E eu acho que foram três vezes, também -- acrescentou Karn, solícito.

-- Ora, vejam só, foi é? — disse Helltoppr com um sorriso cruel no rosto. — Três vezes?

-- O que você está di-dizendo? — gaguejou Ori. -- Você não está querendo dizer que... certamente não está, está? Helltoppr, nós nos conhecemos há tanto tempo. Somos amigos. Snorgil, Rifa, Visgil, falem para ele. Somos todos amigos, não somos?

— Amigos... — zombou Snorgil. — Do que foi mesmo que ele nos chamou?

— Incontinentes, eu acho — disse Rifa.

— Ele disse "incompetentes", seu idiota! — corrigiu Visgil.

— Certo, isso mesmo — concordou Rifa. — Embora também não seja algo muito legal de se dizer, não é?

— O quê? Eu disse isso? Falei por falar... Olha só, Karn está bem aqui. Peguem ele.

— O rapaz venceu a sua batalha comigo esta noite — disse Helltoppr. — Mas ele jamais teria feito isso se você não tivesse me arrastado da minha sepultura para os seus planos sórdidos de obter um poder ridículo. Na minha época, lutei contra todos os jarls de Norrongard, mas você não consegue enxergar além de uma mísera fazenda. E agora a sua conspiraçãozinha insignificante me custou todas as pedras da minha embarcação.

— Não era assim que as coisas deveriam ter se desenrolado — desculpou-se Ori, genuinamente apavorado agora. — Eu não sabia. Eu não entendia.

— Ah, tudo bem — disse Helltoppr, colocando uma mão esquelética sobre a cabeça de Ori, demonstrando alguma coisa parecida com afeição. — Só vou ter que iniciar do zero uma nova coleção. — Seus dedos pressionaram a cabeça de Ori, agarrando-a como um melão. — Começando, eu acho, com você.

O Morto Ambulante olhou para Karn.

— Você provavelmente não vai querer ficar para presenciar o que vai acontecer agora, garoto — advertiu ele. Os três draugs cercaram Ori. Ori tentou recuar, mas eles o empurraram bruscamente em direção à porta de cadáver e o túnel além dela.

— Foi divertido, garoto — disse Snorgil. — Vemos você por aí.

-- Eu-eu não tenho uma arma — disse Ori, buscando uma desculpa. — Ele pegou a minha espada. Não posso lutar com você sem uma espada.

-- Não se preocupe — respondeu Helltoppr. -- Tenho certeza de que podemos encontrar uma para você lá dentro. Agora, venha. Estou ansioso para posicionar a sua pedra rúnica enquanto as luas ainda estão altas no céu.

Ori gritou e então tentou correr, mas os três draugs o seguraram com suas mãos ossudas e o empurraram para debaixo da terra.

Karn estremeceu. Era um destino terrível, mesmo que fosse totalmente merecido. Ele deixou rapidamente o monte sepulcral, voltando para o Baile dos Dragões. Seu próprio destino o aguardava lá, junto com seu pai.

Nos céus, Thianna conduzia sua montaria em busca de Sydia. Ela sabia que não podia deixar a mulher escapar. Custasse o que custasse.

O que Sydia carregava era uma pista do próprio passado de Thianna, um passado com o qual ela se importava ferozmente agora, depois de tê-lo evitado durante tanto tempo. O mundo era um lugar muito maior do que ela jamais havia suspeitado. O Platô de Gunnlod podia ser o topo do mundo, mas o topo representava apenas um cantinho. A ignorância de suas raízes havia custado a ela o seu lar. Quase havia custado a vida de sua querida família. Thianna sabia agora que quem ela queria ser não poderia ser separada de quem ela era.

O Chifre de Osius era uma poderosa ferramenta de opressão. Isso transformou Sydia e a sua raça em valentões.

Pior do que valentões. Thianna não tinha paciência com valentões, não importava o tamanho que tivessem, nem de que terra fossem. Ela não sabia ao certo como o povo de Sydia utilizava aquele chifre, mas, se sua mãe tinha sacrificado a própria vida para tirá-lo das garras deles, isso já era razão suficiente para impedir que ele voltasse para lá.

O vento frio fustigava tudo ao seu redor. Lá embaixo, uma paisagem nevada deu lugar a árvores alpinas à medida que as montanhas diminuíam para colinas e paredões de desfiladeiros.

Elas estavam se dirigindo para o sul e leste, sobrevoando em meros instantes trechos de terra que Thianna e Karn haviam levado muitos dias para atravessar. Seguindo aproximadamente o mesmo curso.

Ocorreu uma dúvida a Thianna:

— Por que ela própria não usa o chifre? — ela perguntou. — Não poderia usá-lo para nos deter?

Não sem machucar a sua própria montaria, a wyvern respondeu. *Além disso, ela não possui a habilidade.*

— Tem que ter uma habilidade? Mas como foi que eu...?

Você é filha da sua mãe. Não que o som sem sentido que você assoprava no chifre fosse harmonioso...

— Lá vem você me insultando de novo... Todas as wyverns são desagradáveis como você?

Eu sou uma das mais legais.

— Admito, já esbarrei com répteis piores do que você.

A wyvern emitiu de volta uma onda de indignação, mas ao mesmo tempo que Thianna ria disso, também estava pensando num certo réptil bastante desagradável e na direção para onde elas estavam se encaminhando agora.

Olhou para a besta em que montava, viu a sua vida de subjugação.

- - Não gosto de valentões -- disse ela entredentes.
O que é isso?

- - Tive uma ideia. Vá por ali. — Thianna indicou uma direção tangente ao trajeto de Sydia.

Ela não está indo naquela direção, a besta reclamou.

- - Confie em mim. Nós vamos interceptá-la. Só preciso desviá-la um pouquinho para o norte.

Thianna descobriu que bastava pensar numa direção para que a wyvern compreendesse. Não havia necessidade de apontar ou falar. Trabalhando juntas, elas começaram a atormentar Sydia e sua montaria, forçando-as a fazer minúsculas correções em sua trajetória de voo. Mantendo-se ao sul da posição de Sydia, elas guiaram a guerreira para o norte.

Thianna sorriu quando as ruínas de Sardeth entraram em seu campo de visão.

- - Orm! - - ela chamou, gritando tanto através da mente quanto com a sua voz. Felizmente a magia do chifre ainda estava atuando. -- Orm, eu vim cumprir a minha promessa.

As pilhas de pedras desmoronadas estendiam-se abaixo delas, imóveis e mortas como haviam permanecido durante os últimos mil anos ou mais. Algo se mexeu.

Orm Hinn Langi ergueu-se das ruínas do coliseu. Mesmo preparada para isso, Thianna sobressaltou-se diante do tamanho extraordinário do grande linnorm. Desejava poder ter visto o rosto de Sydia, mas pelo repentino e frenético bater de asas de sua montaria, ela conseguia imaginar.

A wyvern de Sydia pairava no ar, sem saber para onde se virar. A hesitação era a oportunidade que Thianna precisava.

— Rápido! Vai com tudo pra cima dele.

Você quer que eu chegue mais perto? Daquela coisa? A consternação na mente de sua wyvern era tangível. O medo também.

— Confie em mim.

É enorme!

— Só nos aproxime de Sydia. Rápido.

Justiça seja feita, a wyvern bateu suas asas furiosamente, diminuindo a distância.

Você voltou!, retumbou a voz de Orm, que soava como uma trovoada. *E trouxe essa coisa detestável.*

— Também trouxe a sua espada — disse Thianna. — Me dê só um minuto.

Ela tirou os pés dos estribos e levantou-se sobre a sela, ficando em pé.

Você não pode estar falando sério!, exclamou a montaria.

— Fique vendo.

Tenha uma boa morte, ela respondeu com uma nota de fria aprovação.

Thianna saltou, lançando-se ao ar.

Por um instante, ficou solta no céu.

Então, colidiu com Sydia, quase derrubando a mulher de sua sela.

A guerreira recuperou-se rapidamente. Deu uma cotovelada para trás, atingindo Thianna dolorosamente no queixo.

Em resposta, Thianna desferiu uma cabeçada no crânio de Sydia.

A wyvern arremeteu, ainda aterrorizada com o dragão.

Sydia tentou desembainhar a espada, mas Thianna fechou a mão sobre o cabo. A guerreira tascou-lhe um monte de cotoveladas, golpes selvagens acertando a mandíbula e o tronco de Thianna.

Thianna riu em seu ouvido.

-- Até mesmo Thrudgeizinho bate mais forte do que isso -- provocou ela.

Thianna agarrou o chifre, arrancando-o com tanta força que sua alça arrebentou. Ao sentir que o chifre estava se soltando, Sydia desistiu de seus esforços para desembainhar a espada e se contorceu sobre a sela, agarrando o chifre com as duas mãos.

Elas disputavam um cabo de guerra sobre a sela, enquanto lutavam para permanecer em cima da wyvern. À frente delas, o semblante furioso de Orm tomava metade do céu. Thianna sentiu os olhos do imenso dragão sobre ela. Esperava que ele pudesse aguardar só mais um segundinho. Ela podia sentir o bafo quente de Orm cortando o ar frio, não se atrevendo a arriscar uma espiada em sua bocarra, com seus dentes do tamanho de lanças.

Preparem-se, pensou ela, tanto para Orm quanto para a sua montaria.

-- Skapa kaldr skapa kaldr skapa kaldr -- entoou ela. O chifre em suas mãos subitamente estalou com a formação de uma camada de gelo. Sydia gritou e o largou. A queimadura do gelo era difícil para a estrangeira suportar, mas não era nada para a filha do gigante do gelo.

Com um grito de triunfo, Thianna atirou o chifre o mais longe que podia. Sydia gritou, seus olhos fixos no instrumento enquanto ele caía.

Thianna saltou da parte de trás da wyvern mesmo quando do Sydia comandou a criatura para um mergulho.

Pela terceira vez em sua vida, ela estava em queda livre. Observou enquanto Sydia guiava sua montaria atrás do chifre, arrebatando-o triunfantemente. Então, a expressão da mulher transformou-se em puro horror quando os dentes do dragão se fecharam em torno dela. Guerreira e montaria desapareceram dentro da boca de Orm.

A wyvern agarrou Thianna pelas axilas e deteve o seu mergulho mortal. Ela ficou suspensa no ar, balançando diante da grande cabeça de Orm enquanto o dragão mastigava e engolia. Ele correu uma língua enorme pelos lábios, analisando-a.

— Eu também estou com a sua espada, se você a quiser de volta — disse Thianna, puxando a arma da bainha. — Você se lembra de que era um empréstimo, certo?

Orm abriu a boca novamente, mas não para comer. E sim para rir.

— Fique com ela — o dragão rugiu. — Um presente por ter destruído a coisa destestável. E por proporcionar a melhor diversão que eu tive em séculos. Vá, Thianna, como poucos conseguiram: com a sua vida e a minha gratidão. Mas agora eu vou dormir para digerir essa refeição inesperada. Então, vá logo.

Dependurada no ar, Thianna riu. Será que o dragão realmente achou que ela queria ficar ali de papo pro ar?

CAPÍTULO VINTE

Caminhos separados

Seu quarto parecia estranhamente pequeno para ela. Tudo no platô parecia pequeno. Era esquisito, um vilarejo de gigantes parecer pequeno.

Thianna olhou para sua cama de gelo. Uma cama fria num quarto pequeno. Ou assim lhe parecia depois de tantos dias sob o céu aberto, tantas noites dormindo sob o dossel de estrelas.

O mundo dos gigantes, ela percebeu, não era limitado apenas por um despenhadeiro e as montanhas, e nem era isolado apenas por neve e gelo.

Ela soltou um longo suspiro. Hoje era um dia tão bom para isso quanto qualquer outro.

Sem fazer muito alarde, caminhou pelo corredor até a oficina de seu pai. Foi andando na ponta dos pés, não sentindo mais vergonha por ter a capacidade de fazer isso, e parou na porta. Ela observou-o trabalhar sem interrompê-lo. Suas mãos largas podiam ser tão delicadas, tão habilidosas... Ele era o melhor pai do mundo, não apenas do topo dele. Por fim, ela limpou a garganta e falou.

— Vou partir.

— Quando vai voltar? — perguntou o pai.

— Não sei. — Ela estava falando com sinceridade.

Magnilmir deixou sua escultura de lado e baixou as ferramentas. Finalmente, falou:

— Desde a primeira vez que eu bati os olhos em você... Desde o momento em que você nasceu... Eu sempre, sempre soube que este dia chegaria.

— Preciso de respostas — Thianna simplesmente declarou.

— Além daquelas que eu posso dar — disse o pai. Era uma afirmação, não uma pergunta. Ela concordou com a cabeça.

Ele permaneceu ali em pé, a cabeça abaixada. Thianna ouviu um leve ruído, como o som de vidro frágil se quebrando. Vinha do chão aos pés de Magnilmir. Ela desviou os olhos quando a próxima e minúscula estalactite caiu no chão de pedra da caverna e se partiu. Ela não iria envergonhar seu pai observando enquanto suas lágrimas congeladas se estilhaçavam no chão. Mas não deixou de caminhar até ele e abraçá-lo. Eles ficaram assim por algum tempo, pai e filha.

Nas cavernas geladas do Salão dos Mortos, ela disse um adeus sem palavras para a mãe. Então, deixou o salão subterrâneo no interior da montanha e saiu para o platô açoitado pelos ventos.

Eggthoda estava lá, esperando por ela. A rude gigante entregou-lhe uma mochila recém-embalada.

— Separei algumas coisas que você pode precisar — disse Eggthoda. — Provisões, equipamentos, coisas desse tipo. Há moedas aí para você também.

-- Obrigada -- agradeceu Thianna, porque dizer mais era doloroso. E então, como Eggthoda a estudava de um modo estranho, ela acrescentou: — O que foi?

-- Não é nada. Só que você parece mais alta.

Thianna riu. Eggthoda correu um dedo pelo braço de Thianna.

-- Sua pele está arrepiada — a gigante admirou-se. -- Não vai me dizer que está com frio?!

Thianna não respondeu, mas ela surpreendeu Eggthoda jogando-se nos braços da gigante.

Então se afastou para onde a wyvern escavava a neve com a pata. Havia ficado por ali depois de trazer Thianna para casa. A gigante do gelo achou que era porque talvez a besta sentira que ela também queria isso.

-- Um último passeio? -- Thianna perguntou. O réptil inclinou a cabeça.

Ela subiu na sela e alçou-se aos céus.

Encontraram Karn no topo de uma colina insignificante, situada entre lugares que tinham nomes de verdade. Ele ficou afastado enquanto Thianna se despedia da wyvern. Ela sentiu o desejo de afagar-lhe o focinho como faria com um cavalo. Resistiu. A wyvern era muito inteligente e muito altiva para ser tratada como um animal de estimação.

-- Obrigada -- disse ela. — O que acontece agora?

O feitiço que controla minha raça fica mais fraco a cada ano. Sem o chifre, em breve nos livraremos de nosso jugo.

— Quero dizer, com você.

Já estou cansada dos humanos e das suas lutas. Vou embora, para algum lugar onde não possa ser encontrada ou seguida.

— Bem, obrigada.

Sou eu que agradeço. Como presente de despedida, vou compartilhar esta informação com você, embora eu peça que não faça uso dela. A terra de sua mãe é Thica.

Thianna arfou. Thica. Nunca tinha ouvido falar desse lugar, mas isso não era nenhuma surpresa. Ela conhecia bem pouco além de Ymiria. Ainda assim, era um começo.

A wyvern flexionou as asas, obrigando-a a recuar. Em seguida, levantou voo.

Thianna assistiu enquanto ela ganhava os céus e então virou-se para se juntar a Karn.

Depois da batalha, eles tinham trocado histórias, então ela sabia que fim havia levado o tio de Karn e ele ficou sabendo sobre o destino de Sydia. Mas ele queria notícias do platô e ela, da fazenda.

— Thrudgelmir foi banido — disse ela. — Gunnlod chutou de lá ele e seus amigos. Thrudgelmir diz que eles querem fundar seu próprio vilarejo mais ao norte. Manter os antigos costumes, reconstruir a glória perdida dos gigantes e toda essa besteirada.

— Boa sorte com isso — Karn riu. — Não consigo imaginar Thrudgelmir sendo muito bom como líder de uma aldeia.

— E quanto a você? E todas aquelas pessoas libertadas das pedras rúnicas?

— Alguns deles retornaram para as suas famílias. Mas outros, bem, eles ficaram naquele estado por um longo período. Um período realmente longo. Korlundr está encontrando trabalho na fazenda para aqueles que querem isso. Ele também libertou os novos escravos que Ori comprou.

-- Ele parece ser um bom homem, o seu pai.

-- O seu também.

-- Ah, falando nisso -- disse Thianna, puxando um pacote de sua bolsa. -- Ele fez isso pra você. -- Entregou o embrulho a Karn. -- Abra.

Os olhos de Karn se iluminaram quando o conteúdo foi revelado.

-- É um conjunto de Tronos & Ossos novinho em folha! -- exclamou ele.

-- Ele próprio esculpiu. Para substituir aquele que você perdeu. Espero que esteja tudo direitinho. Ele usou presas de mastodonte, não ossos de baleia, e não há incrustações de prata.

-- É magnífico! — disse Karn. — Agradeça a ele por mim. Embora eu vá agradecê-lo pessoalmente no Baile dos Dragões na próxima estação.

-- Sobre isso — disse Thianna, com os olhos baixos. Ela encolheu os ombros pela primeira vez, até onde Karn sabia.

-- Não vou estar lá.

Karn assentiu. Ele havia suspeitado disso.

-- Você vem comigo? — perguntou ela.

Karn sorriu com tristeza.

-- Você sempre quis ver o mundo -- ela o lembrou.

-- E você nunca quis.

-- Sim, bem, as coisas mudam.

-- Mudam mesmo! -- disse Karn. -- Nunca me dei conta de quanta estratégia e planejamento são necessários para administrar uma fazenda. É como uma grande partida que nunca termina. E é importante. Meu pai precisa de mim. Mais do que eu pensava. E eu preciso dele.

Karn baixou os olhos depois de sua demonstração de emoção.

— Seja como for, Ori estava prestes a arruinar a fazenda. Eu não quero ser como ele. Jamais. E meus pais e eu, minhas irmãs... vai dar muito trabalho colocá-la de volta nos eixos. Mas nós podemos fazer isso. *Eu* posso fazer isso. Agora sei que lá é onde eu quero estar.

— Olhe só para você! — disse Thianna. — Vai dar um grande hauld um dia.

Karn não respondeu, porque ele sabia que era verdade.

— Queria que você não estivesse partindo — ele falou em vez disso.

— Eu sei. Mas já está na hora de escrever o meu nome na História.

— Hmmm — disse Karn.

— O quê?

— Bem, eu me lembro de que Magnilmir disse que os gigantes não têm sobrenomes como nós. Você vai precisar de um sobrenome se vai viajar entre nós, humanos. Precisa escolher alguma coisa.

— Que tipo de nome?

— Algo que sugira as suas grandes façanhas. Como Thianna Perdição do Dragão ou Thianna Montadora de Wyverns ou algo assim. Thianna Sopradora de Chifre.

— Todos esses são horríveis! — ela riu.

— Bom, que tal alguma coisa para você se lembrar? De onde você vem, eu quero dizer.

— Como o quê?

Karn olhou para a estranha menina que se tinha se tornado sua melhor amiga.

— Já sei! — disse ele com um sorriso. — Nascida no Gelo. Dessa forma, não importa quanto você se distancie do seu primeiro lar, sempre se lembrará dele.

— Nascida no Gelo — ela repetiu. — Gostei.

Ela o abraçou, um longo e apertado abraço que dizia mais do que palavras.

— Firme e forte, Karn Korlundsson! — disse ela, finalmente.

— Firme e forte, Thianna, Nascida no Gelo, minha grande amiga, tamanho gigante. Nunca vou te esquecer.

Então, depois que se despediram, separaram-se para sempre.

Ou assim pensaram.

GLOSSÁRIO

Araland (a-ra-LÃ): País vizinho a Norrøngard. Muito tempo atrás, os norrønir costumavam saquear os aralandeses, mas agora eles são grandes parceiros comerciais. A maioria dos arlandeses distingue-se pelo cabelo ruivo alaranjado. Seus homens muitas vezes usam saias que chamam de *kilts*, mas os norronir chamam de saias mesmo.

Argandfjord (ar-gan-FIÓR): O maior dos fiordes, o Argandfjord delimita a fronteira oriental de Norrongard e separa Norrongard e seu vizinho Ymiria das vastas e inóspitas Planícies dos Mastodontes, onde habitam criaturas grandes e peludas. Significa também uma coisa boa.

Bandulfr (ben-dul-FÚR): Pescador da cidade de Bense. Apesar de sua aparência - - e de seu fedor - - ele é sempre páreo duro numa partida de Tronos & Ossos.

Bense (BÊN-sa): Cidade costeira que se tornou um dos principais centros de comércio entre Norrøngard e seus países vizinhos. Tumultuada, fedorenta, perigosa e suja, Bense é um belo exemplo do melhor da cultura norronur. Aconselha-se usar um elmo à mesa de jantar.

Beysa (BÊI-sa): A deusa do verão dos norronir.

Bork (rima com "torque"): Um gigante, companheiro de equipe de Thianna nas partidas de Knattleikr.

Clarão Cintilante: Espada de Korlundr hauld Kolason, mais tarde empunhada por Karn. A Clarão Cintilante já foi uma espada famosa, embora grande parte de sua lendária história tenha sido esquecida.

Cordilheira de Ymir (ai-MIR): Uma enorme cadeia de montanhas ao norte de Norrøngard, que se acredita ter sido formada a partir do corpo colossal do gigante Ymir quando ele foi morto pelo primeiro dos deuses dos norrønir.

dracar: "Navio-dragão" na língua dos norrønir, os dracares são embarcações longas e estreitas feitas de madeira. Eles têm desenho de casco raso e podem ser movidos a remo ou vela. Dracares são construídos para oferecer velocidade, não conforto. O capitão saqueador de um dracar é chamado de lobo do mar, mas os norrønir não saqueiam mais. É sério.

draug (DRÁU-gue): Residente zumbi de sepultura que guarda a riqueza acumulada em vida. Draugs são vingativos e perigosos. Nada os faz mais felizes do que transformar a vida dos vivos num inferno. Evite-os a todo custo.

Eggthoda (é-gui-TÓ-da): Gigante bruta que ajuda Magnilmir e Thianna. Seu exterior rude esconde um interior rude. Mas há um ponto fraco ali.

espata (SPA-ta): Um tipo de espada, outrora muito comum no Império de Górdio. Posteriormente, as espadas dos norrønir foram modeladas conforme esse estilo de arma. Os norrønir sabem reconhecer algo de qualidade quando veem.

Fazenda de Korlundr: Fazenda da família de Karn, abriga cerca de cem pessoas.

fiorde: Enseada longa e estreita formada há muito tempo pela erosão glacial. Os fiordes normalmente têm encostas íngremes ou penhascos em ambos os lados.

Franna (FRÁ-na): Mãe de Karn, uma mulher norronur forte. A Fazenda de Korlundr desmoronaria sem ela. E não se esqueça disso.

Gindri (GUIN-dri): Um anão, um faz-tudo e comerciante nômade. Todos o conhecem. Parece estar sempre por perto. E sempre se pode contar com ele.

Golfo da Serpente: Braço de mar. Bense localiza-se em sua costa.

Gunnlod (GÂN-lod): Uma gigante, chefe do Platô de Gunnlod.

hauld (róud): Fazendeiro cuja família possui uma fazenda por seis ou mais gerações. Esse é o posto mais alto que uma pessoa pode atingir em Norrongard, afora ser um jarl ou Alto Rei.

Helltoppr (RÉU-to-per): Um draug, capitão de dracar obcecado demais por seu tesouro e por vingança para ficar devidamente morto quando foi enterrado.

homem livre: Ex-escravo que foi libertado pelo seu proprietário. Muitos homens livres encontram trabalho em fazendas.

Império de Górdio: Império extinto que certa vez governou grande parte do continente. Gordianos apreciavam lutas de gladiadores, adoravam deuses esquisitos e usavam elmos estranhos. Ainda existe um grande número de ruínas gordianas espalhadas geograficamente. Muitas das cidades modernas começaram como assentamentos gordianos. Pelo que se sabe, soldados gordianos não se davam muito bem com dragões.

Jarl (iarl): Um chefe local.

Karn Korlundsson (Carn CÓR-lând-sân): Nosso herói. Karn é um garoto que cresceu numa grande fazenda em Norrøngard, mas que sonha com coisas ainda maiores.

Knattleikr (nat-LÁIQUE-er): Jogo disputado com uma bola dura, no qual cada jogador está equipado com um bastão. É um esporte muito violento e lesões são comuns. Jogue por sua conta e risco.

Korlundr hauld Kolason (CÓR-lân-dur róud CÓ-lâ-sân): Pai de Karn. Também chamado de Korlundr ou Korlundr Kolason. Ele maneja uma espada irada, administra uma fazenda complexa e faz um excelente queijo.

Kvir (quiVIr): Deus da sorte. Às vezes, é representado segurando jogos de tabuleiro e bolotas de carvalho. Como a própria sorte, Kvir pode ser inconstante. Reze para conhecer apenas o seu lado bom.

linnorm (LIN-norm): Criatura monstruosa com aparência de serpente, o equivalente de Norrøngard a um dragão ou serpente do mar. Conversar com ela não é aconselhável, mas é melhor do que ser devorado por ela.

Magnilmir (MAG-nil-mir): Pai de Thianna, um gigante. Tende a ser verborrágico, mas é gentil e bondoso. Também é craque em trabalhos manuais.

Manna (MÂ-na): A deusa da lua norrønir.

Montanhas de Dvergria (dê-VÉR-gria): Cadeia de montanhas ao norte de Araland. Muitos anões vivem lá agora. Eles dizem que é um lugar legal.

montes sepulcrais: Um monte de terra sobre uma câmara funerária de pedra. Os montes sepulcrais são geralmente repletos de tesouros e selados com uma "porta de cadáver" para garantir que os mortos permaneçam mortos. Não entre lá e torça para que nada saia lá de dentro.

mugl (MU-gul): Termo para um monte de neve. Significa "montinho" na língua dos norronir.

Neth (rima com Beth): Deusa do mundo inferior. Todos os norronir a reverenciam como sua benfeitora. Neth dotou a humanidade de inteligência e foi morta pelos outros deuses por esse delito. Seu espírito foi banido para uma profunda caverna embaixo da terra, onde todos os norronir vão quando morrem, para ficar com sua mãe adotiva.

Norrøngard (NOR-run-gard; o "rr" é um pouco arrastado; o "o" é pronunciado como o som de "â" em "ânsia"; o "d" é suave, mas não mudo): Terra habitada pelos humanos conhecidos como norronir (plural) ou norronur (singular). O povo planta e colhe nos meses de verão e caça e monta armadilhas durante o inverno. Em certa época em sua história, eles também foram invasores ferozes de terras estrangeiras. Hoje deixaram isso para trás. Quase todos.

Nyra (NI-rei): Uma das irmãs mais velhas de Karn. Muito rigorosa, mas uma boa irmã.

Ori (óri): Tio de Karn. Sarcástico e um pouco preguiçoso. É irmão gêmeo de Korlundr.

Orm Hinn Langi (orm rin LÂN-gui): Geralmente chamado de Orm como forma de abreviação, mas não há nada de abreviado nele. É um dragão muito grande, uma das criaturas mais temíveis em toda a Norrøngard. Fique o mais longe possível dele.

Platô de Gunnlod: Vilarejo de gigantes do gelo no alto da Cordilheira de Ymir.

Pofnir (POF-nir): Homem livre na fazenda de Korlundr que conquistou uma posição de certa responsabilidade e autoridade. Pofnir gosta de ouvir a si mesmo falando, e ele *realmente* gosta de dizer a Karn o que fazer. Karn não aprecia tanto assim suas conversas.

Rifa (RI-fa): Draug lacaio que serve a Helltoppr. Pode se transformar num cavalo.

Saisland (SAIS-lând): País próximo a Norrøngard. Uma terra de cavaleiros, lordes e fidalgas.

Sardeth (SAR-déf): Cidade em ruínas, lar do dragão Orm. Já foi um posto avançado gordiano.

skyr (xir): Delícia de Norrøngard feita com leite e semelhante ao iogurte. Possui a consistência de cream cheese e geralmente é degustado com mel e arandos-vermelhos.

Snorgil (SNÓR-guil): Líder dos três draugs que servem a Helltoppr. Pode se transformar num gato.

Stolki (STÓL-qui): Proprietário da Taberna do Stolki e figura proeminente em Bense.

Sydia (SÍ-di-a): Guerreira estrangeira, sempre acompanhada por duas outras guerreiras subordinadas. Ela é problema.

Taberna do Stolki: Taberna em Bense. Rústica e barulhenta, mas muito popular. A comida é boa, se gosto e cheiro não forem coisas importantes para você.

Talária (ta-LÁ-ria): Mãe de Thianna, já falecida. Veio de uma terra distante, mas onde isso fica, ela não disse a ninguém.

Thianna (ti-Â-na): Nossa heroína. Thianna é metade gigante do gelo, metade humana.

Thrudgelmir: (TRUD-gul-mir): Gigante que banca o valentão para cima de Thianna. Thrudgeizinho é malvadinho.

Trollheim (TRÓL-raime): Construído sobre as ruínas de uma antiga civilização anã, Trollheim é uma cidade de trolls situada nas profundezas da Cordilheira de Ymir. Poucas pessoas viram a cidade e voltaram para contar a história, já que os humanos normalmente só entram lá como escravos ou comida. Os trolls consideram Trollheim a maior cidade do mundo. Não se sabe em que eles baseiam sua opinião a respeito disso, já que é improvável que tenham muita experiência com qualquer outro lugar.

Ungland (ÂN-glând): País próximo a Norrongard. Não é um lugar muito amigável.

Visgil (VIS-guil): Draug lacaio que serve a Helltoppr. Pode se transformar num touro.

Wyvern (vi-VERN): Réptil alado ligeiramente maior do que um cavalo. Tem cabeça de serpente, um longo pescoço, duas asas, duas pernas e uma cauda serrilhada. Não são propriamente dragões nem linnorms, e não são nativas de Norrongard, as wyverns são conhecidas por servirem como montaria, embora sejam criaturas rabugentas e imprevisíveis, que podem derrubar seus montadores durante o voo a centenas de metros de altura.

Ymiria (ai-MI-ria): Terra ao norte de Norrøngard, delimitada pela enorme cadeia de montanhas conhecida como Cordilheira de Ymir. Ymiria é o lar de gigantes do gelo, trolls e talvez até mesmo de alguns goblins remanescentes. A cidade de Trollheim e o vilarejo dos gigantes do gelo do Platô de Gunnlod estão entre seus poucos assentamentos, embora as ruínas de civilizações mais antigas possam estar enterradas em sua extensão nevada.

A CANÇÃO DE HELLTOPPR
(em parceria com Jonathan Anders)

Os corajosos guerreiros de Helltoppr vão alertar:
Capitão de navio, matador, ele partiu para o mar.
Reluzente de espadas sua comprida e altiva nau
P'ra terras assoladas por sua ira era do fim sinal.

Senhor em sua casa, Jarl em seus domínios,
O nome Helltoppr faz tremer, sinônimo de extermínio.
Do oceano ele irrompia com seus homens, levando desolação:
Coisa semelhante só em Sardeth, mas pelo fogo do dragão.

As conquistas de Helltoppr fizeram o seu poder aumentar,
até só lhe restar o trono do Alto Rei a cobiçar.
O rei dos mares reuniu seus guerreiros com urgência
e com fúria inaudita atacou o soberano e sua descendência.

O triunfante rei dos mares, alto demais sua lâmina mirando,
Viu senhores e Jarls obedecerem ao seu último comando;
Elevando muito a vista, o rei dos mares, até então glorioso e forte,
O que conseguiu ver de fato foi o próprio sangue e a lúgubre morte.

Um traidor, um ladrão, um homem enfeitiçado pelo amor;
Arrebatada da bainha, a terrível espada mostrou seu valor.
A lâmina, traiçoeiro dardo, cintilante clarão,
de Helltoppr trespassou o coração.

Outrora orgulhoso senhor do oceano, agora sob a terra jaz.
Seus domínios foram divididos, seus homens debandaram.
Tão longe de casa, no coração de Norrøn,
Num monte sepulcral seus restos encerraram.
Depois, seus tesouros sobre o túmulo empilharam,
A fim de que sua alma avara não vagasse sem paz.

Contudo, noite após noite, quando a lua vai alta no céu,
O zumbi guerreiro se levanta de seu mausoléu.
Cuidado, você que ouve, para que quando a meia-noite soar,
Helltoppr, o terrível morto ambulante, não o chame para lutar.

Defenda-se e em pedra irá tornar-se agora.
Espada partida, batalha perdida, ninguém ouve o que implora.
Pois aquele que desafiá-lo certamente tombará de verdade;
E se tombar, de pé ficará então... e por toda a eternidade.

REGRAS DO JOGO
TRONOS & OSSOS®

Tronos & Ossos é o passatempo favorito dos norrønir*, e nenhuma taberna ou casa comunal está completa sem ele. É um jogo para dois participantes, disputado num tabuleiro quadriculado de 9 por 9, portanto, com 81 casas. Um participante joga com os defensores, chamados de "lado do Jarl", que é composto pelo Jarl e suas oito donzelas escudeiras. O outro participante joga com os atacantes, chamados de draugs, com quinze draugs asseclas e um draug líder, chamado de Draug Negro.

DEFENSORES   ATACANTES

JARL   DONZELA   DRAUG   DRAUG
        ESCUDEIRA   NEGRO   ASSECLA

---

* Estudiosos do multiverso têm notado a semelhança entre Tronos & Ossos e Hnefatafl, um jogo de tabuleiro apreciado pelos povos vikings do planeta Terra. Se de fato existe alguma ligação real entre os jogos desses dois mundos ou se a semelhança é mera Coincidência Cósmica é um tema para um longo e fervoroso debate. (N. A.)

O Jarl começa o jogo na casa central, chamada de Trono. Suas oito donzelas escudeiras são posicionadas em cruz em torno dele (nos dois quadrados acima, abaixo, à direita e à esquerda). Os quinze draugs e o Draug Negro são posicionados nas quatro áreas em formato de T ao longo das extremidades do tabuleiro. Essas áreas são chamadas de Montes Sepulcrais. Inicialmente, o Draug Negro pode ser posicionado em qualquer casa preta nos Montes Sepulcrais.

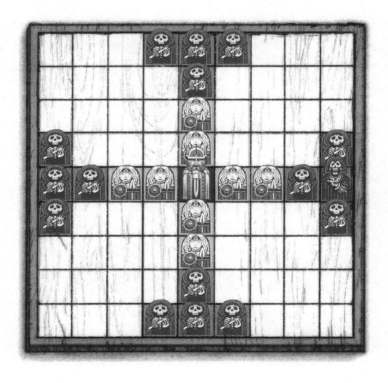

O objetivo do lado do Jarl é mover o Jarl para qualquer casa na extremidade do tabuleiro que não faça parte de um dos Montes Sepulcrais. Se isso acontecer, o Jarl escapou e o lado do Jarl vence. O lado do Jarl também pode ganhar se capturar o Draug Negro. Se isso acontecer, os asseclas do Draug Negro são "libertados" e todos os atacantes são retirados do tabuleiro. O lado do draug vence se eles conseguirem capturar o Jarl antes que ele escape.

O lado do draug sempre realiza o primeiro movimento. Todas as peças se movem como a torre do xadrez, o que significa que elas podem se movimentar por quantas casas desocupadas quiserem em qualquer linha reta. As peças não podem se mover na diagonal, e elas nunca podem passar sobre outra peça.

As peças são capturadas quando ficam imprensadas entre dois inimigos ao longo de uma linha ou coluna. A peça também pode ser capturada se estiver presa entre uma peça inimiga e um espaço hostil ao longo de uma linha ou coluna. (Para saber mais a respeito de espaços hostis, leia a seguir.) No entanto, uma peça só é capturada pelo movimento do jogador adversário.

Um jogador que se move entre duas peças adversárias já posicionadas não é capturado. Em outras palavras, o jogador não tem poder de causar a própria captura com um movimento.

O Jarl e o Draug Negro podem participar das capturas como qualquer outra peça. Uma peça capturada é removida do tabuleiro e está fora do jogo.

O Jarl é capturado exatamente como as outras peças, a menos que ele esteja no Trono ou num dos quatro espaços que cercam o Trono (em cima, embaixo, à direita e à esquerda). Para capturar o Jarl quando ele estiver no Trono, o draug deve cercá-lo por todos os quatro lados.

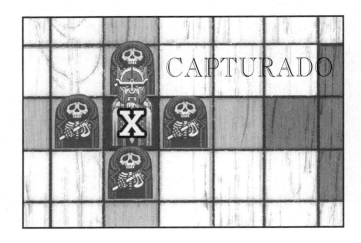

Para capturar o Jarl quando ele estiver num dos espaços ao lado do Trono, o draug deve cercá-lo por três lados, sendo o lado restante o do Trono desocupado.

O Trono e os Montes Sepulcrais são áreas restritas, com suas próprias regras especiais. O Trono só pode ser ocupado pelo Jarl e pelo Draug Negro. Uma vez que o Jarl sair do Trono, ele pode entrar novamente, e todas as peças podem passar pelo Trono quando ele estiver vazio (mas não parar sobre ele). Entretanto, o Trono é considerado um espaço hostil, o que significa que ele pode valer como uma das duas peças numa captura. O Trono é sempre hostil para o draug, mas somente hostil para o lado do Jarl quando está vazio. Ao mesmo tempo, o lado do Jarl nunca pode entrar nos Montes Sepulcrais, e os espaços dos Montes Sepulcrais são sempre hostis para o lado do Jarl, mas somente hostis para o draug quando um Monte Sepulcral estiver completamente vazio, sem nenhum draug.

Embora o draug que for inicialmente posicionado num Monte Sepulcral possa circular livremente em seu respectivo monte, uma vez que um draug abandona seu Monte Sepulcral ele não pode retornar, nem pode entrar ou passar através de outro Monte Sepulcral, à exceção do Draug Negro. O Draug Negro pode entrar novamente ou passar por qualquer um dos espaços de qualquer um dos Montes Sepulcrais. O Draug Negro também pode ocupar o trono. Por conta disso, o Draug Negro é uma peça muito especial, que não possui restrições de movimentos. Mas também é uma peça muito vulnerável, e, portanto, o participante que joga como atacante pode escolher deixá-lo seguro no Monte Sepulcral durante toda a partida.

Em algumas regiões de Norrøngard, é introduzido mais um elemento de risco no jogo. Os jogadores trazem as suas próprias peças ornamentadas. Se o lado do Jarl vence capturando o Draug Negro, o lado perdedor tem confiscadas todas as dezesseis peças de seu jogo. Da mesma forma, se o Jarl é capturado, esse jogador tem confiscadas todas as nove peças do lado do Jarl. Nenhuma peça é confiscada se o lado do Jarl vence com o Jarl escapando pela extremidade do tabuleiro. As peças do jogo confiscadas são troféus altamente valorizados nas coleções de jogadores bem-sucedidos de Tronos & Ossos. Guraldr, o Tempestuoso, jarl de Wendholm, possui uma mesa de exibição próxima ao seu trono repleta de peças de seus adversários.

340

AGRADECIMENTOS

Em primeiro lugar e principalmente, agradecimentos imensuráveis à minha resignada família, cujo amor e apoio significam tanto para mim. Obrigado ao meu ex-agente, Joe Monti. Joe, tenho muita sorte por ter recebido seu apoio e alcançado os meus objetivos. Boa sorte a você em sua nova empreitada. Você é o melhor! Obrigado ao meu novo agente, Barry Goldblatt, da Barry Goldblatt Literary. Obrigado à minha editora na Crown Books for Young Readers, a incomparável Phoebe Yeh, que me ensinou tanto, e à editora Barbara Marcus da Random House Children's Books. Obrigado à Rachel Weinick, assistente editorial, e Alison Kolani, diretora de copidesque. Obrigado ao incrível artista Justin Gerard, cujo trabalho eu tive o privilégio de ver estampar a capa deste livro e preencher suas páginas. Pelo design deste volume, à Isabel Warren-Lynch, diretora de arte executiva, e Ken Crossland, designer sênior. Obrigado ao cartógrafo Robert Lazzaretti pelo sensacional mapa de Norrongard - - Lazz, é tão divertido trabalhar com você! Mal posso esperar para começar o próximo. E, embora seu trabalho não apareça neste volume, obrigado também ao meu amigo e artista Andrew Bosley, que me ajudou a visualizar mais dos habitantes do meu mundo de fantasia fora de Norrongard. Sou imensamente grato ao Trond-Atle Farestveit por me ajudar com a minha pronúncia da língua dos norronir, e à Tina Smith por facilitá-la. Um agradecimento especial aos meus jogadores testadores de Tronos & Ossos, Jonathan Anders e Joshua Anders. E ao Jonathan por me ajudar com

"A Canção de Helltoppr". Agradecimentos também são devidos aos meus primeiros leitores: Justin Anders, Louis Anders Jr., Marsha Anders, Judith Anderson, Miles Holmes, Howard Andrew Jones, J. F. Lewis, Janet Lewis e Max Stehr; e aos meus leitores de trabalhos anteriores, James Enge, Marjorie M. Liu, Mahesh Raj Mohan, Myers E. C., Michael Rowley, Rene Sears, Dave Seeley, Cindi Stehr e Bill Willingham.

Agradecimentos imensuráveis são devidos também a George Mann: George, este livro existe por sua causa; por me encomendar o conto que me fez voltar a escrever novamente, mesmo que ele nunca tenha sido impresso; por oferecer tanto encorajamento entusiasmado; e por proporcionar um exemplo tão grande e inspirador com o seu próprio trabalho. Também sou profundamente grato a Mark Hodder, que se empenhou ao máximo por minhas primeiras incursões como autor de romance, e cujos conselhos e opiniões foram inestimáveis. Muito obrigado à minha querida amiga Amy Plum, cujo incentivo, ajuda e exemplo foram profundamente apreciados. Um agradecimento muito sincero a Scott H. Andrews, editor e editor-chefe do *Beneath Ceaseless Skies*, pelo incentivo adicional na direção certa. Obrigado a Mike Resnick, pelos conselhos sempre de especialista e pela amizade. Obrigado ao John Picacio, pelo ombro e pela amizade. E ao Stephenson Crossley pelo mesmo. Obrigado a todos vocês. Sua amizade é verdadeiramente mágica.